SABIDURÍA PARA LOS PENSADORES

SABIDURÍA PARA LOS PENSADORES

UNA INTRODUCCIÓN A LA FILOSOFÍA CRISTIANA

Willem J. Ouweneel

Traducción de
Adolfo García de la Sienra

PAIDEIA PRESS LTD.
2021

Primera edición, 2021

Ouweneel, Willem J.
Sabiduría para los pensadores. Una introducción a la filosofía cristiana
Traducción de Adolfo García de la Sienra
Jordan Station, Ontario, Paideia Press, Ltd., 2021
Título original: Wisdom for Thinkers. An Introduction to Christian Philosophy
ISBN: 978-0-88815-285-5
Paideia Press, Ltd. P. O. Box 1000, Jordan Station, Ontario, Canada, L0R 1S0.

Las referencias bíblicas son tomadas de la versión Reina-Valera, revisión de 1960.

ISBN: 978-0-88815-285-5

"Por lo cual también nosotros, desde el día que lo oímos, no cesamos de orar por vosotros, y de pedir que seáis llenos del conocimiento de su voluntad en toda sabiduría e inteligencia espiritual".

"Mirad que nadie os engañe por medio de filosofías y huecas sutilezas, según las tradiciones de los hombres, conforme a los rudimentos del mundo, y no según Cristo".

Colosenses 1:9; 2:8

CONTENIDO

Acerca del autor xiii
Prefacio xv

CAPÍTULO 1

INTRODUCCIÓN A ESTA INTRODUCCIÓN 1

Preguntas acerca del "qué es" 1
Las teorías son útiles 2
La preguntas básicas 3
La filosofía es inevitable 5
Dos "piernas" 6
Nuestra cosmovisión 9
Las filosofías no son cosmovisiones 10
La fe y las creencias 11
La religión 14
La filosofía cristiana 17
Religión falsa y religión verdadera 20
Preguntas para revisión 22

CAPÍTULO 2

CONOCIMIENTO Y SABIDURÍA 23

Filosofía y ciencia 23
Dos raíces 27
La cristiandad temprana y la Edad Media 29
La Edad Moderna 32

El siglo XX	34
La filosofía reformacional	36
Los motivos religiosos básicos (1)	37
Las escuelas filosóficas modernas	39
Fe, razón, sentimiento	41
Algunos puntos especiales	44
Motivos religiosos básicos (2)	47
Preguntas para revisión	49

CAPÍTULO 3
UNA PERSPECTIVA CRISTIANA DE LA REALIDAD CÓSMICA — 53

La coherencia de las ciencias especiales	54
Las humanidades	56
Orden secuencial y arreglo	59
Fenómenos y aspectos	61
¿Dieciséis aspectos modales?	63
La idolatría	67
Propiedades de los aspectos modales	70
Nota histórica	72
Finalmente: el tiempo	73
Modalidades temporales	75
Preguntas para revisión	79

CAPÍTULO 4
LA REALIDAD CÓSMICA Y LA LEY DE DIOS — 81

Esferas nómicas	81
Leyes naturales y normas	84
El descubrimiento de leyes y normas	88
Las funciones sujeto	90

CONTENIDO   IX

Las funciones objeto	92
Cuatro observaciones adicionales	94
El significado cristiano	96
los núcleos	98
Las analogías	100
La ley como límite	103
Estructura y dirección	106
Pecado y redención	109
Preguntas para revisión	111

CAPÍTULO 5

UNA VISIÓN CRISTIANA DEL ENTE   113

Tipos de entes	115
Naturaleza y cultura	118
La noción de idionomía	121
Encapsis	124
La estructura de una planta	127
La estructura de un animal inferior	129
La estructura de un animal superior	131
Preguntas para revisión	133

CAPÍTULO 6

UNA ANTROPOLOGÍA CRISTIANA   135

La primera idionomía humana	135
Las siguientes tres idionomías humanas	137
La idionomía espiritiva del hombre	140
El ego del hombre	143
Dicotomía y tricotomía	144
El fin del dualismo	146

Un nuevo enfoque	149
Matrimonio y familia	151
El Estado	154
La iglesia	157
Otras relaciones sociales	159
Preguntas para revisión	161

CAPÍTULO 7

UNA FILOSOFÍA DE LA CIENCIA — 161

El cientificismo	163
Bibliocientificismo	165
Conocimiento crítico, bien fundamentado	166
Conocimiento sistemático, coherente	168
Conocimiento desprendido, sin compromiso	170
Conocimiento abstracto, analítico	172
Conocimiento objetivo, reproducible	173
Criterios de la ciencia	175
Ciencia y abstracción	176
Observación práctica	180
Sensaciones "cargadas"	182
Observación teórica *versus* práctica	184
La observación teórica	186
Entidades y leyes teóricas	187
Preguntas para revisión	189

CAPÍTULO 8

LA CIENCIA Y LAS COSMOVISIONES — 191

El aspecto sensitivo	192
El aspecto lógico	193

El aspecto formativo	195
El aspecto social	196
El aspecto pístico	198
"La" cosmovisión occidental	200
Cosmovisiones "científicas"	203
El naturalismo	204
Consecuencias dentro de la ciencia	206
Una cosmovisión cristiana	209
Preguntas para revisión	214

CAPÍTULO 9

FILOSOFÍA Y TEOLOGÍA — 217

Culpa teológica y filosófica	217
Algunos enunciados generales	218
Premisas filosóficas para la teología	221
Racionalismo *versus* **irracionalismo**	224
No hay teología sin filosofía	226
El origen de las premisas filosóficas de la teología	228
Malentendidos	231
Teología/filosofía buena y mala	233
El círculo hermenéutico	235
¿Elementos extraños en la filosofía cristiana?	237
Preguntas para revisión	239

CAPÍTULO 10

LA VERDAD — 241

¿Es verdadera la filosofía cristiana?	242
Ciencia y verdad	244
Dios enseña al granjero	246

Teorías de la verdad	248
Correspondencia	250
Realismo científico	252
Instrumentalismo	253
Realismo crítico	255
Verdad teórica	258
Verdad parcial	261
Los elementos apriori de la verdad	264
Preguntas para revisión	266
BIBLIOGRAFÍA CONCISA	269
ÍNDICE DE ESCRITURAS	273
ÍNDICE DE TEMAS	277

Acerca del autor

Willem J. Ouweneel (1944) obtuvo su Doctorado en Biología en la Universidad de Utrecht (Países Bajos, 1970), su Doctorado en Filosofía en la Universidad Libre de Ámsterdam (Países Bajos, 1986), y su Doctorado en Teología en la Universidad del Estado Libre de Orange en Bloemfontein (República de Sudáfrica, 1993). Entre muchas otras cosas, ha sido profesor de Filosofía de la Ciencia para las Ciencias Naturales en la Universidad para la Educación Superior en Potchefstroom (República de Sudáfrica, 1990-1998), y profesor de Filosofía y Teología Sistemática en la Facultad Teológica Evangélica en Leuven (Bélgica, 1995-2014). Es un prolífico escritor (principalmente en neerlandés), y ha predicado en más de treinta países. Ha sido en varias veces candidato postulado por partidos políticos cristianos holandeses.

PREFACIO

El editor de este libro me invitó amablemente a escribir esta introducción a la filosofía cristiana. Expresamente me pidió que escribiese no un libro académico, con muchas notas eruditas a pie de página y una extensa bibliografía, sino una introducción "simple" que pudiese ser atractiva a estudiantes en los últimos años de la secundaria o los primeros años de la preparatoria o la universidad.

He aceptado con reticencia esta invitación porque puedo pensar en otros que podrían haber hecho un mejor trabajo, y porque escribir un libro relativamente fácil es muy difícil. No estoy seguro en lo absoluto de haber logrado cumplir propiamente mi tarea; al leer nuevamente lo que he escrito, encuentro ciertos pasajes que son muy complicados, particularmente en los últimos capítulos. En realidad, eso no es de admirar, porque entre más profundo entremos en nuestro tema, inevitablemente más exigente se volverá para los lectores. Así que, querido estudiante, ¡encuentra qué tan lejos habrás de llegar en este libro!

Requiere mención un tópico técnico. La versión de la Biblia que se usa en este libro es la de Reina-Valera, revisión de 1960.

Tengo la esperanza de que los estudiantes, al igual que otros lectores interesados, habrán de captar la esencia de lo que quiero decir. Hay algo llamado "filosofía cristiana" que no es sólo altamente fascinante, sino también extremadamente útil para todo el que esté interesado en la ciencia en el sentido más amplio, "incluyendo" la ciencia de la teología.

Willem J. Ouweneel
Zeist (Países Bajos)
Otoño de 2013

CAPÍTULO 1

INTRODUCCIÓN A ESTA INTRODUCCIÓN

Preguntas acerca del "qué es"

Este libro pretende ser una introducción a la filosofía cristiana. Tal introducción debe ser ella misma introducida. Necesitaremos responder inmediatamente algunas preguntas introductorias vitales. Desde luego, la primera es: ¿qué es la filosofía? Muchas personas hoy en día usan el término de una manera más bien descuidada. Hablan de la "filosofía" de este negocio o de esa compañía, la filosofía del nuevo gobierno, etcétera. Se refieren solamente a las ideas básicas, puntos de partida y políticas de este negocio o ese gobierno, y éstos son asuntos muy prácticos. Sin embargo, nosotros hablaremos de la filosofía como una *ciencia*, una empresa teórica —desde luego, como la madre de todas las ciencias.

En este libro estoy usando la palabra *ciencia* en un sentido muy amplio que incluye no solamente las ciencias naturales sino también humanidades como la psicología, la sociología, la economía e incluso la teología. "Ciencia", en el sentido amplio en que estoy usando la palabra, es lo que los alemanes y los holandeses llaman *Wissenschaft* y *wetenschap*, respectivamente.

La segunda pregunta que tendremos que responder es: ¿qué es la filosofía *cristiana*? Podemos fácilmente imaginar a los cristianos filosofando, así como los cristianos construyen casas, cuidan jardines o coleccionan estampillas. Pero ¿hay un modo típicamente cristiano de construir casas, de practicar la jardinería o de coleccionar estampillas? En la misma vena, uno podría preguntarse si hay un modo típicamente cristiano de filosofar. "Filosofía cristiana" puede sonar tan chiflado como matemáticas cristianas o biología cristiana. A pesar de ello, en este libro voy a defender exactamente esta tesis: *hay* algo así como filosofía *cristiana* —así como hay, para el caso, como veremos, una filosofía cristiana de las matemáticas y una filosofía cristiana de la biología.

Las teorías son útiles

La tercera pregunta que puede surgir inmediatamente es esta: ¿por qué importa? Por ejemplo, ¿por qué importa si hay o no hay una filosofía cristiana? Muchas personas tienen una mentalidad muy práctica. Les gusta *hacer* cosas; por ejemplo, a los ingenieros les gusta construir caminos o puentes, y a los psicólogos les gusta ayudar a las personas con problemas emocionales y mentales. En general, a tales científicos no les gustan los asuntos teóricos demasiado porque éstos parecen estar muy lejos de los desafíos de la vida cotidiana. En particular, los cristianos pueden pensar que son más "útiles" si hacen ciertas cosas para la sociedad en vez de incursionar en asuntos teóricos que parecen ser "útiles" solamente para algunos académicos aburridos atorados en sus oficinas.

Espero mostrarle que esto es un gran error. Los ingenieros han estado estudiando ingeniería para poder construir puentes, máquinas y muchas otras cosas; y los psicólogos han estado estudiando psicología para poder ayudar a las personas con sus problemas mentales. Pero ¿es que tales científicos nunca se preguntaron porqué estas ciencias de la ingeniería son llamadas *ciencias* o porque la psicología es llamada *ciencia*? ¿Qué es lo que es tan científico acerca de estas ciencias? ¿Son la ingeniería o la psicología llamadas ciencias simplemente porque son más complejas, más sofisticadas, que estas compenetraciones prácticas? ¿Es la *ciencia* meramente un asunto de complejidad y sofisticación? ¿Qué hace que la ciencia sea *ciencia*? Puede usted sorprenderse al escuchar que ésta no es en lo absoluto básicamente una pregunta física o psicológica o cultural o matemática o técnica, sino una pregunta *filosófica*.

Una parte de la filosofía es llamada *filosofía de la ciencia* (los alemanes y los holandeses tienen una palabra para ésta: *Wissenschaftslehre* y *wetenschapsleer*, respectivamente). Usted podría incluso llamarla la "ciencia de las ciencias", no en el sentido de la "mejor" o más "alta" de las ciencias, sino en el sentido de la ciencia *acerca de* las ciencias —la ciencia que responde a preguntas como: ¿qué hace que la ciencia sea ciencia? ¿En qué difiere una empresa teórica como ciencia del conocimiento práctico? ¿Cómo podemos distinguir entre buena ciencia y una mala ciencia? ¿Cuál es la metodología de la ciencia genuina? Debido a que la ciencia es desde luego una empresa teórica, algunas personas llaman a la filosofía de la ciencia una *teoría de las teorías*. Es una teoría acerca de cómo forman las personas teorías científicas; en otras palabras, una teoría acerca de cómo hacen ciencia las personas.

Las preguntas básicas

Si ha estudiado o está estudiando ingeniería o psicología, podría al menos estar interesado en la pregunta de qué clase de cosa ha estado usted haciendo hasta ahora. Y, como dije, quizá para su sorpresa, esto resulta ser una pregunta filosófica. Hay muchas preguntas filosóficas más que pueden ser planteadas con respecto a la ingeniería o la psicología. (Y recuérdese que la ingeniería y la psicología son solamente ejemplos; podría plantear preguntas similares con respecto a *todas* las ciencias.) La ingeniería está entrelazada con las matemáticas y la física, por un lado, y con las ciencias de la cultura por el otro, pues construir cosas es un asunto cultural, como veremos en el capítulo 4. Por lo tanto, está fundamentada tanto en la filosofía natural como en la filosofía de la cultura. La psicología tiene que ver con el dominio de la mente humana y está por lo tanto fundamentada sobre lo que llamamos antropología filosófica; esto es, la filosofía acerca de qué es el hombre.

Ahora bien, si usted quiere hacer ciencias naturales, ciencias de la cultura y ciencias humanas, y si quiere hacerlas propiamente, no puede evitar las preguntas básicas acerca del "qué es". ¿Qué *es* la naturaleza? (O si queremos ser irónicos: ¿cuál es la naturaleza de la naturaleza?) ¿Qué *es* la cultura? ¿Qué *es* el hombre? Todo el que estudia (aspectos de) la naturaleza, la cultura o el hombre, y quiere hacerlo a fondo, tarde o temprano empezará con tales preguntas. Y es comprensible, pues ¿cómo puede hacer usted psicología sin tener en alguna parte en el trasfondo de su mente algunas ideas básicas acerca de qué tipo de entidad es el hombre?

Hablando de mentes, ¿cómo puede usted ocuparse de las mentes humanas sin tener algunas ideas (vagas), en el trasfondo de su mente, acerca de lo que las mentes *son*? Quizá usted apenas *piensa* acerca de esas preguntas —porque usted es una persona muy práctica, ¿recuerda? Pero estas vagas ideas deben estar por allí en alguna parte. Difícilmente puede uno prescindir de ellas. De modo similar, las personas que cultivan (alguna de) las ciencias naturales deben tener alguna idea (vaga) acerca de lo que es la naturaleza. Las personas que cultivan (alguna de) las ciencias de la cultura deben tener alguna idea (vaga) acerca de lo que es la cultura, no importa cuán inexacta o cuán subconsciente sea.

La filosofía es inevitable

Nuevamente, es de la mayor importancia entender que todas las preguntas tales —¿qué es la naturaleza?, ¿qué es la cultura?, ¿qué es el hombre?—, y todas las preguntas derivadas de ellas, son por definición preguntas *filosóficas*. No puedo evitarlo, pero eso es lo que son. Quizá usted piense que la pregunta "¿qué es la psicología?" es una pregunta psicológica. Eso es un error y puedo demostrarlo fácilmente. Las preguntas psicológicas son usualmente respondidas por observaciones psicológicas y experimentos psicológicos. Pero no hay observación psicológica ni experimento psicológico que vaya a responder jamás, o que jamás sea capaz siquiera de hacerlo, a la pregunta "¿qué es la psicología?".

Déjeme usar una ilustración simple. Las cámaras pueden tomar fotografías de sus entornos pero con una cámara usted no puede tomar una fotografía de su propio interior; usted necesitaría alguna otra cámara para eso. Del mismo modo, la psicología puede explicar ciertos fenómenos psíquicos pero no puede explicar su propia naturaleza; usted necesita alguna otra ciencia para eso. Esa ciencia es llamada la "filosofía disciplinaria (o especial)" de la psicología. (En alemán: *Fachphilosophie*; en neerlandés: *vak-philosophie*.) Es esta parte de la psicología que maneja preguntas como: ¿qué es la psicología?, ¿qué hace a la psicología una ciencia?, ¿cuáles son los puntos de partida y los métodos de la psicología?, ¿cómo podemos distinguir la buena psicología de la mala psicología?, ¿cómo se relaciona la psicología con otras *humanidades* por una parte, tales como la lingüística, la historiografía, la sociología y la economía; y con la ciencias naturales por la otra, especialmente con la biología?

Toda ciencia, desde las matemáticas hasta la teología, tiene que lidiar con preguntas básicas similares. Éstas preguntas son manejadas en esa parte de la filosofía que le pertenece, abarcando desde la filosofía especial (*Fachphilosophie*) de las matemáticas hasta la filosofía especial (*Fachphilosophie*) de la teología.

Para resumir: si la psicología es la ciencia que estudia los fenómenos psíquicos, tenemos que responder al menos dos preguntas de inmediato. Primeramente, ¿qué es la ciencia? (¿Cómo ha de ser distinguida la psicología científica de la "psicología" no académica?) La respuesta se encuentra en la *filosofía de la ciencia* (*Wissenschaftslehre*). En segundo lugar, ¿qué son los fenómenos psíquicos? ¿Cómo han de ser distinguidos de, por ejemplo, los fenómenos físicos, fisiológicos o sociales? La respuesta se encuentra en la *filosofía especial* de la psicología.

En ambos respectos tenemos que encarar preguntas filosóficas. ¿Está usted empezando a ver que, si realmente quiere estudiar algo de un modo científico, no puede evitar las preguntas filosóficas?

Dos "piernas"

Demos otro paso. La ciencia es una forma específica (teórica) de conocimiento. Por lo tanto, la filosofía de la ciencia es parte del más amplio campo de lo que llamamos *epistemolo-*

gía, esto es filosofía del conocimiento (en alemán: *Erkenntnislehre* o *Erkenntnistheorie*; en neerlandés: *kennisleer* o *kennistheorie*). Ésta es aquella parte de la filosofía que trata de responder preguntas tales como: ¿qué es el conocimiento, ¿cómo podemos saber que sabemos algo?, ¿cuáles son los criterios para el conocimiento verdadero?, ¿de qué manera adquirimos el conocimiento? La epistemología es una de las "piernas" sobre las que está parada la filosofía.

La otra "pierna" es la *ontología*, esto es la filosofía del *ser*, la filosofía de todas las cosas que *son* o, simplemente, de todas las cosas que existen, la filosofía de la totalidad de la realidad cósmica. Ésta es aquella parte de la filosofía que trata de responder preguntas como: ¿qué es *ser*?, ¿Cuáles son las cosas que *son*? ¿cuál es la naturaleza de la realidad?, ¿cómo se cohesionan las varias partes dentro de la realidad?, ¿puede la realidad ser reducida a algún principio básico que pueda explicar todos sus otros aspectos? (Por ejemplo, "todo es básicamente físico o material" o "todo es básicamente psíquico o espiritual" o "la totalidad de la cultura puede ser explicada a partir de las relaciones económicas", etcétera). También, ¿cuál es el origen de la realidad? Y ¿hay un propósito en la realidad?, ¿a dónde se dirige el cosmos?

Algunas personas prefieren el término *metafísica* (el estudio de lo que yace tras el mundo físico) a *ontología*. Otras prefieren el término (filosófico) *cosmología*, porque la filosofía no estudia *todo* lo que *es* —el mundo de Dios, los ángeles y los cielos yacen fuera de su análisis— sino solamente la realidad cósmica. No importa qué término use uno, éstas son las dos "piernas" de la filosofía: la filosofía del conocimiento y la filosofía de la realidad (cósmica). Desde luego, los dos están estrechamente relacionados. El conocimiento verdadero pretende ser siempre conocimiento acerca de la realidad. Si no hubiese conocimiento, la realidad podría estar allí sin que supiéramos nada acerca de ella. Y a la inversa, si no hubiese realidad, no habría nada acerca de lo cual pudiéramos saber algo.

Algunos, como el gran filósofo alemán Emanuel Kant, quisieron agregar una tercera "pierna", a saber la ética, pero pienso que ello es incorrecto. Mostraré porqué veo la ética como una de las muchas ciencias especiales (en alemán: *Fachwissenschaften*; en neerlandés: *vakwetenschappen*), o, más específicamente, como una de las muchas *humanidades* (en alemán: *Menswissenschaften*; en neerlandés: *menswetenschappen*), exactamente igual que la psicología, la sociología, la economía, la estética y la teología.

Estoy listo ahora para darle una respuesta preliminar a la misma primera pregunta que plantee al comienzo de este capítulo: ¿Qué es la filosofía? *La filosofía es esa ciencia fundamental – la "ciencia de las ciencias"– que se propone responder las preguntas más básicas y vitales acerca de todo nuestro conocer y ser, o acerca del conocimiento y la realidad.* Es una ciencia de la *totalidad* porque no mira separadamente las diferentes partes de la realidad, como lo hacen las ciencias especiales, sino que trata de obtener la imagen total. Las (siempre preliminares) respuestas a las preguntas que mencioné subyacen consciente o inconscientemente a todo nuestro conocimiento teórico o científico. Realmente no hay pensamiento científico sin alguna base filosófica, y los científicos sabios tratan de dar cuenta de esta base.

INTRODUCCIÓN A ESTA INTRODUCCIÓN 9

Nuestra cosmovisión

Demos otro paso. Si toda ciencia está fundamentada sobre la filosofía como la "ciencia de las ciencias" entonces ¿sobre qué ciencia se fundamenta la filosofía? Esto suena un poco como la pregunta: si todas las cosas fueron creadas por Dios, ¿entonces qué creó a Dios? La respuesta es: si algo hubiese creado a Dios entonces ese algo sería de hecho Dios. De modo similar, la filosofía no está enraizada en una ciencia "más elevada" o, si usted prefiere, "más profunda", simplemente porque la filosofía es ella misma, por definición la ciencia "más elevada" o la "más profunda". Si la filosofía estuviese enraizada en alguna ciencia "más elevada" entonces esa "ciencia más elevada" sería filosofía por definición.

Eso no significa que la filosofía carezca de fundamento. Lo tiene. Pero ese fundamento no es de naturaleza filosófica o científica. Podría usted llamarlo nuestra (prefilosófica o precientífica o preteórica) *cosmovisión* (en alemán: *Weltanschauung*; en neerlandés: *wereldbeschouwing*). Una cosmovisión es un conjunto (frecuentemente no articulado) de ideas y principios concernientes al mundo en que vivimos, la naturaleza, el origen y el propósito (o carencia de propósito) de este mundo, etcétera (véase especialmente el capítulo 8). Siempre está entrelazada con una visión de la vida (en alemán: *Lebenschauung*; en neerlandés: *levenbeschouwing*), esto es, un conjunto (frecuentemente no articulado) de ideas y principios concernientes al significado y valor (o carencia de significado y valor) de la vida humana, la naturaleza, el origen y el propósito (o carencia de propósito) de esa vida, etcétera. Nuestra concepción del mundo y nuestra visión de la vida están interconectadas: es este mundo en el cual vivimos y con el cual nos relacionamos.

Posteriormente trataré de demostrar que no hay algo así como una filosofía puramente objetiva, carente de sesgos y prejuicios; esto es, una filosofía sin siquiera una traza de ideas preconcebidas acerca del (posible) significado del mundo y de la vida humana. En otras palabras, no hay una filosofía verdadera sin alguna cosmovisión que subyazca a ella. Hay muchas personas que tienen una cosmovisión mientras que carecen de cualquier cosa que merezca el nombre de "filosofía". Pero, en mi opinión, lo contrario no es muy posible: no puede usted tener su propia filosofía sin alguna suerte de cosmovisión precedente.

Las filosofías no son cosmovisiones

Permítaseme agregar un punto importante aquí. En la práctica, en muchos casos no hay aparentemente muchas diferencias entre las filosofías y las cosmovisiones. Mucho de lo que es llamado "filosofía" hoy en día tiene poco que ver con la filosofía real, como la cosmología y la epistemología, sino que es más bien sabiduría práctica. Esto se debe en buena medida a que para muchas personas en nuestro mundo occidental la religión apenas sigue teniendo alguna relevancia. La pregunta planteada en los 1970 por el teólogo y filósofo cristiano Francis A. Schaeffer, *¿cómo debiéramos entonces vivir?*, es respondida por muchos con una apelación a la sabiduría de los filósofos, no a la de los líderes cristianos. Los filósofos, y en alguna medida los artistas y los columnistas intelectuales, son los líderes espirituales del mundo occidental, como fue el caso en la era precristiana. En algunos casos los filósofos no son mucho más que periodistas intelectuales que analizan nuestros tiempos.

Algunas veces estos filósofos tienen una confesión cristiana, tal como la del filósofo escocés Alasdair MacIntyre, y el filósofo canadiense Charles M. Taylor. Han publicado grandes obras, MacIntyre sobre filosofía moral y política y sobre la historia de la filosofía y la teología, Taylor sobre la filosofía social y política y sobre la historia de las ideas. Hay mucho de sabiduría práctica en estas obras. Pero lo que está faltando es una cosmología y una epistemología subyacente coherente y omnicomprensiva que esté enraizada en el motivo bíblico básico (véase más abajo).

Hoy en día, particularmente en nuestros tiempos postmodernos, tales cosmología y epistemología coherentes y omnicomprensivas pueden parecer fuera de moda a muchos. Las personas ya no creen en las "grandes narrativas" (véase el capítulo 2). Pero se olvidan de que lo que los filósofos y los periodistas intelectuales están escribiendo *siempre* presupone una cierta cosmovisión, o incluso una cierta cosmología y una epistemología implícitas, de las cuales usualmente no dan cuenta, o de las cuales incluso podrían no ser muy conscientes. Leemos a tales autores, admiramos su sabiduría intelectual, pero tendemos a olvidar esta cuestión crucial: *¿dentro de qué marco de pensamiento están operando?* ¿Tengo que descubrir eso por mí mismo cuando los leo? ¿Por qué no dan cuenta de ello por sí mismos? ¿U operan desde la suposición de que sus ideas son "neutrales", "objetivas" y "carentes de prejuicios"? Ahora bien, ¡*eso* sí que estaría pasado de moda!

La fe y las creencias

La siguiente pregunta es una acerca de la cual usted probablemente ya habrá pensado. ¿Hay algo que subyazca a nuestra cosmovisión? ¿O es nuestra cosmovisión la base más profunda de todas nuestras teorías científicas? La respuesta a la segunda pregunta es un claro "no". Nuestra cosmovisión misma está fundamentada sobre nuestra fe. Usted puede argumentar: ¡pero es que mi cosmovisión es mi fe! Mi réplica a esto es: no, su cosmovisión es un conjunto de *creencias* pero su *fe* es mucho más que eso. Su fe subyace a sus creencias. ¡Trate de seguirme! Sus creencias son (más o menos) racionales, pero su fe es lo que yo llamaría suprarracional; esto es, trasciende (se eleva por encima) de lo racional. Observe cuidadosamente: la fe no es no racional, o incluso irracional; la fe no está necesariamente *en contra* de la razón, pero la fe ciertamente está *por encima* de la razón. Es importante aprender esta distinción. Los absurdos (como un círculo cuadrado) son ilógicos, están *en contra* de la razón. En contraste, los misterios sobrepasan la lógica humana, se hallan *por encima* de la razón.

Repito una vez más: las creencias son racionales, mientras que la fe es suprarracional. Sus creencias están frecuentemente conectadas con ciertos afectos, emociones, consideraciones lógicas y morales, formulaciones lingüísticas (esto es, pensamientos formulados en el lenguaje), relaciones sociales, etcétera. Pero su fe se halla por encima de todo eso: trasciende toda sus afecciones, emociones, consideraciones lógicas y morales, formulaciones lingüísticas, relaciones sociales, etcétera. En otras palabras, no es solamente suprarracional, sino también —como yo la llamo— suprasensitiva, supralingual, suprasocial, etcétera.

Como ve usted, cuando se propone pensar acerca de la ciencia y las teorías, termina usted con cosmovisiones, creencias e incluso fe. Probablemente usted no esperaba eso, pues muchas personas piensan que la ciencia y la fe no tienen nada que ver una con la otra. Lo opuesto es verdadero: están más estrechamente interrelacionadas que lo que usted podría pensar.

Si hablamos de fe, entonces dese cuenta de que son las personas las que tienen fe. Lo que alguien cree nos dice algo acerca de qué tipo de persona es ese "alguien creyente". Puede usted también decirlo de este modo: pensar acerca de las creencias y la fe presupone una cierta idea acerca de qué o quién es el hombre, porque es el hombre quien cree. Regresaré posteriormente a este importante tema de antropología filosófica (la filosofía del hombre; véase el capítulo 6), pero ya ahora tengo que hacer algunas observaciones introductorias.

Creo que el hombre es más que la suma total de todas sus funciones: sus funciones física y fisiológica, sus funciones mentales, sus funciones lógicas, sociales, económicas, estéticas y morales, etcétera. El hombre siente, piensa, quiere, cree, actúa —pero ¿quién es la persona que vive todo este sentir, pensar, creer, querer, actuar? Puedo decir acerca de mí mismo: *yo* siento, *yo* pienso, *yo* quiero, *yo* creo, *yo* actúo. Pero, ¿quién es este *yo*? Creo definitivamente que este yo, o ego, o centro de la personalidad, o como quiera que lo llame usted, debe ser más que todo este sentir, pensar, querer, creer y actuar tomados juntos. Esto es similar al hecho de que el árbol es más que la suma total de su tronco y ramas, una iglesia es más que la suma total de todos sus miembros, y la fe de un hombre es más que la suma total de todas sus creencias.

Es por eso que he dicho que mi fe se halla *más allá* de mis creencias y por lo tanto, si mis creencias son emocionales, racionales, linguales, sociales, etcétera, y si el ego del hombre se halla más allá de todas sus funciones, entonces podemos derivar la siguiente conclusión: mi fe es un asunto de mi ego, de mi yo más profundo, más allá del cual no hay nada. Mi fe *precede* o *trasciende* todas mis creencias y todos los aspectos emocionales, racionales, linguales, sociales (etcétera) de ella. Ciertamente puedo *dar cuenta* racionalmente de todas mis creencias, puedo aducir argumentos lógicos por los que las sostengo, y puedo dar contraargumentos lógicos cuando mis creencias son atacadas. Todos los aspectos de ese proceso pertenecen al dominio de lo lógico, lo racional. Sin embargo, mis razones más profundas por las que prefiero estos argumentos a los de mis oponentes no son que estoy convencido lógica y racionalmente de que mis argumentos son mejores que los de ellos. No: los prefiero porque muy profundamente en mi corazón tengo razones suprarracionales —¡por favor recuerde: no necesariamente irracionales!— por las que los prefiero.

Esa profunda convicción interior que sobrepasa la razón es lo que llamamos fe. Esta fe puede ser formulada en pensamientos racionales y en palabras; entonces se convierte en "creencias". En otras palabras, se puede dar cuenta de ella lógicamente. Pero esta fe como tal se halla más allá de toda formulación y explicación. Siempre es *más* que eso, así como mi ego es más que todas mis funciones juntas. Todo esto será explicado más extensamente después; ¡no puedo decirle todo a la vez!

La religión

Estamos ahora listos para dar nuestro siguiente paso. Afirmo que, en el sentido más profundo, la fe siempre posee una naturaleza religiosa. Por supuesto, eso depende de mi definición de "religión". La ciencia de la religión (en alemán: *Religionswissenschaft*; en neerlandés: *godsdienstwetenschap*) nos proporciona muchas definiciones de religión. Tales definiciones no tiene nada que ver con el cristianismo, el judaísmo, el islam, el budismo, hinduismo, etcétera como tales, sino con las características que todas las religiones del mundo tienen en común —las características que hacen a la religión ser religión. El factor más importante que todas las tales religiones tienen en común parece ser que la religión es la confianza que tiene el hombre en alguien o algo como una especie de fundamento último. Este fundamento último puede ser Dios, o algún dios, o muchos dioses o, más vagamente, algo divino, alguien o algo que sobrepasa todas las cosas visibles, o algo *dentro* del mundo visible. Este alguien o algo funciona como una especie de principio general, fundamento, a partir del cual se puede explicar la totalidad de la realidad. Tal principio podría ser el número, la materia, la vida, lo espiritual, la razón, el desarrollo (evolución), la sociedad —o incluso el sexo, el fútbol, la moda, el alcohol, etcétera.

Digamos por el momento que no importa en qué cree usted. Mi punto es, más bien, que usted *cree* en alguien o algo, alguna realidad última, o parte o principio último de la realidad. Para usted, este alguien o algo, este elemento o principio, explica la totalidad de la realidad, da a la realidad su significado y propósito (o niega que tenga un significado o propósito), y es la cosa en la que usted pone su confianza última, o con la cual usted está comprometido en última instancia. Es algún fundamento último al cual recurren su sentir, pensar, querer y creer, y más allá del cual éstos ya no tienen nada más a que recurrir.

Incluso si usted es un ateo, hay algún fundamento último para todo su pensamiento, a saber, la convicción suprarracional de que no hay un dios. Incluso si usted es un agnóstico, hay algún fundamento último para todo su pensamiento, a saber, la convicción suprarracional de que las personas no pueden saber si hay un dios. Incluso si usted es un nihilista —usted cree que no hay significado o propósito en la realidad, incluso que nada existe— entonces el nihilismo es el fundamento último para todo su sentir, pensar, querer y creer. Incluso si usted es un solipsista —usted cree que no puede demostrar que hay algo fuera de usted mismo— entonces el solipsismo es su fundamento último de certeza, de su convicción interna profunda.

Incluso si usted piensa que es imposible tener ciertas convicciones internas profundas, entonces ésta es su convicción interna profunda. Si usted es un relativista absoluto entonces este relativismo es su absoluto, en el cual usted tiene plena confianza. (Los relativistas son más listos son aquellos que relativizan incluso su propio relativismo, pero incluso entonces su relativismo es su fundamento último.)

El ateísmo, el agnosticismo, el nihilismo, el solipsismo son "ismos" que pueden ser explicados lógicamente, que pueden ser formulados en palabras, y que pueden ser racionalmente explicados. Incluso el irracionalismo es un punto de vista que puede ser y es racionalmente explicado. Pero, para el caso, finalmente estos "ismos" no pueden ser demostrados racionalmente más allá de cualquier duda, más de lo que puede serlo la fe en Dios. Esa es la misma razón por la que llamamos a tales convicciones *fe*. La fe se halla más allá de lo racional (y más allá de lo emocional, lo lingual, lo social, etcétera), y no obstante es certeza: una certeza existencial, suprarracional, del corazón. Es nuestro "compromiso último".

Llamo *religiosa* a esta confianza o compromiso existencial último suprarracional, pues esto es exactamente lo que es la religión en el sentido más amplio: una confianza existencial, suprarracional en algún fundamento último. Incluso si usted es un racionalista firme, su fe en el racionalismo no puede ser ella misma racional —precede a la razón. Usted no puede demostrar racionalmente que es más racional ser racional que ser irracional, pues eso sería un argumento circular. Su fe en el racionalismo no es necesariamente irracional, pero es ciertamente suprarracional; precede y sobrepasa a la razón, y como tal tiene un carácter existencial, último, al cual por definición llamo religioso.

Me parece que ésta es una conclusión interesante de mi razonamiento. Su conocimiento científico se halla enraizado en última instancia en sus convicciones filosóficas, estas convicciones se hallan enraizadas en última instancia en su cosmovisión, y su cosmovisión se halla enraizada en última instancia en su fe existencial suprarracional, la cual por definición es de una naturaleza religiosa. ¡Eso puede ser muy sorprendente para usted! No hay conocimiento científico sin que haya en última instancia alguna especie de religión, incluso si es el ateísmo, el agnosticismo, el nihilismo, el solipsismo, el racionalismo, el materialismo —o, para el caso, el cristianismo.

La filosofía cristiana

Esto nos conduce a la segunda pregunta que plantee al principio de este capítulo. ¿Qué es la filosofía cristiana? Para responder esta pregunta, podría parecer a primera vista que tenemos que ponernos a la defensiva. Pues está claro que la mayoría de los filósofos en este mundo, e incluso en el mundo occidental, no son cristianos en lo absoluto. Muchos filósofos no son ni siquiera religiosos en el sentido usual de la palabra: no son cristianos, no son judíos practicantes, no son musulmanes, etcétera. Algunos filósofos en el mundo occidental *son* cristianos, pero frecuentemente mantienen muy separado su trabajo filosófico de sus creencias cristianas. Pueden pertenecer, o han pertenecido, a una de las escuelas filosóficas más populares —determinismo, utilitarismo, (neo)positivismo, objetivismo, existencialismo, filosofía analítica, postmodernismo, alguna filosofía de la liberación, alguna filosofía feminista, lo que usted guste— sin que sus convicciones cristianas estén fundamentalmente involucradas.

Para decirlo con franqueza: en los domingos y en sus tiempos libres son cristianos, y durante las horas de trabajo trabajan dentro de algún marco filosófico secular y neutral. Son cristianos y filósofos, pero no filósofos cristianos. Esto es, no se adhieren a la noción de una filosofía cristiana, o incluso la rechazan directamente, frecuentemente debido a alguna idea de una filosofía neutral, objetiva, carente de sesgos, o sin prejuicios. He tratado de mostrar que tal filosofía es imposible, y daré más evidencia de ello en capítulos subsecuentes.

Ahora bien, si bien es verdad que la filosofía siempre esta enraizada en alguna fe, y que esta fe es en última instancia de una naturaleza religiosa, entonces toda filosofía es, en su nivel más profundo, por naturaleza religiosa. No puedo ver como podría evitar esa conclusión. Así como *todo* pensar y *todo* sentir, *todo* querer, *todo* creer es para el caso, en su nivel más profundo, religioso por naturaleza. Si esto es correcto, entonces la elección no es entre una filosofía común, actual (esto es, secular) y alguna filosofía religiosamente sesgada, sino *entre la filosofía basada en la religión falsa y la filosofía basada en la religión verdadera*. Si la anterior elección fuese correcta, no vacilaría en elegir la primera opción que mencioné. Pero si está claro que toda filosofía es en última instancia de naturaleza religiosa, entonces ciertamente preferiría una filosofía basada en la religión verdadera.

Ahora puede usted empezar a entender porqué pienso que podemos hablar en verdad de una filosofía cristiana. Yo soy cristiano, así que, para mí, la filosofía verdadera no puede ser más que una filosofía cristiana. No hay tal cosa como una filosofía neutral, así que prefiero una filosofía cristiana. Creo verdaderamente que tal filosofía no es solamente posible sino que también es altamente deseable e incluso necesaria. Muchos cristianos jóvenes asisten actualmente al colegio o a la universidad. Estudian alguna disciplina científica pero desafortunadamente, muy frecuentemente, sin darse cuenta de las preguntas básicas de tales ciencias. En muchos casos, nadie les enseña acerca de estas preguntas. Mucho menos ayuda alguien a estos estudiantes a darse cuenta de qué manera sus creencias cristianas están involucradas en la respuesta a estas preguntas filosóficas preliminares. En otras palabras, no saben cómo abordar los problemas con los que están confrontados de un modo filosófico cristiano apropiado. Pueden ser adoctrinados con la idea de una filosofía neutral y objetiva, e incluso perder su fe en ese ejercicio. Esto ha ocurrido muchas veces. Es por ello que escribí este libro.

Religión falsa y religión verdadera

Al final, como dije, hay sólo dos tipos de empresa científica: una basada en la religión verdadera, y otra basada en la religión falsa. Pero en la práctica, desde luego, el asunto es más complicado. Por un lado, cualquier ciencia basada en la religión verdadera puede estar aún llena de equivocaciones y errores humanos. Un buen punto de partida no garantiza buenos resultados. Los cristianos pueden hacer ciencia de un modo que no es muy académico. Aunque usted puede empezar con una fe perfecta, puede no obstante terminar con una pobre ciencia.

Por otro lado, incluso la ciencia que está basada en última instancia en alguna religión falsa puede ciertamente surgir con elementos de verdad parciales o, para decirlo más cuidadosamente, con ciertos enunciados validos acerca de la realidad. Pueden ser válidos, en primer lugar, porque hasta el momento no han sido refutados; en segundo lugar, porque parecen razonables dentro del marco de lo que ya sabemos, o parece que sabemos; y en tercer lugar porque "funcionan"; esto es, su uso conduce a buenos resultados prácticos. Para las personas prácticas —y muchos cristianos son también personas muy prácticas— esto es todo lo que importa. Tienen un enfoque pragmático: no importa si una teoría es verdadera —signifique eso lo que signifique— sino solamente si funciona. Éstas son también personas que en general no están muy interesadas en la filosofía. Ellas no son las personas para las que este libro ha sido escrito (aunque, siga leyendo; ¡*podría* interesarse después de todo!).

Este libro es para aquellos que *están* interesados en las preguntas básicas detrás de las diferentes ciencias, incluyendo el (complicado) tema de la verdad (véase especialmente el capítulo 10). Estar interesado en tales preguntas significa estar interesado en la filosofía. Y si usted es un cristiano, puede ser de su agrado encontrar que hay un modo cristiano de hacer filosofía —un modo que está enraizado en la fe cristiana. Usted no tiene que avergonzarse de estar interesado en la filosofía cristiana, pues las alternativas son las filosofías judía, islámica, budista, hinduista, materialista, racionalista, socialista, liberal, nihilista, positivista (y muchas más). En última instancia, *todas* ellas son de una naturaleza religiosa. Así que ¿por qué no elegir una filosofía que es de una pieza con sus propias creencias cristianas?

Observe por favor que filosofía cristiana no significa filosofía bíblica si con este término usted quiere decir que podríamos obtener tal filosofía cristiana directamente de la Biblia. La Escritura no enseña filosofía o ninguna otra ciencia; la Biblia no presupone ninguna filosofía ni nos proporciona enunciados filosóficos indirectos. Sólo si usted tiene alguna idea muy vaga acerca de la filosofía —como si fuese la misma cosa que mera doctrina o enseñanza— podría venir con la idea de que la Biblia aborda problemas filosóficos como tales. No lo hace. La filosofía es muy teórica y la Biblia nunca lo es.

Sin embargo, a través de nuestras creencias cristianas, ¡la Escritura ciertamente nos proporciona los bloques de construcción para una *cosmovisión* cristiana o visión de la vida! Dentro de la filosofía cristiana, la Biblia opera de una manera indirecta. La Escritura no habla el lenguaje abstracto y teórico de la ciencia, incluyendo el de la filosofía, sino el lenguaje práctico de nuestra vida cotidiana. Está interesada en nuestro asuntos cotidianos; habla el lenguaje de la fe. Como tal, no aborda los típicos problemas teóricos de la ciencia.

Pero indirectamente, a través de nuestra cosmovisión cristiana, definitivamente afecta a las ciencias, incluyendo a la filosofía.

Preguntas para revisión

1. ¿Cuáles son las tres preguntas importantes que necesitaban ser respondidas en este capítulo?
2. ¿Por qué estudiar algo de un modo científico requiere que se respondan preguntas filosóficas?
3. ¿Cuáles son las dos "piernas" sobre las que esta parada la filosofía?
4. De acuerdo con este capítulo, ¿que es la filosofía?
5. ¿Que viene primero —la filosofía o la cosmovisión— y por qué?
6. ¿Cual es la diferencia entre su cosmovisión y su fe? ¿Entre su fe y sus creencias?
7. ¿Es racional la fe? ¿Por qué (o por qué no)?
8. ¿En qué sentido podemos sostener que toda persona es religiosa?
9. Defienda la legitimidad de la "filosofía cristiana".
10 ¿Por qué no es la filosofía cristiana lo mismo que una filosofía bíblica?

CAPÍTULO 2

CONOCIMIENTO Y SABIDURÍA

Filosofía y ciencia

El término "filosofía" proviene de la palabra griega *filosofia* y significa "amor a la sabiduría". La filosofía tiene la meta de ofrecernos algún tipo de sabiduría. La palabra "ciencia" proviene de la palabra latina *scientia* y significa "conocimiento", en este caso científico, esto es conocimiento teórico. Los términos "teórico" y "teoría" provienen de la palabra griega *theoria*, la cual se deriva de una palabra para "ver, mirar, observar, contemplar". Está relacionada con nuestra palabra *teatro*, que es el lugar donde las personas "miran" algo que está pasando en el escenario. ¿Cómo están interrelacionadas nociones básicas tales como sabiduría, conocimiento y observación?

La palabra "sabiduría", al igual que el pasado de moda verbo inglés "to wit" (a saber), y precisamente como las palabras alemanas y holandesas *wissen* y *weten* ("conocer, saber"), y *Wissenschaft* y *wetenschap* ("ciencia") respectivamente, proviene de una raíz indoeuropea *wdi-*, la cual significa "ver". El latín, el griego, el francés, el alemán, el neerlandés, el inglés, y muchos otros lenguajes pertenecen a la familia de los lenguajes indoeuropeos. Piense en la palabra latina *video*, la cual significa "veo". La palabra griega *oida* (originalmente *woida*) significa "sé", pero literalmente es un pretérito per-

23

fecto de *(w)eidon* (relacionada a su vez con el verbo *horaō*), el cual significa "he visto".

Si "witting" (sabiendo) proviene de "seeing" (viendo), ¿significa esto que, incluso hoy en día, el conocimiento verdadero está basado en la visión? Muchas personas argumentarían que el conocimiento más bien está basado en el pensamiento. En la historia del pensamiento humano ésta ha sido frecuentemente una cuestión central: ¿cuál es el origen de la verdadera sabiduría —la visión o el pensamiento? Los filósofos, esto es los amantes de la sabiduría, debieran ciertamente estar interesados en esta pregunta.

Nuestra occidental mentalidad esta enraizada en dos aproximaciones muy diferentes a este problema. Una fue la aproximación judeocristiana. Estaba de acuerdo con el significado fundamental de "sabiduría" y respondía: la ciencia verdadera, o la sabiduría verdadera, o la filosofía verdadera, brota de lo que tú has *visto*; en el último sentido esto significa lo que Dios te ha revelado. Ésta es la razón por la que llamamos a una cierta porción de sabiduría una *view* (visión) o un *insight* (compenetración), dos palabras que provienen de avistar y ver. (Piense en lo que dijimos en el capítulo anterior acerca de nuestra cosmo*visión* y nuestra "*visión* de la vida").

La otra raíz de nuestra occidental constitución mental fue la aproximación de la antigüedad clásica. Ésta fue más bien un modo de pensar: la ciencia verdadera, o la sabiduría, o la filosofía está basada sobre el *pensamiento* (lógico, racional, intelectual). Los dioses pueden engañarle, o podría no haber dioses en lo absoluto. Sus ojos y oídos también podían engañarle; podría caer en el lazo de las ilusiones ópticas. Al final de cuentas, sólo puede confiar en lo que usted mismo ha pensado lógicamente y de manera completa. Si obedece las reglas de la lógica, el pensamiento racional le conducirá al conocimiento seguro, algo que no pueden suplirle los "veedores", así como sus órganos sensoriales.

Es sorprendente que los antiguos libros de la sabiduría de los hindús sean llamados *veda*, una palabra que significa "yo sé", pero una palabra que brota de la misma raíz indoeuropea "yo veo". La sabiduría ofrecida en estos libros está basada en el ver más que en el pensar. En todas las culturas antiguas la persona verdaderamente sabia era la persona que había "visto"; esto es, visto en el mundo divino. Esa persona recibía sueños predictivos, o escuchaba voces interiores, recibía visiones (otra palabra derivada de *videre*, "ver"), y "veía" las respuestas a las grandes preguntas en signos ominosos y otros símbolos. En el paganismo germánico era lo mismo. Una de las antiguas palabras inglesas para mago es *wizard*, la cual literalmente significa "hombre sabio", y la palabra *witch* (bruja) proviene de la palabra sajona *wicca*, "sabia". Los magos y las brujas eran considerados personas sabias, las personas que "sabían", y sabían porque habían "visto" cosas en el mundo invisible.

De hecho, en el antiguo Israel era lo mismo: los líderes espirituales del pueblo eran los profetas. La principal característica del profeta era que había "visto"; por lo tanto, el profeta era originalmente llamado un "vidente" (por ejemplo, 1 S. 9:9). Desde luego, esto no puede ser separado de "oír" (*cfr.* Ro. 10:14, 17); en la tradición judeocristiana, la "Palabra" desempeña un papel central. Pero el punto crucial es este: la sabiduría verdadera no es primariamente aquella que tú has elaborado en tu propio pensar, sino aquella que has visto u oído del mundo divino. Ver y oír no se llevan muy bien sin pensar, pero si supones que puedes pensar sin haber "visto" entonces los antiguos hubieran podido decir que eras una persona empobrecida.

En la antigua Grecia, en la alborada del pensamiento griego, no era nada diferente. Los poetas antiguos como Homero y Hesíodo encontraron la explicación de la realidad que describían en el mundo de los dioses. Incluso los filósofos griegos más tempranos —" amantes de la sabiduría", ¿recuerda?— Fueron más "videntes" que "pensadores". Parménides (siglo quinto A.C.) fue el primero que ubicó explícitamente el conocimiento teórico en el fundamento del pensar —pero escribió sus ideas en un poema que comenzó anunciando que lo que iba a seguir le había sido revelado en una visión. Su contemporáneo Heráclito, también, fue de hecho por lo menos tan vidente como pensador. Fue solamente en el tiempo de Platón y Aristóteles (siglo cuarto A.C.) que el hombre sabio, esto es el filósofo, se convirtió en un hombre de la razón pura, en un pensador. La sabiduría ya no se encontraba *afuera* del hombre, en aquello que las personas contemplaban y oían en ámbitos más elevados, sino *dentro* del hombre, en el intelecto puro. Incluso entonces, en el pensamiento de Platón, el vidente no había muerto enteramente.

A Platón, Aristóteles y sus sucesores les debemos ese notable fenómeno que llamamos *filosofía*, de la cual en etapas posteriores se derivaron las diferentes ciencias especiales. En el último período grecorromano aparecieron las primeras ciencias especiales: las matemáticas (Euclides), la medicina (Hipócrates y Galeno) y la física (Arquímedes). Aristóteles podría ser llamado uno de los primeros científicos naturales. Otras ciencias especiales aparecieron mucho después. Incluso en el siglo XVIII, la biología todavía era en buena medida una disciplina filosófica, particularmente subordinada a la teología natural (esto es, a la búsqueda en la naturaleza de signos que pudiesen demostrar la existencia de Dios). La psicología fue, incluso hasta cerca de 1875, nada más que una rama de la filosofía, y sólo posteriormente se desarrolló como una ciencia experimental (orientada hacia la experiencia).

Dos raíces

En el antiguo mundo griego, la filosofía occidental empezó en el momento en que se separó de la aproximación visionaria, de la religión y la mitología. Como consecuencia, empezó a plantear preguntas específicas que incluso hoy son desafíos a las mentes de los filósofos y los científicos especiales. Mientras el hombre fue cautivo del pensamiento mítico, ni siquiera pensó en plantearse preguntas como aquéllas. Y si hubiese pensado en ellas, las hubiera respondido a partir de lo que había "visto" y "escuchado" en el mundo de los dioses. En tanto que las personas manejen tales cuestiones básicas de un modo tan acrítico, no se puede desarrollar ninguna ciencia en el sentido actual del término. Por ejemplo, mientras las personas consideren que la naturaleza es tan voluble y caprichosa como sus propios dioses, no habrán de buscar esas regularidades básicas en la naturaleza que nosotros llamamos leyes naturales. Pero es esto mismo de lo que tratan las ciencias naturales.

Para llegar a la ciencia como la entendemos, uno no tiene que abandonar la creencia propia en los dioses, o en Dios. De otra manera, en primer lugar no sería posible filosofía o ciencia sobre una base cristiana. Por el contrario, fue *debido* a su creencia en el Dios de la Biblia que los grandes pioneros de las ciencias naturales modernas de los siglos XVI y XVII (Nicolás Copérnico, Johannes Kepler, Galileo Galilei, Isaac Newton, Robert Boyle) aprendieron a creer en un orden nómico fijo, o en un orden del mundo. Ésta es la creencia de que todo en el cosmos está sujeto a leyes fijas, y no a los caprichos de dioses y espíritus. Supieron acerca del orden del mundo y acerca de estas leyes fijas porque conocían al *Legislador*, al Dios de la Biblia.

La segunda cosa que fue necesaria fue que, sobre la base de este orden nómico, las personas trataran de encontrar causas para todo fenómeno cósmico dentro de esa misma realidad cósmica. En la filosofía y en la ciencia nunca se permite apelar al mundo de los dioses y los espíritus, o a Dios, para explicar fenómenos misteriosos. Los grandes pioneros de las modernas ciencias naturales estaban convencidos de esto, no porque rechazaran a Dios —por el contrario, creían en el— sino porque estaban convencidos de que Dios había creado el cosmos de tal modo que el cosmos mismo proveería las respuestas acerca de qué regularidades había puesto Dios dentro de él.

Aquí tenemos un claro ejemplo del doble origen de nuestra filosofía occidental. No fue en Israel, sino en la antigua Grecia, que los primeros filósofos alcanzaron prominencia, pensadores que empezaron a aproximarse a ciertas cuestiones básicas acerca de la realidad cósmica de un modo puramente racional, y ya no con una apelación acrítica a algún mundo mítico. Pero al mismo tiempo surgió el peligro de que se perdiera el otro enfoque antiguo, esto es el de conocer "viendo" —los cristianos dirían, conocer a través de la revelación divina. Por lo tanto, fue extremadamente importante para la cultura occidental que no solamente tomase de la herencia "pensante" de los antiguos griegos sino también de la herencia "vidente" de la cultura judeocristiana. Sin la sabiduría bíblica de la segunda, es altamente improbable que pudiera haber sido puesto el fundamento para las modernas ciencias naturales en los siglos XVI y XVII del modo que acabo de explicar.

Muy frecuentemente los dos modos, el modo del ver y el modo del pensar, se hallaron en peligro de separarse. Una y otra vez surgieron personas que querían salvar la sabiduría bíblica de las garras de la ciencia mundana y recayeron en el modo del solo ver. O surgieron personas que querían salvar a la ciencia de las garras de la tradición bíblica rígida volviéndose al modo del solo pensamiento. Es mi convicción que los dos modos deben mantenerse unidos y que esto será una bendición para nuestra civilización. En mi opinión, esto significa que la ciencia debiera permanecer incrustada en la sabiduría bíblica en términos de la manera en que ha alcanzado expresión teórica en la filosofía cristiana.

La cristiandad temprana y la Edad Media

Los filósofos griegos preferían pensar a ver. Esto era, desde luego, una cuestión de fe. Si usted piensa que es más lógico basar su sabiduría sobre el pensamiento que sobre el ver, usted aterriza en un argumento circular: usted *empieza* con la lógica para mostrar que es mejor ser lógico que ser no lógico (como empezar en el ver). Por lo tanto, digo que los griegos reemplazaron su antigua fe —basada en el ver— con una nueva fe: la preferencia por el pensamiento. Esto es fe en la razón, y ésta fe ha dominado el pensamiento occidental por más de dos mil trescientos años, hasta el siglo veinte.

Los padres de la Iglesia vieron claramente el enorme peligro de la filosofía griega para la cristiandad temprana. Los griegos consideraban que su filosofía era "verdadera teología" porque dentro de su filosofía hablaban de un modo "científico" acerca de Dios. Para los padres de la Iglesia esto era inaceptable. El gran Agustín (354-430) puso las cosas de cabeza: de acuerdo con él, la teología (cristiana) era la "verdadera filosofía". Incluso afirmó que el verdadero cristiano era el verdadero filósofo.

De hecho, hasta el mismo día de hoy muchos cristianos mantienen todavía la posición de Agustín. Argumentan que no necesitamos ninguna filosofía cristiana porque ya tenemos teología. Olvidan que la teología intenta responder solamente preguntas *teológicas*. No tiene respuestas para preguntas *filosóficas* tales como: ¿qué es el conocimiento?, ¿qué es la ciencia?, ¿qué es la naturaleza?, ¿qué es la cultura?, y ni siquiera trata con ellas. Tiene cosas *teológicas* que decir acerca de estos y muchos otros asuntos, pero las cosas que dice la teología no son de una importancia fundamental para todas las ciencias. La teología no tiene, y nunca ha tenido, la tarea de funcionar como una ciencia fundamental para todas las ciencias especiales, desde las matemáticas hasta las humanidades. De hecho, la teología misma no es más que una de las muchas ciencias especiales, la cual tiene sus propias preguntas filosóficas básicas, tales como: ¿que es la teología? ¿Es una ciencia y, si lo es, que tipo de ciencia? ¿Como se relaciona con las otra ciencias especiales? Como empresa teórica, ¿como se relaciona con el conocimiento pístico práctico? ¿Cuales son sus métodos científicos específicos?

En mi humilde opinión, tanto los griegos como Agustín estaban equivocados: la filosofía no es la verdadera teología, y la teología no es la verdadera filosofía. A diferencia de los griegos, Agustín sí vio, no obstante, que la razón humana *no* es autónoma. Esto es, la razón no puede encontrar la verdad sin la iluminación de la revelación divina. Esto fue una compenetración fundamental, todavía válida en la filosofía cristiana. Agustín escribió: *Crede ut intelligas*, "cree para que puedas entender". La fe precede, subyace y precondiciona la razón. (Precisamente como es que esto ocurre es un asunto que habremos de investigar más cuidadosamente posteriormente en este libro.)

En el siglo trece, Tomás de Aquino propuso una solución muy diferente: la filosofía no es la verdadera teología y la teología no es la verdadera filosofía, no, las dos tienen que ser claramente distinguidas. Sin embargo, por esta misma razón, se opuso fuertemente a la noción de una filosofía *cristiana*; esto es, una filosofía basada en una cosmovisión cristiana inspirada por la Escritura. Por el contrario, aseveró que la filosofía era una ciencia autónoma. Esto significa que la filosofía es una ciencia independiente de cualquier fundamento fuera de sí misma, y esta basada exclusivamente sobre la razón humana *separada de la fe*. Consideró a la teología cristiana como algo sobrenatural, incluso ciencia sagrada, altamente elevada por encima de la filosofía natural y de todas las ciencias especiales. La teología sobrenatural se hace mediante la luz de la revelación divina —y es por lo tanto sagrada— mientras que la filosofía natural, así como todas las ciencias especiales, se hacen mediante la luz de la razón autónoma. Nuevamente, esta visión es todavía muy dominante entre los teólogos (la filosofía de Tomás, el *tomismo*, es la filosofía oficial de la Iglesia Católica Romana).

Debe ser enfatizado que Tomás de Aquino al menos trató de mantener juntas a la teología y la filosofía. Pero un pensador posterior, Guillermo de Occam (1285-1349), consideró que ello era inútil. Separó a la teología enteramente de la filosofía, rechazó la noción de teología natural con sus así llamadas pruebas para la existencia de Dios, y mantuvo a la revelación divina y a la razón humana enteramente separadas. Con él y sus sucesores, la fe y la razón se divorciaron para siempre. Desde entonces la fe y la ciencia, la fe y la filosofía, ya no tuvieron nada que ver una con la otra. Guillermo de Occam incluso usó un eslogan que, de una forma algo diferente, fue usado por el padre de la iglesia Tertuliano: *credo quia absurdum*, "creo porque es absurdo". Esto es, mis creencias se hallan completamente fuera del dominio de la razón. En mi terminología, Occam consideraba que la fe era no racional, o incluso irracional, en vez de suprarracional.

Hasta aquí hemos encontrado cuatro soluciones al rompecabezas de la relación entre fe y razón: (1) la razón supera a la fe; (2) la fe supera a la razón; (3) la fe y la razón son distintas pero se mantienen juntas; y (4) la fe y la razón se separan enteramente. Surge ahora una pregunta: ¿existe una quinta solución?

La Edad Moderna

La Reforma (del siglo dieciséis) rechazó completamente la separación introducida por Guillermo de Occam. Quizá uno de los redescubrimientos más grandes de los reformadores fue la noción de que la Palabra de Dios tiene autoridad sobre *todos* los dominios de la realidad cósmica, incluyendo la filosofía y las ciencias especiales, y todo el pensamiento humano. Rechazaron la separación entre fe y ciencia. Qué gran idea: ¡una filosofía reformacional fundamentada en la Palabra de Dios! Desgraciadamente, nada cambió realmente en la práctica. No se desarrollaron nuevos puntos de partida cristianos para las diferentes ciencias especiales. No culpo a los reformadores; probablemente era simplemente demasiado pronto para eso. Los reformadores, Martín Lutero y Juan Calvino, predicaron el claro Evangelio de que la Palabra de Dios tiene dominio sobre toda la vida humana. Sacaron a empujones a la filosofía medieval a través de la puerta principal. Pero sus sucesores, Felipe Melanchton y Teodoro Beza, reintrodujeron la filosofía medieval por la puerta de atrás. Nuevamente, no los culpo con demasiada severidad: lo hicieron simplemente porque no tenía nada mejor con que trabajar.

Es interesante que no fue un pensador reformacional sino un católico romano, Blas Pascal (1623-1662), quien afirmó que el "Dios de los filósofos", para el cual los filósofos amablemente reservaban algún espacio en su pensamiento, tenía poco que ver con el Dios de la Biblia. En sus famosos *Pensées* ("Pensamientos") declaró, con un hermoso juego de palabras, que el *corazón* tenía sus propias razones (para creer), de las cuales la *razón* no sabe nada. La fe no tiene que pelear por su pequeño lugar bajo el sol. Por el contrario, subyace y precondiciona todo el pensamiento humano (véase el capítulo previo).

A pesar de los esfuerzos de los reformadores y de Pascal, se mantuvo la separación entre fe y razón, entre fe y filosofía. La razón, junto con el racionalismo, dominaron el pensamiento cristiano. Este racionalismo fue tan fuerte que, cuando comenzó la Ilustración(en los siglos diecisiete y dieciocho), el pensamiento cristiano no tenía una real defensa contra él. "Atrévete a usar tu propio intelecto" fue el eslogan del gran filósofo alemán Emanuel Kant (1724-1804), con el cual describió lo que vio como la esencia de la Ilustración. Esto no significó que Kant eliminase a Dios de su pensamiento. Más bien, su noble motivo era el de salvar la fe cristiana de las garras de las ciencias naturales. Lo hizo asignándole a la fe su propia esquina segura. Pero, de acuerdo con él, la totalidad de la vida natural pertenece al dominio de la razón pura. Muchos de los pensadores ilustrados permitieron que Dios y la religión tuviesen su propio lugar pequeño —pero sólo dentro del dominio de la vida religiosa, la vida de la oración, la alabanza y la predicación. La religión fue proscrita para siempre del dominio de la filosofía, del de las ciencias especiales y del de la vida social. Esto es lo que llamamos la secularización.

El siglo XX

En realidad, esto es una tragedia. Durante todos estos siglos, el pensamiento cristiano ha estado muy ocupado con cuestiones teológicas, las cuales, más aún, frecuentemente han sido tratadas de un modo muy racionalista. Nadie había tenido éxito en definir de un modo satisfactorio la relación entre fe y razón, y entre fe y filosofía. Casi nadie parecía estar siquiera interesado. Como he dicho antes, quizá el tiempo para esto simplemente todavía no había madurado.

Después del enorme optimismo del siglo diecinueve, también en la filosofía, el siglo veinte empezó con sus tremendas desilusiones. Éstas fueron ejemplificadas en la Primera Guerra Mundial y la Revolución Rusa, pero también en las grandes crisis científicas; piénsese especialmente en Alberto Einstein en la física, y Sigmund Freud en la psicología, para no decir nada del neodarwinismo. Las teorías de Freud rompieron con la idea de que las personas intelectuales eran conducidas enteramente por la razón. Pueden *pensar* que son guiadas por su *pensamiento*, pero en realidad son conducidas con la misma intensidad por sentimientos, recuerdos, prejuicios, impulsos inconscientes, e instintos sobre los cuales no tienen control. La noción de que el hombre es por encima de todo un ser *racional* se había derrumbado.

Por primera vez, después de tantos siglos de racionalismo optimista, la filosofía se convirtió en un problema para sí misma; o, más bien, el hombre occidental se convirtió en un problema para sí mismo. Dejó de saber quién era, y dejó de saber cuál era el objeto de la ciencia. Por lo tanto, no fue ninguna sorpresa que tanto la antropología filosófica como la filosofía de la ciencia pasaran al frente. Mientras el hombre y la ciencia fueron dados por sentados, no hubo necesidad de desarrollar un antropología filosófica o una filosofía de la ciencia.

He sentido frecuentemente que el que estas dos ramas de la filosofía florecieran plenamente fue un prerrequisito para el desarrollo de una filosofía verdaderamente cristiana. Considere, por un momento, la filosofía de la ciencia: cuan tremendamente importante es la compenetración de muchos pioneros (Michael Polanyi, Karl Popper, Imre Lakatos, Thomas Kuhn) en el sentido de que la ciencia no comienza con observaciones o argumentos lógicos, sino con *creencias*. Y estas creencias no pertenecen primariamente al dominio de la razón sino a estratos más profundos de nuestra consciencia, lo subconsciente y lo inconsciente.

Por primera vez en la historia de Occidente, empezó la gente a darse cuenta de que la razón *no* es necesariamente el alfa y el omega (el punto de partida y la meta) de la filosofía y la ciencia. Desde luego, la razón no es descartada por la ciencia. No en lo absoluto. Incluso si usted es un irracionalista, usted necesita de la razón para argumentar su posición. Sin embargo, el irracionalismo y el suprarracionalismo —que no son lo mismo, como ya hemos visto— han puesto finalmente a la razón en su lugar. Un lugar seguramente importante, pero la razón no es el todo. Muchos otros factores, afectos, emociones, recuerdos, prejuicios, ideas preconcebidas, nociones sociales y económicas y morales, y sí, "incluso" creencias religiosas, desempeñan frecuentemente un papel esencial en toda empresa humana, incluyendo la filosofía y la ciencia.

La filosofía reformacional

Las compenetraciones que acabo de mencionar pavimentaron el camino para una filosofía cristiana que basase todo pensamiento, tanto práctico como teórico, sobre la fe (suprarracional). El más grande pensador cristiano que habría de desarrollar esta noción fue el filósofo neerlandés Herman Dooyeweerd (1894-1977), profesor de filosofía del Derecho en la Universidad Libre de Ámsterdam. Muchos otros filósofos cristianos empezaron a pensar en las mismas líneas. No puedo mencionarlos a todos; me limito a aquellos que pienso que fueron los más influyentes: su cuñado, Dirk H. Th. Vollenhoven (1892-1978) en los Países Bajos, profesor de filosofía en la Universidad Libre, y Hendrik G. Stoker (1899-1993) en Sudáfrica, en la Universidad de Potchesfstroom. En la segunda generación encontramos filósofos tales como Hendrik van Riessen (1911-2000) y Andree Troost (1916-2009) en los Países Bajos, para mencionar solamente unos cuantos de los que he aprendido tanto, y H. Evan Runner (1916-2002) en los Estados Unidos.

Para ilustrar la importancia de Dooyeweerd, permítaseme citar no a algunos seguidores, sino a algunos foráneos. En ocasión del septuagésimo cumpleaños de Dooyeweerd, G. E. Langemeijer, fiscal de la Corte Holandesa de Apelaciones y director de la Real Academia Holandesa de Ciencias, escribió que Dooyeweerd era "el filósofo más original que jamás han producido los Países Bajos, sin exceptuar a Spinoza". Paul B. Cliteur, un bien conocido ateo holandés y presidente de la Liga Humanista en los Países Bajos, escribió en 1964: "Dooyeweerd es sin duda el filósofo holandés más formidable del siglo veinte.... Como humanista siempre he buscado en "mi propia tradición" en búsqueda de ejemplos similares. Simplemente no existen. Desde luego, los humanistas también escribieron libros importantes, pero en el caso de Herman Dooyeweerd estamos justificados al decir que es un filósofo de reputación internacional". Giorgio del Vecchio, un filósofo italiano neokantiano, vio a Dooyeweerd como "el filósofo más profundo, innovador y penetrante desde Kant". Y el filósofo estadounidense Alvin Plantinga declaró que "la obra de Dooyeweerd era comprehensiva, penetrante, profunda, valiente y muy apropiadamente influyente".

Los motivos religiosos básicos (1)

Al responder la pregunta acerca de qué gobierna el pensamiento de los filósofos, Dooyeweerd introdujo su noción de *motivos religiosos básicos*. Éstos son los motivos más profundos —por lo tanto los llamó motivos *básicos*— que impulsan a nuestros corazones y son por lo tanto, casi por definición (véase nuestro capítulo anterior), de una naturaleza religiosa. Van incluso más profundo que el así llamado "inconsciente" de Freud y otros psicólogos. Operando desde el corazón, estos motivos básicos gobiernan nuestros sentimientos, nuestra voluntad, nuestras deliberaciones racionales, nuestras decisiones sociales y morales, etcétera. Al igual que muchos otros filósofos de la ciencia en el siglo veinte, Dooyeweerd concluyó que la ciencia no es neutral y no es objetiva; esto es no está puramente enraizada en la sola razón. E incluso si la filosofía fuese completamente racional, esta racionalidad estaría gobernada por un motivo religioso básico.

De esta manera, Dooyewerd rompió con la idea de la razón autónoma y de una ciencia sin prejuicios, y así de la falsa separación entre fe y ciencia que había plagado al pensamiento occidental por tantos siglos. Al igual que todo pensar, el pensar filosófico y científico se origina en el *corazón* humano, y así en la *fe*. El hombre encuentra el fundamento último para todo su pensar y toda su existencia en el Dios de la Biblia —o en algún otro dios, algún principio último, alguna ideología, algún "ismo" que funciona para él como el fundamento último de sus convicciones más profundas, de su compromiso último.

La compenetración de que la ciencia siempre descansa sobre la fe de algún tipo se difundió ampliamente en el siglo veinte. Filósofos no cristianos influyentes como Karl R. Popper mostraron que la ciencia nunca empieza con una recolección objetiva de hechos, sino siempre con una hipótesis, la cual es una *creencia*. Imre Lakatos mostró que las personas no abandonan fácilmente sus hipótesis, sus teorías, sino que hacen todo lo que se halla dentro de su poder para salvaguardar sus creencias. Y Thomas S. Kuhn señaló los muchos factores no racionales que determinan el curso de la ciencia, incluyendo factores religiosos.

Las escuelas filosóficas modernas

La profunda convicción del siglo veinte, de que la razón no lo es todo, guió a todos los tipos de escuelas filosóficas, con los cuales la filosofía cristiana tiene en realidad muy poco en común. Pero al menos nos han ayudado a ver cómo la supremacía de la razón llegó a su final y con ello creó un espacio para una aproximación cristiana a la filosofía. Primero fue el existencialismo, una escuela en la que la existencia humana es el foco de atención. Existencialistas tales como el filósofo alemán Martín Heidegger (1889-1976) y el filósofo francés Jean-Paul Sartre (1905-1980) escribieron acerca de lo absurdo de la existencia humana, la absoluta insuficiencia de la razón, y una salida irracional, un escape del impasse moderno. El *optimismo* racionalista cultural del siglo diecinueve había dado lugar al *pesimismo* irracionalista cultural del siglo veinte.

Otra corriente es (¿o ya, ahora, fue?) el movimiento de la Nueva Era, inspirado en la filosofía oriental. Éste es la creencia en una nueva era astrológica que habría empezado en algún momento en la segunda mitad del siglo veinte. En esta Nueva Era, el énfasis se hallaría mucho menos en la razón analítica, la cual desmenuza todo en pequeñas piezas, que en el pensamiento sintético (o, como les gusta decir a los seguidores de la Nueva Era, holista). Esto es pensar en totalidades grandes, un pensamiento que brota del sentimiento, la intuición, e incluso las capacidades paranormales (psíquicas). Los pensadores de la Nueva Era sostienen que los resultados de la física moderna, con su impredictibilidad, se corresponden sorprendentemente con las ideas del antiguo misticismo oriental (Fritjof Capra, n. 1939). Nuevamente, la fe y la razón se acercan mucho aquí.

Una tercera corriente que quiero mencionar es el postmodernismo. Nuevamente, este es un producto típico del pesimismo del siglo veinte. Las personas están cansadas de todos los grandes ideales de la Ilustración, tales como la validez universal de la razón, de la pretensión de la razón de resolver todos nuestros problemas, del poder de la ciencia y la tecnología pretendidamente haciendo a la vida más elevada y placentera. Hoy nos damos cuenta de que la humanidad tiene más problemas que nunca, como una efectiva consecuencia de la ciencia y la tecnología. ¿Qué produjo la ciencia? Máquinas maravillosas que se han apoderado de mucho de nuestro trabajo —así como causado más desempleo. Medicinas maravillosas que facilitan y extienden nuestras vidas —al mismo tiempo que producen sobrepoblación y nuevas enfermedades, para no decir nada del aborto y la eutanasia. Un maravilloso incremento de las cosechas agrícolas —así como mayor pobreza y hambre en el mundo, y una aterradora explotación de la naturaleza. Maravillosos productos industriales —así como devastadoras armas nucleares, armas químicas y biológicas, manipulación genética, horrible polución ambiental, y atroces montañas de desperdicios.

Algunos postmodernistas (como Jean-Francois Lyotard, 1924-1998) sostienen que el tiempo de las "grandes narrativas" (o metanarrativas) ha terminado. Entre estas grandes narrativas, ellos incluyen a todas las religiones tradicionales, pero también a todos los sistemas de pensamiento filosófico y político, las cosmovisiones y las ideologías, e incluso la cosmovisión mecánica cuántica y el evolucionismo. En particular, la fe ilustrada en la razón ha sido *desenmascarada*. Los postmodernistas no han dejado de pensar racionalmente, pero la razón humana ha perdido su validez universal. La verdad —sea eso lo que fuere, ¿quién puede saberlo?— Consiste en el mejor de los casos de pequeños pedazos, los cuales pueden ser diferentes para cada quién y pueden contradecirse entre sí sin dificultad.

Fe, razón, sentimiento

¿Cómo podría un cristiano escapar al presente impasse? Esa es una gran pregunta. En cualquier caso, sabemos cómo *no podemos* realizar tal escape. No ayuda en nada reemplazar el poder de la razón con el poder del sentimiento y la intuición. A través de la historia las personas han intentado eso, y han fracasado. En el siglo veinte, el existencialismo y la Nueva Era trataron de hacerlo, y fracasaron. En contra de la supremacía de la razón, yo opongo la *fe*. ¡No cometa el error de identificar la fe con el sentimiento! La fe se halla más allá del sentimiento, así como la fe se halla más allá de la razón, porque tiene que ver con la condición existencial de nuestro trascendental *corazón*. La fe puede *expresarse*, y lo hace, en sentimientos (sensitivos), deliberaciones (racionales), decisiones (sociales, morales, etcétera), pero al mismo tiempo la fe se halla siempre más allá de ellos.

La fe es *trascendente*; sobrepasa todo lo que pertenece a nuestro mundo empírico, esto es el mundo de nuestras humanas observaciones. Sentimientos, deliberaciones y decisiones, sin embargo, son *inmanentes*. El corazón del hombre —su ego, el centro de su personalidad— es trascendente; los sentimientos (sensitivos), las deliberaciones (racionales), y las decisiones (sociales, morales etcétera) son inmanentes.

Los sentimientos, las deliberaciones y las decisiones son funciones inmanentes del corazón trascendente; el corazón se expresa a través de ellas. Las funciones son, como lo formulara Dooyeweerd, las ramificaciones inmanentes del corazón trascendente; y el corazón es, por así decirlo, el punto focal o punto de concentración de todas sus funciones.

¡Lea nuevamente estos enunciados! Regresaremos a este tópico pero ya ahora es muy útil aprehender la distinción entre lo trascendente y lo inmanente, entre el corazón y sus funciones. Le ayudará no confundir nunca el corazón con el sentimiento, o confundir nuestra trascendental fe con nuestras inmanentes creencias o emociones. La fe siempre puede ser *expresada* en creencias y emociones, pero al mismo tiempo la fe siempre *trasciende* nuestras creencias y emociones. Si amo a mi esposa, puedo expresar esto en palabras y acciones, pero mi amor como tal es siempre mucho más que todas mis dulces palabras y acciones tomadas juntas.

He usado ya varias veces el término *corazón*. Desde luego, no me refiero con éste al músculo que bombea la sangre en nuestro pecho. El término *corazón*, como una metáfora para nuestro ser más profundo, nuestro ego, el centro de nuestra personalidad, es muy bien conocido en nuestro lenguaje ordinario y también en la Biblia. Proverbios 4:23 dice: "sobre toda cosa guardada, guarda tu corazón; Porque de él mana la vida". Sé que es siempre peligroso leer lenguaje filosófico en la Biblia —definitivamente no quiero hacer eso— pero déjeme sugerir que este proverbio está describiendo con la palabra "vida" lo que he llamado las funciones del corazón. Este proverbio parece decir que todos mis sentimientos, mis deliberaciones y mis decisiones fluyen del corazón; sentir, pensar, desear y creer son funciones del corazón. *Creer* es una de mis funciones inmanentes, al igual que sentir y pensar; pero la *fe* es la condición de mi trascendente corazón, del cual manan todas mis funciones inmanentes, tales como el sentir, el pensar y el creer.

Si usted aprende a hacer este tipo de distinción, verá fácilmente que no puede existir en lo absoluto algo así como la razón autónoma. En otras palabras, es imposible una separación entre fe y razón. Si tuviese que responder a la pregunta de cuál es la principal diferencia entre los animales y el hombre, es muy probable que su respuesta sería muy tradicional. Podría rezar como esto: "los humanos están dotados de razón; los animales no". ¿Así que usted piensa que la razón es la característica más típica del hombre? Entonces es usted realmente un típico producto de la cosmovisión filosófica griega occidental. En la Biblia, el *corazón* es la característica más típica del hombre. Creo que sería mejor decir: "los humanos están dotados de la capacidad de la *fe* —aunque ésta frecuentemente se deteriora en incredulidad— pero los animales no". El hombre *es* un ser racional —pero también es un ser sensitivo, histórico, lingual, social y económico. Sin embargo, ninguna de estas funciones inmanentes expresa qué, o quién, es realmente. Por encima de todo, el hombre es un ser *religioso*.

La razón nunca es autónoma porque siempre está dirigida por el corazón. Y el corazón es el asiento de la fe. El corazón está dirigido por la fe (en el sentido bíblico), o por la incredulidad, o por una mezcla de ambas. Por lo tanto, no puede existir una ciencia neutral y objetiva, simplemente porque no puede existir una persona neutral, objetiva. Del mismo modo, no puede haber ninguna separación entre fe y ciencia, porque una ciencia sin puntos de partida písticos es inconcebible. Usted puede tener fe sin ciencia, pero no puede tener ciencia sin fe.

En la Biblia, la fe es siempre algo que precondiciona e involucra decisiones racionales, pero al mismo tiempo las sobrepasa. Su conocimiento académico consiste en un gran número de hechos y formulaciones, y, es de esperarse, de alguna compenetración en la coherencia entre estos hechos. Ese conocimiento académico difícilmente se eleva alguna vez por encima de lo puramente racional. La situación no es muy diferente con el conocimiento del científico promedio. Usualmente él (o ella) no está muy ocupado con los así llamados "puntos de partida de la fe" en su disciplina científica particular. Frecuentemente no es muy consciente de cuán fuertemente sus presuposiciones afectan los resultados de su obra científica. La causa más frecuente de esto es un alto grado de especialización, de manera que el científico ya no ve el amplio alcance de su ciencia, y a duras penas se da cuenta de sus suposiciones y condiciones precientíficas

Algunos puntos especiales

Déjeme enfatizar aquí un tópico que he mencionado antes. El conocimiento pístico sobrepasa lo racional, pero eso no significa que sea *i*rracional. Ir *más allá* de la razón no es lo mismo que ir *en contra* de la razón (aunque a muchas personas les gustaría decir que sí es lo mismo). Una vez escuché a un hombre decir: "creo que el pez se tragó a Jonás, y si la Biblia hubiese dicho que Jonás se tragó al pez también lo hubiera creído". No pienso que Dios esté muy complacido con esa especie de fe. Las personas crédulas, que están dispuestas a tragarse cualquier cosa, en realidad no tienen una fe real. La fe bíblica no implica que creamos todo tipo de absurdos. En este respecto, los creyentes ciertamente no suscriben el eslogan que mencione antes: *credo quia absurdum*, "creo porque es absurdo".

Otro punto importante que debe ser subrayado es que la fe bíblica no es un paquete de creencias lógicas—o no tan lógicas—, sino primariamente una relación de confianza. Jesús dice que la vida eterna significa conocer a Dios (Jn. 17:3), no en el sentido de tener conocimiento (teológico) *acerca* de Dios sino de tener intimidad *con* Dios (*cfr.* 1 Jn. 1:1-4). El conocimiento en el sentido bíblico es mucho más que el conocimiento intelectual con el cual estamos tan familiarizados en nuestra cultura occidental. En la Biblia, el conocimiento no es primariamente *información* sino *relación*. Adán "conoció" a su mujer, como lo declara la Biblia Reina-Valera; esto significa que Adán tuvo intimidad con ella (Gn. 4:1; *cfr.* Mt. 1:25). El conocimiento en el sentido bíblico es intimidad. Es compañerismo con alguien, con Dios en particular.

De un modo similar, la fe no es simplemente aceptar que algo es verdadero. Estoy seguro de que Abraham Lincoln vivió, pero no tengo una relación con él. La fe es confianza en Dios o, más fuertemente, *entregarse confiadamente a Dios*. Eso no es algo que deje de lado la razón; no es un salto en ciego al vacío. Por el contrario, la fe tiene un claro aspecto racional. Un creyente puede aducir argumentos para mostrar que es más inteligente creer en el Dios de la Biblia que no creer en él. Incluso tenemos una entera ciencia, llamada apologética, cuya tarea es suplirnos los argumentos racionales que defienden la fe cristiana. Al mismo tiempo, se da usted cuenta, como creyente, que entregarse a Dios en confianza es mucho más que todos los argumentos apologéticos juntos.

Ningún argumento racional como tal puede renovar su corazón; ello es un milagro del Espíritu Santo (Jn. 3:2-5; Tit. 3:5). La predicación del Evangelio puede *convencer* racionalmente a las personas, pero solamente el Espíritu Santo da *convicción* a las personas en sus corazones. Todo el que posea esta divina persuasión del corazón se siente diferente, piensa diferente, ama de modo diferente. Vista desde la posición de la fe, incluso la ciencia se ve diferente. Ello se debe a que tales personas renovadas tienen la "mente de Cristo" (1 Co. 2:16); es decir, sienten, piensan, quieren, creen, esperan, y aman como Cristo.

Los cristianos tienen una visión de la vida, del origen y propósito de la realidad, y de todo el conocimiento, diferente, por ejemplo, de la de los musulmanes o los ateos. Obedecen la misma ley lógica que los hindús o los agnósticos, por ejemplo. Para ellos, 2 + 2 = 4, al igual que para los budistas y los materialistas. Pero las leyes de la lógica y de las matemáticas son, para ellos, parte de un mundo diferente, por así decirlo; estas leyes funcionan dentro de un marco diferente. Muchas leyes en Canadá y los Estados Unidos son las mismas, o similares, pero funcionan en países diferentes. Posteriormente en este libro habremos de ver más claramente en qué respectos ven los cristianos el mundo de una manera diferente. Por el momento es suficiente decir que si Cristo Jesús ha renovado su corazón a través de su Palabra y Espíritu, su sentir, pensar, desear, creer, esperar y amar son diferentes. Mira usted el mundo a través de diferentes lentes. Su vida sexual y su vida económica son diferentes, sus concepciones sociales y morales son diferentes, su ciencia es diferente, porque *usted* es diferente.

Esta noción como tal no es nada excepcional. La diferencia entre un cristiano y un no cristiano no es que el primero ve el mundo a través de los "lentes" de la fe y el segundo no. Esto es lo que muchos ateos y agnósticos desearían que usted crea, pero no es verdad. Los hindús, los budistas, los musulmanes, los agnósticos, los ateos, los materialistas, los espiritualistas, los evolucionistas, los postmodernistas, los de la Nueva Era y todos los demás miran el mundo a través de los "lentes" de su propia fe. No hay nada erróneo *per se* en mirar a través de "lentes", pues simplemente no tenemos otra opción. En este sentido, no hay diferencia entre los cristianos y todos los demás. En otro sentido, *hay* una diferencia. El punto entero es que los cristianos creen que sus "lentes" son superiores, no porque ellos mismos sean superiores a otros —que no lo son— sino porque su Dios y su Palabra son superiores.

Motivos religiosos básicos (2)

Conforme voy concluyendo este capítulo, permítame regresar una vez más a la frase "motivo religioso básico". La frase "motivo religioso básico" se refiere al motivo más profundo o más básico que impulsa a nuestros corazones y que por lo tanto es necesariamente religioso. Observe bien: estamos usando el término *motivo* para referirnos a lo que *motiva* (impulsa o dirige) todo nuestro ser y hacer. Operando desde el corazón, estos motivos básicos gobiernan nuestros sentimientos, nuestra voluntad, nuestras deliberaciones racionales, nuestras decisiones sociales y morales, etcétera.

Herman Dooyeweerd formuló cuatro motivos religiosos básicos, que describo brevemente aquí:

(1) El motivo básico *materia-forma* dominó el pensamiento griego antiguo.

(2) El motivo básico *naturaleza-gracia* dominó el pensamiento escolástico medieval.

(3) El motivo básico *naturaleza-libertad* gobernó, y sigue gobernando, el pensamiento humanista desde el tiempo de la Ilustración.

(4) El motivo básico cristiano es el de *creación, caída y redención*.

Después de que Dooyeweerd hiciera su obra, los filósofos cristianos han señalado algunas debilidades en este bosquejo. En primer lugar, tópicos como materia y forma, naturaleza y gracia, naturaleza y libertad, y creación, caída y redención, pueden ser en el mejor de los casos meras formulaciones *racionales* de lo que, como motivo *básico*, posee necesariamente un carácter suprarracional. En particular, el motivo básico cristiano de *creación caída y redención* se parece más a una miniteología —por ello mismo debatible (véase más abajo)— que a un motivo *básico* religioso trascendental suprarracional.

Finalmente, muchos pensadores cristianos dirían más bien que sólo puede haber dos motivos *básicos* en el sentido apropiado del término: lo que algunos han llamado el motivo básico *anastático* del corazón regenerado, iluminado por el Espíritu Santo, y el motivo básico *apostático* del corazón pecaminoso no regenerado. Este último motivo básico suprarracional se expresa en varias aproximaciones racionales paganas básicas en el pensamiento occidental, tales como el motivo materia-forma (no motivo *básico*) y el motivo naturaleza-libertad.

En adición a esto, el pensamiento occidental está caracterizado por varios motivos que son de un carácter mixto, como puede ser esperado en nuestro imperfecto mundo. Un ejemplo es el motivo naturaleza-gracia, el cual es una mezcla de pensamiento cristiano y pagano antiguo. Otros ejemplos son las varias mezclas de pensamiento cristiano y humanista en los últimos siglos, mezclas que encontramos en los sistemas de pensamiento de Georg W. F. Hegel, Søren Kierkegaard, Friedrich W. J. Schelling, Reinhold Niebuhr, Albert Schweitzer, Paul Ricoeur y muchos otros.

Un motivo *básico* verdaderamente cristiano es el motivo básico que impulsa al corazón a un nivel suprarracional, trascendente. Es un poco peligroso tratar de diseñar una formulación racional del mismo porque, en primer lugar, tal formulación ya no es más, consecuentemente, ningún motivo *básico*. En segundo lugar, los teólogos siempre se están peleando acerca de la apropiada formulación del mismo —incluso si nos han proporcionado en lo absoluto tal formulación. A muchos teólogos podrían gustarles traer a colación la noción del pacto, otros prefieren la noción del reino de Dios, otros más eligen la noción ortodoxa de *theosis* (deificación, la realización de la imagen de Dios en el creyente). Esta discusión nos conduciría a las aguas profundas de la teología, así que nos abstenemos de ella en esta introducción filosófica (pero véase el capítulo ocho). Más relevante a nuestro tópico actual es la noción de los dos motivos básicos reales: el anastático y el apostático.

Preguntas para revisión

1. ¿Dónde y cuándo empezó la filosofía occidental?

2. ¿Cuales son las implicaciones o resultados de la preferencia de los filósofos griegos por el pensar más que por el ver?

3. ¿Qué idea importante enseñó Agustín acerca de la relación entre fe y razón?

4. Explique cómo fueron vistas la filosofía y la teología por Tomás de Aquino y Guillermo de Occam.

5. ¿Cuáles son las cuatro soluciones que las personas proponen para la relación entre fe y razón?

6. Explique la quinta solución, la cual enfatiza el pensar basado en la fe suprarracional.

7. ¿Cuales son los "motivos religiosos básicos"? Dé algunos ejemplos.

8. Identifique y explique estas escuelas filosóficas modernas: existencialismo, Nueva Era y postmodernismo.

9. ¿Qué significa que la fe y el corazón humano son "trascendentes" y porque es importante esta idea?

10. ¿Por qué nunca puede ser autónoma la razón humana, sino que siempre está dirigida por la fe, sea verdadera o falsa?

11. "La fe bíblica no es un paquete de creencias lógicas, sino primariamente una relación de confianza". ¿Cómo afecta esto nuestra lectura de la Biblia, el culto en la Iglesia y la oración?

12. Explique los cuatro ejemplos de "motivos religiosos básicos" identificados por Herman Dooyeweerd. ¿Qué crítica puede ser dirigida contra su concepción?

Herman Dooyeweerd (1894-1977)
Fungió como profesor de Derecho y Jurisprudencia en la Vrije Universiteit, Ámsterdam. Fue el principal fundador y filósofo de la Filosofía Reformacional con Dirk Vollenhoven

CAPÍTULO 3

UNA PERSPECTIVA CRISTIANA DE LA REALIDAD CÓSMICA

Hemos visto que la filosofía tiene dos tareas importantes que realizar: tiene que proporcionarnos una visión de la realidad (cosmología), y una teoría del conocimiento (epistemología). La filosofía cristiana tiene que lograr lo mismo respondiendo a la pregunta: ¿qué aspecto tiene una visión cristiana de la realidad y del conocimiento?

Empecemos con la primera tarea. Desde luego, no solamente la filosofía sino todas las ciencias especiales intentan proporcionarnos una visión de la realidad. La diferencia es esta: las ciencias especiales siempre están ocupadas solamente con una parte de la realidad cósmica. Los físicos están ocupados con los fenómenos físicos, los biólogos con los fenómenos de la vida (o bióticos), los lingüistas con los problemas del lenguaje (o linguales), los economistas con asuntos económicos, los eticistas con preguntas morales, etcétera. Nunca toman en cuenta la entera imagen; ni siquiera se *supone* que hagan eso. Miran la realidad cósmica solamente desde un ángulo.

Es muy diferente con la cosmología filosófica. No entra en los campos de las diferentes ciencias especiales y sus contenidos no son una especie de resumen de las ciencias especiales. Más bien, la filosofía debiera producir una especie de imagen general, una especie de visión de la totalidad de la realidad cósmica (u ontología) así como una visión de la coherencia de todas las diferentes ciencias especiales (o epistemología).

La coherencia de las ciencias especiales

Proporcionar una visión de totalidad de la coherencia de las diferentes ciencias especiales equivale a investigar cómo se relacionan estas ciencias entre sí. Si cada una de ellas investiga un cierto grupo de fenómenos, ¿hay un cierto orden secuencial y ordenamiento en estos varios grupos de fenómenos? Veamos.

Es buena idea empezar con las matemáticas porque éstas son una ciencia muy básica. Muchas ciencias especiales están basadas en ellas, ciertamente todas las ciencias naturales, pero las matemáticas mismas no parecen estar basadas en ninguna otra ciencia especial. Así que tienen un carácter fundamental.

Cuando usted las mira más cercanamente, resulta que las matemáticas consisten en dos ciencias más bien diferentes. En primer lugar está la aritmética, la ciencia del número (la palabra griega *arithmos* significa "número"); esta ciencia incluye el álgebra. En segundo lugar está la geometría, la ciencia de la forma. El hecho interesante es que, por un lado, la forma siempre presupone el número, pues las formas —piense en las figuras geométricas— pueden ser medidas; esto es, expresadas en números. Por otro lado, los números no presuponen formas. Así que la aritmética es básica para la geometría pero no al revés. En otras palabras, tenemos primeramente la dimensión aritmética, luego la geométrica o, como habremos de denominarla, la dimensión espacial.

Enseguida viene la física. En cualquier caso, no puedo ver ninguna ciencia entre las matemáticas y la física. En la física entramos al mundo de las cosas tangibles. En realidad, también la física consiste en dos ciencias más bien diferentes: la cinemática, o ciencia del movimiento puro; y la dinámica, o ciencia de la energía. No podemos imaginar la energía sin movimiento, pero ciertamente podemos imaginar el movimiento sin energía (el movimiento uniforme no necesita ninguna energía, solamente la necesitan los cambios en el movimiento uniforme). Sin embargo, no podemos imaginar el movimiento sin forma espacial: el movimiento siempre tiene un cierto lugar en el espacio. Desde luego, el espacio no presupone el movimiento —pero el movimiento presupone el espacio. Así que encontramos un orden claramente delineado: se halla primeramente la dimensión aritmética, luego la espacial, luego la cinemática y luego la dinámica. No es posible en modo alguno alterar este orden y arreglo secuencial.

Enseguida tenemos la biología. Nuevamente, no puedo ver ninguna ciencia entre la física y la biología. La biología investiga fenómenos bióticos y tales fenómenos siempre presuponen lo físico; no hay vida (terrenal) sin materia. Pero lo físico no presupone lo biótico; tenemos materia sin vida. Así que lo biótico encaja agradablemente en nuestro esquema: tenemos primeramente lo aritmético, luego lo espacial, luego lo cinemático, luego lo dinámico, luego lo biótico.

Enseguida tenemos la psicología. Nuevamente, no veo ninguna ciencia entre la biología y la psicología. En realidad, a diferencia de Dooyeweerd, creo que también la psicología elemental tiene dos componentes más bien diferentes. Por un lado, tenemos la psicología de la percepción, la ciencia de lo que las personas llaman *sensaciones* (en alemán: *Empfindungen*; en neerlandés: *gewaarwordingen*) y percepciones (en alemán: *Wahrnehmungen*; en neerlandés: *waarnemingen*). Por otro lado, se halla la psicología sensitiva, la ciencia de las afecciones, las emociones, los impulsos. Creo que lo sensitivo siempre presupone lo perceptivo —difícilmente puede usted tener sentimientos sin algún tipo de percepción— pero no al revés: la percepción como tal no presupone el sentimiento. Sin embargo, lo perceptivo presupone lo biótico: dentro de la realidad cósmica, no hay percepción sin órganos perceptivos de seres vivos. Así que ahora podemos trazar la línea un poco más lejos: aparentemente tenemos primero lo aritmético, luego lo espacial, luego lo cinemático, luego lo dinámico, luego lo biótico, luego lo perceptivo, y luego lo sensitivo.

Observe este bello orden de los diferentes fenómenos naturales estudiados por las diferentes ciencias naturales —en la medida en que podemos llamar a la psicología también una ciencia natural (un tema de debate que no será tratado aquí). En vez de ello, veamos si podemos trazar esta línea aún más lejos.

Las humanidades

Llegamos ahora a lo que en varias publicaciones he llamado las ciencias "espiritivas". ("Espiritivo" es una palabra que he acuñado.) Preferiría no usar la palabra *espiritual*, pues es mejor reservar ese término para los asuntos religiosos. Podría usar *mental*, pero esa palabra tiene connotaciones negativas (asociadas con "sanatorios para enfermedades mentales"). *Espiritivo* significa que las ciencias que vamos a mencionar enseguida tienen todas que ver con el espíritu humano o la mente. Frecuentemente son llamadas humanidades; esto es, ciencias que investigan el fenómeno humano.

Es mucho más difícil encontrar un orden similar entre las ciencias espiritivas, pero haré mi mejor esfuerzo. O, para decirlo de una manera más modesta, seguiré la línea de grandes pensadores tales como Dooyeweerd y Vollenhoven, quienes ya habían abordado este problema hace tres cuartos de siglo.

Pienso que podemos defender la idea de que la ciencia de la lógica es la primera. La lógica ciertamente presupone lo biótico, lo perceptivo y lo sensitivo, pues el pensamiento lógico presupone un cerebro humano. Todas las ciencias especiales que voy a mencionar ahora se refieren a dominios de la mente humana todos los cuales presuponen la lógica. Así que en el (presunto) orden de las humanidades supongo que la lógica viene primero. Para repetir el orden secuencial y el arreglo que encontramos: primeramente tenemos lo aritmético, luego lo espacial, luego lo cinemático, luego lo energético, luego lo biótico, luego lo perceptivo, luego lo sensitivo, luego lo lógico.

Tengo que explicar la posición de lo lógico un poco más porque podría surgir aquí fácilmente un malentendido. La aritmética, la espacialidad, la cinemática, la dinámica, la biología, la percepción y la psicología sensitiva, *como ciencias*, son también inconcebibles sin pensamiento lógico: la actividad científica siempre exige la lógica. Pero los números, las figuras espaciales, los movimientos, las energías, las percepciones, los sentimientos y los fenómenos bióticos como tales no presuponen lo lógico. El *pensar* acerca de estos asuntos, como lo hacemos en la ciencia, sí lo hace.

Con las humanidades es un asunto diferente. No solamente presuponen la lógica como ciencias —pues todas las ciencias lo hacen— sino que los dominios que investigan también presuponen lo lógico. Por ejemplo, no sólo la sociología, como ciencia, presupone lo lógico, sino que la *vida social* misma también lo hace. Esto es, no hay relaciones sociales humanas sin pensamiento.

Regresemos al orden secuencial y al arreglo de las ciencias especiales que estamos tratando de descubrir. Se puede argumentar que, después de la lógica, vienen las ciencias formativas. Ellas incluyen la historiografía, el estudio del poder formativo en la historia, pero también las ciencias tecnológicas, el estudio del poder formativo en la técnica. Todas ellas presuponen lo lógico pero no necesariamente alguno de los aspectos subsecuentes de la realidad cósmica. Sin embargo, cada uno de los dominios investigados por las ciencias especiales subsecuentes parece presuponer el poder formativo. Así que tenemos lo aritmético primero, luego lo espacial, luego lo cinemático, luego lo dinámico, luego lo biótico, luego lo perceptivo, luego lo sensitivo, luego lo lógico, luego lo formativo.

La lingüística parece ser lo siguiente. Si nos equivocamos, los fenómenos del lenguaje presuponen el proceso histórico, pero no presupone ninguno de los dominios estudiados en las ciencias subsecuentes.

De este modo nos movemos cuidadosamente hacia adelante. Así, el concurso social presupone el lenguaje, mientras que los procesos económicos presuponen las relaciones sociales. Así que, después de la lingüística, tenemos la sociología, y, después de la sociología, tenemos la economía. La armonía presupone "economía" en el sentido de balance, pero no al revés; así que tenemos primero la economía y luego la estética. La justicia presupone armonía, pero no al revés; así que tenemos primero la estética, luego las ciencias jurídicas o ciencias de la jurisprudencia. La moral presupone la justicia, pero no al revés; así que primero tenemos la jurisprudencia, luego la ética, la cual es la ciencia de la moralidad. Y las creencias presuponen la moralidad, no necesariamente al revés; así que primero tenemos la ética, luego las ciencias religiosas, las ciencias de los fenómenos "písticos". *Pistis* es la palabra griega para "fe"; usamos la palabra "pístico" para distinguirla de lo "religioso"; explicaré eso adelante.

Orden secuencial y arreglo

El orden secuencial y el arreglo como lo he descrito aquí parece ser debatible en ciertos puntos. Pero demos a este modelo el beneficio de la duda y supongamos que, desde luego, hay un notable orden y arreglo secuencial en la realidad cósmica. Si nuestras consideraciones son correctas, primero tenemos lo aritmético, luego lo espacial, luego lo cinemático, luego lo dinámico, luego lo biótico, luego lo perceptivo, luego lo sensitivo, luego lo lógico, luego lo formativo, luego lo lingual, luego lo social, luego lo económico, luego lo estético, luego lo jurídico, luego lo ético y finalmente lo pístico.

Observe que en esta lista no estoy hablando acerca de las ciencias sino acerca de los dominios investigados por las diferentes ciencias. Esta no es, por así decirlo, una lista epistemológica sino una ontológica. Si nuestro enfoque es correcto, estamos aseverando que, *dentro de la realidad cósmica como tal*, hay algo que vagamente llamamos "el elemento aritmético", o "el dinámico", o "el sensitivo", o "el social", o "el elemento jurídico", etcétera. Epistemológicamente, esto es, hablando de las diferentes ciencias especiales, parece haber un impactante orden secuencial: primero encontramos las matemáticas, y al final de la lista encontramos la teología. Pero este orden y arreglo secuencial corresponde a algo de naturaleza ontológica. Dentro de la realidad cósmica encontramos primero "lo aritmético" y al final de la lista encontramos "lo pístico".

Así, el orden epistemológico es un reflejo de un cierto orden ontológico. En el segundo caso, con respecto al orden de lo aritmético hasta lo pístico, hablamos de "aspectos" de la realidad. Estos aspectos ciertamente tienen un carácter epistemológico; esto es, son aspectos de nuestro conocimiento. Representan dieciséis ventanas a través de las cuales podemos mirar la realidad cósmica. Podemos estudiar nuestro mundo desde un ángulo aritmético, o uno perceptivo, o uno social, o uno pístico, etcétera. Pero ellos también tienen un carácter ontológico; creo que son aspectos reales de la realidad cósmica misma. Si no estamos equivocados, nuestro mundo es matemático y espacial y así consecutivamente, y al final también es moral y pístico.

Llamamos a éstos aspectos *modales*, o *modalidades* de la realidad. La palabra "modo" proviene de la latina *modus*; en este caso significa: un modo de ser. Parece haber alrededor de dieciséis modos, esto es, dieciséis modos en que las cosas existen y funcionan. Las cosas son aritméticas, espaciales, cinemáticas, dinámicas, etcétera. También podría usted decir: las cosas funcionan en la modalidad aritmética, la modalidad espacial, la cinemática, la modalidad dinámica, etcétera; o, más simplemente, funcionan de un modo aritmético, espacial, cinemático, dinámico (etcétera).

Fenómenos y aspectos

En este punto tenemos que introducir algo más de exactitud. ¿En realidad, de qué estamos hablando? He dicho que la ciencia de la cinemática estudia los fenómenos cinemáticos, la biología estudia los fenómenos bióticos, las ciencias sociales estudian los fenómenos sociales, y la ética estudia los fenómenos morales. Pero esto no es un modo muy preciso de decirlo.

Tomemos como ejemplo la biología. La biología estudia los fenómenos bióticos pero, ¿qué es eso precisamente? ¿Es una planta un fenómeno biótico? Parece fácil y correcto decir que ciertos biólogos estudian las plantas. Pero una planta tiene muchos aspectos, y la mayoría de ellos no son de ningún interés en lo absoluto para los biólogos como tales. La geometría está mejor equipada que la biología para estudiar ciertas formas geométricas de las plantas, o de partes de las plantas. Los físicos saben más que los biólogos acerca del funcionamiento de las moléculas en las plantas. Aquellos que cultivan plantas —una ciencia formativa— saben más que lo que sabe el biólogo promedio acerca del cultivo de las plantas. Los sociólogos y los especialistas en ética saben más que los biólogos acerca de las funciones sociales y morales de las plantas. Los economistas saben más que los biólogos acerca del valor de mercado de ciertas plantas. Y los teólogos saben más que los biólogos como tales acerca de la importancia religiosa de las plantas.

Éstas observaciones conducen a una conclusión de lo más interesante. En un sentido, bajo ciertas circunstancias, *todas las ciencias especiales pueden interesarse en las plantas, pero siempre están interesadas solamente en un aspecto singular de las plantas*. La geometría, la física, la psicología, la lingüística, la sociología, la estética y la ética pueden todas mostrar algún interés en (ciertas) plantas, pero solamente en el aspecto espacial, el físico, el sensitivo, el lingual, el social, el estético, o el moral de ellas, respectivamente.

Para los biólogos es verdadera la misma conclusión. Los biólogos pueden estar interesados en las plantas pero, hablando estrictamente, sólo el aspecto biótico de las plantas pertenece a su campo específico de investigación. Veremos que el aspecto biótico es el aspecto más característico de las plantas, de manera que no hay nada erróneo en decir que las plantas son el objeto primario de estudio para el biólogo. Sin embargo, es de gran interés descubrir que toda ciencia en cierto momento puede interesarse en las plantas —pero siempre solamente en un aspecto específico de las plantas, de acuerdo con la ciencia a la vista.

Conversamente, podemos decir que no hay ningún tópico dentro de la realidad cósmica en la que los biólogos podrían no estar interesados pues, como veremos, *todas las cosas tienen un aspecto biótico*.

Esto conduce a algo que para mí es una conclusión sumamente fascinante: las matemáticas, la geometría, la cinemática, la dinámica, la biología, la psicología perceptiva y sensitiva, la lógica, las ciencias formativas, la lingüística, la sociología, la economía, la estética, la ciencias jurídicas, la ética y la teología están todas interesadas en la *totalidad* de la realidad, pero cada una de ellas solamente desde un cierto aspecto, un cierto ángulo; a saber, respectivamente el punto de vista aritmético, el espacial, el cinemático, el dinámico, el biótico, el perceptivo, el sensitivo, el lógico, el formativo, el lingual, el social, el económico, el estético, el jurídico, el estético y el pístico.

Desde luego, hay muchas más ciencias que las que he enumerado, pero cada una de éstas otra ciencias parece ser una especie de mezcla de las ciencias mencionadas, o una especie de ciencia aplicada. Por ejemplo, la astronomía no es más que la física de los cuerpos celestes. La geografía es el estudio de los aspectos físico y social de la (superficie de la) tierra. La ingeniería y las ciencias de la computación son física aplicada dentro de la tecnología. La química ha sido llamada la física de las órbitas externas de los electrones (porque solamente éstos están involucrados en las reacciones químicas). Las ciencias médicas son biología aplicada a personas enfermas. La farmacéutica es física y biología aplicadas al desarrollo de medicinas. Las ciencias de la educación son psicología y sociología aplicadas a pupilos y estudiantes.

Pienso que le sería muy difícil encontrar cualquier otro aspecto básico aparte de los dieciséis que mencioné arriba. Desde luego, éste no es un número fijo; el sistema siempre está abierto a ulterior investigación. En teoría siempre es posible que sea identificado un nuevo aspecto modal. Pero por el momento supongamos que estos dieciséis aspectos son comprensivamente adecuados.

¿Dieciséis aspectos modales?

Por supuesto que la cuestión no es solamente la de si podrían no ser *más* que estos dieciséis aspectos modales, sino también la de si no hemos quizá distinguido *demasiados* de ellos. ¿Cómo podemos estar seguros de que algunos de estos aspectos modales no puedan ser reducidos a uno de los otros aspectos? En realidad, fue a través de esta pregunta que Herman Dooyeweerd fue confrontado con el asunto de los "aspectos modales". Él era un joven profesor de filosofía del Derecho (en alemán: *Rechtsphilosophie*; en holandés: *rechtsfilosofie*), y se encontró con el hecho de que muchos filósofos del Derecho en el pasado habían tratado de reducir la noción de "lo que es justo" (en latín: *ius*, como en "justicia", "jurisprudencia"; en alemán: *Recht*; en holandés: *recht*) a otras ciencias. Algunos dijeron que lo que era "justo" era básicamente una idea evolucionaria, un producto evolucionario; no es nada más que biótico. Otros afirmaron que el término "justo" es básicamente un término sensitivo; esto es, lo que experimentamos como "justo" no es más que un fenómeno psíquico (en alemán: *Rechtsgefühl*; en holandés: *rechtsgevoel*. Otros más aseveraron que lo "justo" es básicamente un asunto moral; esto es, es exclusivamente ético.

Esta tendencia es muy comprensible. Puede ser explicada a partir de la inclinación humana a reducir lo complejo a lo simple. Sería muy conveniente si en la enorme variedad de fenómenos pudiésemos distinguir uno, o unos cuantos principios generales. Los científicos están tratando de hacer esto todo el tiempo. Es cuando las personas exageran en tales procesos de simplificación que hablamos de *reduccionismo*; este término se refiere a la aserción de que todo no es "más que esto" o "nada más que aquello". Esto es a veces burlonamente llamado "nada-más-que-ismo".

Por ejemplo, algunos dicen que todo es básicamente material (físicalismo, materialismo). Al final de cuentas, sostienen, todos los fenómenos que conocemos pueden ser reducidos a las propiedades de átomos y moléculas. De hecho, si esto fuese verdadero, simplificaría mucho las cosas. El problema es que otros han argumentado con el mismo fervor que todo es básicamente evolutivo (evolucionismo): todo es un producto de un proceso evolutivo. O que todo es espiritual (espiritualismo): todo es básicamente "mente"; la materia es "mente comprimida", etcétera. O que todo es lógica, lo que sostiene que la "razón" (*logos*) es la base de todo el cosmos (racionalismo). O que la totalidad de nuestra cultura esta enraizada en relaciones sociales (socialismo), o en relaciones económicas (marxismo), etcétera. Todos estos "nada-más-que-ismos" —y hay muchos más— no pueden estar en lo correcto al mismo tiempo.

En sí mismo, es un fenómeno interesante el que aparentemente todo aspecto de la realidad haya sido absolutizado en algún momento de la historia. "Absolutizar" aquí significa: hacerlo absoluto, hacerlo la única cosa a la que se pueden reducir todas las otras cosas. Déjeme darle algunos ejemplos.

Pitágoras y sus seguidores dijeron: "todo es número", absolutizando así el aspecto aritmético.

René Descartes distinguió entre la *res cogitans* (la "cosa pensante"), esto es la mente humana, y la *res extensa*; esto es, el resto de la realidad. Redujo la segunda parte de la realidad a "extensión", una noción espacial, como si ese fuese el aspecto más importante de las cosas materiales. Así que absolutizó el aspecto espacial.

Galileo Galilei trató de reducir la realidad material al movimiento, así que tendió a absolutizar el aspecto cinemático.

Los materialistas dicen que todo no es más que materia, absolutizado así el aspecto dinámico. Recuérdese, que la materia es "energía comprimida".

Los evolucionistas dicen que todo es producto de una evolución biótica, absolutizando así el aspecto biótico.

George Berkeley dijo: *esse est percipi*, "ser es ser percibido", absolutizando así el aspecto perceptivo.

Psicólogos como Sigmund Freud redujeron toda la vida espiritual a lo psíquico, absolutizando así el aspecto sensitivo.

Heráclito hizo del *Logos* ("la Razón") el principio fundamental dentro de la realidad, absolutizando así el aspecto lógico.

El historicismo es un rasgo de varias escuelas filosóficas que ven toda la cultura como nada más que productos del desarrollo histórico, absolutizando así el aspecto formativo.

La filosofía analítica tiende a reducir los problemas filosóficos a problemas lingüísticos, absolutizando así el aspecto lingual.

El socialismo reduce la cultura a las relaciones sociales, especialmente a la importancia del Estado, absolutizando así el aspecto social.

Carlos Marx redujo toda la cultura humana a relaciones económicas, absolutizando así el aspecto económico.

El Renacimiento y el movimiento Romántico tendieron a reducir toda la cultura a nociones de armonía y belleza, absolutizando así el aspecto estético.

Emanuel Kant redujo toda la vida espiritual a la ética, absolutizando así el aspecto moral.

Y movimientos cristianos tales como el pietismo tienen la tendencia a reducir todo a los aspectos religiosos de la vida —"religión" aquí en el sentido de oración, alabanza y predicación— absolutizando así el aspecto pístico de la realidad cósmica. En un sentido, siempre somos personas religiosas en que siempre pensamos, hablamos y actuamos *coram Deo*, "delante de Dios", para la gloria o el deshonor de su nombre. Pero eso no significa que todos nuestros pensamientos, palabras y acciones sean de carácter pístico. Tam-

PERSPECTIVA CRISTIANA DE LA REALIDAD CÓSMICA   67

bién cuando estamos construyendo puentes, o escribiendo literatura, o socializando, o comprando y vendiendo, o pintando, o legislando, hacemos estas cosas delante de Dios —o de nuestros ídolos—; esto es, hacemos estas cosas como personas religiosas. Siempre somos religiosos, pero eso no significa que siempre estemos actuando písticamente.

La idolatría

Como puede usted ver, ¡el reduccionismo es un fenómeno muy común! Aparte de las ciencias jurídicas, he mencionado *todas* las ciencias especiales. Observe nuevamente que la reducción puede ser una cosa buena. Si usted puede reducir una parte compleja de la realidad a algunos principios explicativos simples, usted ha hecho un trabajo importante. De hecho, como dije, esta es una parte esencial de toda actividad científica. Pero usted puede llevar esta especie de reduccionismo demasiado lejos. Si tantas ciencias diferentes dicen todas: "En realidad, todo no es más que matemáticas (o física, o lógica, o economía, etcétera)", esto no puede ser verdadero. Todas estas aseveraciones se contradicen y se excluyen entre sí. Por supuesto, creo que *todas están equivocadas*.

Sin embargo, es interesante que hay un núcleo de verdad en todos estos "nada-más-que-ismos". ¡Todas las cosas tienen un aspecto aritmético! Así que usted puede fácilmente imaginarse a alguien diciendo "todo es número". Pero todas las cosas también tienen un aspecto dinámico. Así que usted puede entender alguien que dice que "todo es energía (o materia, para el caso)". Todas las cosas tienen también un aspecto lógico. Así que usted puede ver por qué ciertas personas consideran que el racionalismo es la ideología omnicomprensiva. Todas las cosas tienen también un aspecto económico. Así que usted puede ver por qué ciertas personas piensan que toda la cultura no es más que la elaboración de principios económicos.

Debido a que *todas* las cosas exhiben *todos* los dieciséis aspectos modales que hemos mencionado, podemos imaginar fácilmente cómo es que cada aspecto puede ser absolutizado de un modo u otro. Todos estos intentos tienen igualmente un núcleo de verdad —y a fin de cuentas, todos son igualmente falsos. Así que ¿por qué la gente sigue absolutizando algún aspecto de la realidad cósmica? ¿A qué se debe esta fuerte tendencia en la mente humana? Déjeme explicarlo.

Usted aprendió en la Biblia qué es la idolatría. Idolatría significa rendir culto no al Creador sino a alguna criatura: el sol, la luna, los planetas, ciertos árboles, ciertos animales, rocas, ríos, lo que usted quiera. Esto es lo que el apóstol dice: "Profesando ser sabios, se hicieron necios, y cambiaron la gloria del Dios incorruptible en semejanza de imagen de hombre corruptible, de aves, de cuadrúpedos y de reptiles" (Ro. 1:22-23). Es esto lo que básicamente es la idolatría: rendir culto a alguna criatura en vez de al Creador.

Ahora bien, pienso que rendir culto no a alguna criatura específica sino a algún "principio" dentro de la creación equivale a lo mismo. Sigue siendo idolatría. Considere a alguien que sostiene que todas las propiedades de los seres vivos, e incluso de los seres pensantes, puede ser reducida a las propiedades de la materia y la energía; brevemente: "todo es materia". Llamamos materialista, o fisicalista, a alguien que está absolutizando el aspecto dinámico de la realidad cósmica. Los cristianos dicen que el principio explicativo de la realidad es su Creador, Dios. Los materialistas dicen que el principio explicativo de la realidad es algo dentro de la realidad misma, a saber la materia. Puede literalmente "rendir culto" o no a la materia, pero al menos no se halla lejos de rendir culto al materialismo. El materialismo es para él lo que mi cristiana fe es para mí. Toda ideología que funciona como un Fundamento Absoluto en el que el hombre pone su confianza última es básicamente religiosa, como he tratado de mostrar (capítulo 2). Es lo mismo con el espiritualismo ("todo puede ser reducido a las propiedades de lo espiritual"), el racionalismo, el socialismo, el economicismo marxista y todos los otros ismos que he mencionado. Los llamamos "nada-más-que-ismos" porque sostienen que "todo-no-es-nada-más-que-esto" o "nada-más-que-aquello".

¿Por qué una filosofía cristiana correcta *no* exhibe esta tendencia a tratar de reducir todas las cosas a un principio ("monismo") o quizá a dos principios ("dualismo")? Porque la filosofía cristiana se da cuenta de que no podemos empezar a entender la realidad cósmica reduciéndola a uno o dos de sus aspectos modales, sino "reduciéndola" a su origen, el Creador. Esto es lo que surgió en la mente de Herman Dooyeweerd y otros: no trate de reducir los diferentes aspectos modales de la realidad cósmica entre sí, sino trate a todos estos aspectos como iguales, uno al lado del otro, como aspectos con los cuales Dios ha equipado a su creación. La justicia —el tópico de Dooyeweerd— no es una cosa biótica, no es una cosa psíquica, no es una cosa lógica, no es una cosa ética. La justicia es simplemente *justicia*. Representa un aspecto cósmico por sí mismo, uno que no puede ser reducido a ningún otro aspecto en absoluto.

Observe: las *cosas* de la justicia, tales como los tribunales y los veredictos, tienen un aspecto biótico, uno psíquico, uno lógico y uno ético. Pero están *tipificadas* o *caracterizadas* por el aspecto jurídico, y nada más. Por supuesto que tienen un aspecto biótico y uno psíquico: si no hubiere seres vivos, sensitivos, entonces la noción de justicia dentro de nuestra realidad cósmica carecería de sentido. Y por supuesto que tienen un aspecto lógico: podemos argumentar racionalmente acerca de lo que es justo y lo que no es justo, como es un cierto acto de justicia, etcétera. Pero eso no hace a un veredicto una cosa racional, como el racionalismo podría concluir fácilmente. No: es una cosa jurídica, con un aspecto racional (y uno físico, y uno social, y uno económico, y uno ético y uno pístico). Lo jurídico no tiene que ser explicado a partir de otros aspectos modales. Ha de ser explicado a partir del Creador, quien dio a todas las cosas dentro del cosmos un aspecto jurídico (explicaré con más detalle adelante que significa esto exactamente).

Propiedades de los aspectos modales

Ésta es la razón por la que sostengo que la teoría de los aspectos modales es una nota característica de una filosofía verdaderamente cristiana. Esta filosofía puede soportar la tentación de reducir en idolatría unos aspectos a otros porque conoce al Creador. Es capaz de dejar en paz a los aspectos modales, de declarar enfáticamente su igualdad, y de mantener la posición de cada uno al lado del otro.

Por cierto que no es muy fácil entender correctamente la noción de un "aspecto modal". Particularmente al principio, los estudiantes confunden frecuentemente los aspectos modales con cosas concretas o ciertos estados de cosas. Alguien sugirió alguna vez que lo sexual debiera también ser reconocido como un aspecto modal. No vio que la sexuali-

PERSPECTIVA CRISTIANA DE LA REALIDAD CÓSMICA   71

dad no se halla en el "lado aspecto" sino en el "lado cosa" de la realidad. Es un "evento" que, *al igual que todos los eventos*, funciona en todos los dieciséis aspectos modales de la realidad. La sexualidad tiene un obvio aspecto biótico (involucra órganos reproductivos, hormonas, etcétera), un aspecto psíquico (involucra sensaciones y emociones fuertes). También tiene un aspecto lógico (puedes pensar acerca de ella), un aspecto social (involucra relaciones entre las personas), un aspecto jurídico (algunas formas de expresión sexual son legales mientras que otras, como la violación, no lo son), y un aspecto ético (algunas formas de expresión sexual son morales, mientras que otras no lo son). La sexualidad incluso tiene un aspecto histórico (los hábitos sexuales cambian con el tiempo), un aspecto económico (hay una horrible cosa tal como una "industria del sexo"), un aspecto estético (algunos hábitos sexuales son perversiones, otros son armoniosos), y un aspecto pístico (nunca se puede separar la sexualidad de sus creencias).

En conclusión: los aspectos modales como tales no son ellos mismos fenómenos sino siempre solamente *aspectos* de los fenómenos. Los aspectos son modos en que las cosas son (para decirlo ontológicamente): son aritméticas, espaciales, etcétera. Los aspectos son también modos en los que podemos ver las cosas (para decirlo epistemológicamente): pueden ser vistas desde un ángulo aritmético, un ángulo geométrico, etcétera.

Por supuesto que lo que confunde es que *son* fenómenos físicos, bióticos, económicos, etcétera. ¿Cual es la diferencia entre el aspecto físico y un fenómeno físico? Un fenómeno es "como una cosa", y como tal está *cualificado* por el aspecto físico, biótico o el aspecto económico, o cualquier aspecto que pueda ser. Pero es igualmente verdadero que cada uno de estos fenómenos funciona en *todos* los dieciséis aspectos modales de la realidad cósmica. Por ejemplo, los fenómenos económicos están cualificados por el aspecto económico; ese es el aspecto que expresa su "cualidad" (del latín: *qualitas*, su "ser así y así"). Pero los fenómenos económicos también tienen un aspecto psíquico, uno racional, uno histórico, uno social, etcétera.

Repito: *todas las cosas* (cosas inertes, plantas, animales, humanos), *eventos y estados de cosas, siempre funcionan en todos los dieciséis aspectos modales*. Pero están usualmente *cualificados*, o caracterizados, por uno o dos de estos aspectos (regresaré a este último punto en el capítulo cinco). Eso puede ayudarle a mantenerse distinguiendo entre cosas y aspectos. Las cosas siempre funcionan en todos los dieciséis aspectos modales, mientras que un aspecto modal es meramente uno de estos dieciséis. Si esto todavía no le es enteramente claro, recomiendo que lea los párrafos precedentes una vez más, hasta que tenga una buena idea de qué es lo que son los aspectos modales, y qué es lo que no son.

Nota histórica

Vale la pena mencionar un importante estímulo que ayudó a Dooyeweerd a desarrollar su teoría de los aspectos modales. Uno de los hombres que más influenciaron al joven Dooyeweerd fue Abraham Kuyper (1837-1920), pastor, teólogo, periodista y político; fue Primer Ministro de los Países Bajos de 1901 a 1905. Kuyper desarrolló el principio de la *soberanía de las esferas*. Básicamente quería sostener que la Iglesia no debiera gobernar al Estado, ni el Estado debiera gobernar a la Iglesia, sino que cada uno es relativamente soberano

PERSPECTIVA CRISTIANA DE LA REALIDAD CÓSMICA   73

dentro de su propia esfera o dominio de actividad. ¡No interfiera con la esfera de cada uno de los otros! El Estado está ahí para mantener la justicia pública, y es así que crea las condiciones externas bajo las cuales pueden operar las iglesias, pero no se mete en los asuntos internos de las iglesias. Lo mismo vale para los matrimonios, las familias, las asociaciones, los partidos políticos, etcétera: cada uno soberano dentro de su propia esfera.

Dooyeweerd adoptó esta misma fructífera idea y la aplicó a su teoría de los aspectos modales. Cada uno de estos aspectos es soberano dentro de su propia esfera; esto es, ninguna modalidad gobierna sobre ninguna de las otras, y ninguna modalidad puede ser reducida a ninguna de las otras modalidades. Cada aspecto modal conoce sus propias leyes específicas, leyes que —nuevamente— son irreducibles a las leyes de los otros aspectos. Aquí encontramos otro término que ha desempeñado un papel importante en la tradición reformada: *ley*. Los teólogos reformados han prestado mucha atención a las ordenanzas direccionales que Dios ha instituido para las diferentes partes de la realidad cósmica. Dooyeweerd hizo de ésta una noción fructífera dentro de la filosofía, distinguiendo las leyes que caracterizan a los diferentes aspectos modales. Esta noción de *ley* es tan importante que es el tema del siguiente capítulo.

Finalmente: el tiempo

El tiempo es un tópico filosófico complejo. Ya en el lenguaje cotidiano el término *tiempo* tiene muchos significados. He aquí algunas frases que usamos: Ya es tiempo. El tiempo vuela. Se acabó el tiempo. Hace mucho tiempo. Mientras (pasa el tiempo). El tiempo sana todas las heridas. El tiempo te enseñará. El tiempo dirá. Es una cuestión de tiempo. Está desperdiciando su tiempo. Trabajando contra el tiempo. Adelantado al tiempo. Al mismo tiempo. Hubo un tiempo. A veces (en algunos tiempos). Conservando el tiempo. ¡Trate de encontrar usted mismo cuántos diferentes significados tiene la palabra *tiempo* en todos estos diferentes dichos!

Los pensadores cristianos siempre han pensado acerca del tiempo en relación con Dios y la eternidad. Una de estas preguntas es si Dios existe más allá del tiempo, y es así atemporal, o si está, de algún modo u otro, dentro del tiempo como lo conocemos, o dentro de alguna especie divina de tiempo. Si hablamos de tiempo físico, el tiempo de los relojes, el cual está estrechamente vinculado con la materia, entonces Dios no puede estar dentro del tiempo. El permea el cosmos —Dios es omnipresente— pero no es parte del mismo; se halla más allá de él. Trasciende toda materia —que el mismo creó—, y así también el tiempo tal como está vinculado con el mundo material. Sin embargo, esto no necesariamente implica que Dios sea atemporal. Para ponerlo con más fuerza: la Biblia puede hablar de Dios solamente en términos derivados de nuestro propio mundo *temporal*. Pero estos términos no debieran ser tomados en un sentido físico estricto sino en un sentido pístico; son de naturaleza metafórica. Las opiniones teológicas difieren ampliamente sobre la pregunta de si Dios es temporalmente sempiterno, o atemporalmente eterno, pero la última noción tiene cada vez menos adherentes.

Dejemos este tópico de la supuesta (supra)temporalidad de Dios a los teólogos y limitémonos a preguntas filosóficas pertinentes al tiempo y el cosmos. Así como la teología hace su contribución a nuestro pensamiento acerca del tiempo, la física hace lo mismo. Los físicos ven el tiempo y la materia sólidamente acoplados. Esto significa que el tiempo físico empezó en el momento en que el universo (al menos como lo conocemos hoy) comenzó. Esta noción se retrotrae ya al Padre de la Iglesia Agustín, pero hoy los físicos agregan un número de consideraciones acerca de las cuales Agustín no podía haber tenido la más mínima idea. Por ejemplo, se supone que en un hoyo negro se desvanece no solamente la materia sino también el tiempo. Eso significa que podría haber lugares en el universo donde ya no hay tiempo. La teoría de la relatividad de Albert Einstein implica que alguien viajando a través del universo a la velocidad de la luz regresa en un diferente marco temporal. Incluso en el caso de velocidades mucho más pequeñas que la de la luz, tales como la de los satélites, han sido ya medidas diferencias de milisegundos. El tiempo no es ni independiente de la materia ni una noción estática.

Modalidades temporales

El tiempo ha sido creado, el tiempo y el cosmos creado existen juntos, y los aspectos modales son aspectos del cosmos temporal. Si esto es así, esto parece sugerir que los aspectos modales podrían ser también llamados aspectos *temporales* en el sentido de aspectos de nuestra realidad temporal.

El joven Dooyeweerd, al igual que otros, jugó con la idea de que el tiempo cósmico mismo podría ser un aspecto modal. En ese caso, podría estar vinculado con el aspecto cinemático, o sería asignado a una distinta modalidad que viene antes del aspecto aritmético. No obstante, ninguna de estas sugerencias ha resultado ser satisfactoria. Si el tiempo fuese una modalidad separada, entonces las otras modalidades podrían ser pensadas como presuponiendo esta modalidad tiempo, pero ellas mismas no serían de carácter temporal. Eso sería tan inaceptable como si alguien fuese a sugerir que hay alguna modalidad cósmica —como si las otras modalidades no fuesen de naturaleza cósmica.

Más aún, si el tiempo fuese una modalidad separada, trate de imaginar cuál podría ser el núcleo o esencia de este aspecto modal, así como tenemos núcleos para todas las otras modalidades. Y dentro de esta supuesta modalidad tiempo, ¿cuáles podrían ser las analogías con otras modalidades (véase el capítulo 4, más abajo, acerca de las analogías)? No; no parece fructífero seguir este sendero. Otros filósofos cristianos han rechazado la misma noción de un tiempo cósmico que se expresaría dentro de todos los diferentes aspectos modales en su propio modo específico. La presente introducción elemental a la filosofía cristiana no es el lugar apropiado para explicar y abundar sobre todas estas discusiones.

Déjeme simplemente declarar que si adoptamos esta noción de un tipo de tiempo cósmico expresándose dentro de los diferentes aspectos modales, éste parece ser un enfoque fructífero:

Aritmético: El tiempo se expresa en la sucesión numérica. Términos típicamente temporales como "antes" y "después" tienen sentido en esta sucesión: el 2 viene después del 1 y antes del 3.

Espacial: El tiempo parece manifestarse aquí particularmente en la noción de simultaneidad; esto es "ser al mismo tiempo". Las figuras geométricas, y cualesquiera formas en el cosmos, sólo pueden existir en la existencia simultánea de sus diferentes partes geométricas.

PERSPECTIVA CRISTIANA DE LA REALIDAD CÓSMICA

Cinemático: El tiempo vinculado con el movimiento; no existe ningún movimiento sin tiempo físico.

Dinámico: El tiempo vinculado con los procesos dinámicos, los cuales no pueden existir tampoco sin tiempo físico. Éste es lo que llamamos "tiempo del reloj", el tiempo como se mide y se indica en los relojes.

Biótico: El tiempo vinculado con procesos bióticos tales como nacimiento, maduración, florecimiento, muerte, o con las cuatro estaciones, o "relojes biológicos (o, más precisamente, bióticos)".

Perceptivo: El tiempo vinculado con sensaciones y percepciones; la experiencia perceptiva del tiempo.

Sensitivo: El tiempo sentido como distinto del tiempo físico, la experiencia emocional del tiempo (tiempo con el dentista o tiempo que pasa con sus seres queridos).

Lógico: Éste es el "antes" y el "después" de los argumentos: las conclusiones "se siguen de" las premisas, nunca al revés.

Formativo: Desarrollos históricos o períodos, momentos históricos y cosas por el estilo, no medidos con relojes sino de acuerdo con criterios históricos.

Lingual: Piense en los tiempos gramaticales, en la ubicación de eventos en el tiempo, sea en el pasado, el presente o el futuro.

Social: Piense en la prioridad (antelación) en las relaciones sociales ("primero las damas"), o en el tránsito de las calles; la prioridad era originalmente un término temporal.

Económico: "¡Ahorre tiempo!". La noción de interés monetario es un ejemplo interesante. Se refiere a una cuota pagada por el prestatario de dinero (o de otros activos) al dueño como una recompensa por su uso. Siendo determinado el tamaño de la cuota por el período de tiempo durante el cual el dinero es tomado prestado. "¡El tiempo es dinero!".

Estético: Piense en la atención que se presta en las novelas a los eventos históricos. Algunas novelas voluminosas describen meramente un día o unos cuantos días, mientras que otras cubren largas épocas históricas.

Diquético: Las penas de prisión vinculan el tiempo de prisión con la seriedad del delito cometido. Piense también en leyes con fuerza retroactiva, o en delitos que pueden ser castigados solamente dentro de un cierto período de tiempo.

Ético: El florecimiento del amor necesita tiempo; en otros casos, se puede estar acabando el tiempo para hacer el bien. Hay un tiempo para hacer lo correcto (Ec. 3:1-8).

Pístico: La alternancia de días festivos (días santos) y los días comunes, y especialmente: aquello que se halla más allá del tiempo, irrumpiendo en nuestra realidad cósmica (la revelación divina).

No le he dado esta lista con la intención de terminar toda discusión. Por el contrario, en un número de puntos se han librado buenas batallas que todavía prosiguen. Por ejemplo, ¿las palabras *antes* y *después* implican siempre tiempo? O con respecto a los aspectos modales más altos, ¿no se presupone siempre en un cierto sentido el tiempo físico? Menciono estos ejemplos de cómo la filosofía nunca está terminada sino que siempre se halla en desarrollo. Aquí hay algo a lo que usted mismo podría contribuir. ¡No se trague todo lo que le digo! Esa no sería una actitud filosófica evaluativa apropiada.

Preguntas para revisión

1. Enliste y describa brevemente cada una de las ciencias especiales discutidas en la sección "La coherencia de las ciencias especiales".

2. Enliste y describa brevemente cada una de las "ciencias espiritivas" discutidas en la sección "Las humanidades".

3. Explique que se quiere significar con la frase "aspectos modales".

4. ¿Qué significan los términos "absolutizar" y "reduccionismo", y como se relacionan con lo que la Biblia enseña acerca de la idolatría?

5. ¿En qué sentido podrían una filosofía cristiana correcta evitar los peligros identificados en la Pregunta 4?

6. Explique la diferencia entre *cosas* y *aspectos* de las cosas.

7. ¿De qué manera la teoría de los aspectos modales de Dooyeweerd encaja con la idea de soberanía de las esferas de Abraham Kuyper?

8. Explique las características de un "aspecto modal" del cosmos. ¿Puede usted identificar uno como tal?

9. A la luz de la Pregunta 8, ¿cómo se siente acerca de la lista de aspectos modales como han sido dados en este capítulo? ¿Se pregunta si algunos de ellos son modalidades en lo absoluto, o si alguno no debiera ser agregado a la lista? Explique.

10. Explique, en términos de cada modalidad, porqué el aspecto del tiempo no es una modalidad cósmica distinta, sino que más bien se expresa dentro de cada una de estas modalidades cósmicas.

CAPÍTULO 4

LA REALIDAD CÓSMICA Y LA LEY DE DIOS

En el capítulo previo hemos comenzado nuestro análisis filosófico de la realidad cósmica. Hemos distinguido dieciséis aspectos modales y hemos descubierto que todas las cosas *inertes*, plantas, animales, humanos, eventos y estados de cosas funcionan *en todos* los aspectos modales pero están *cualificados*, o *caracterizados*, por uno, o quizá por dos, de estos aspectos.

Esferas nómicas

Hay otro modo en el que Dooyeweerd describe los aspectos modales, a saber, con la frase *esferas nómicas*. ¿Qué significa ésta? Recuerde lo que dije acerca de los grandes pioneros de las modernas ciencias naturales: aprendieron a creer en un orden nómico fijo, un orden del mundo. El cosmos es un mundo ordenado porque Dios puso este orden dentro de él. Este orden es un orden nómico; esto es, consiste en un número de leyes que Dios ha instituido para la realidad cósmica. La Biblia está repleta de referencias a esta voluntad de Dios, sus leyes, sus ordenanzas, a las cuales ha sujetado el cosmos (por ejemplo, Job 38:33; Sal. 119:89, 91; 148:6, 8; Is. 45:12; Jer. 31:35; 33:25; Ap. 4:11). Los fundadores de la ciencia moderna sabían del orden del mundo y acerca de estas leyes fijas porque conocían al *Legislador*, el Dios de la Biblia.

Esta noción de ley es de suma importancia en la filosofía cristiana. En realidad, Herman Dooyeweerd llamó originalmente a su filosofía la "Filosofía de la Idea de la Ley". Los traductores anglosajones la han interpretado como la "Filosofía Cosmonómica"; esto es, la idea de ley (en griego: *nomos*) como fundamental para el cosmos. Todas las cosas dentro de la realidad cósmica están sujetas a las leyes que el Creador ha instituido para ellas.

Desde luego, otros filósofos y científicos también saben acerca de las leyes naturales. En un sentido, usted podría incluso definir toda filosofía y ciencia como intentos por develar el orden nómico que gobierna este cosmos. Pero estos otros filósofos y científicos no tienen idea acerca de cuál podría ser el origen de este orden nómico. Incluso el filósofo de ascendencia judía Karl Popper, a quien ya mencioné antes, admite que, para él, es un misterio el origen del orden nómico. ¡Pienso que hubiera encontrado la respuesta si hubiese estudiado la Biblia hebrea!

Ningún filósofo o científico puede sostener que el orden del mundo podría ser un producto resultante de algún proceso evolutivo porque todo mundo cree que el orden nómico de la realidad cósmica es absolutamente constante, en todos los tiempos y en todos los lugares en el universo. Llamamos a esto el *principio de uniformidad*. Ni siquiera seríamos capaces de estudiar la historia de la tierra y del mundo de lo viviente si tuviésemos que suponer que las leyes naturales son diferentes ahora de lo que lo fueron hace miles de años. Sólo los cristianos (y los judíos y los musulmanes) tienen una explicación para esto: el constante orden nómico fue creado por Dios. Él ha creado el mundo ordenado que está puesto

LA REALIDAD CÓSMICA Y LA LEY DE DIOS 83

bajo este orden del mundo, y ha instituido el orden del mundo que opera en este mundo ordenado (Hendrik Hart).

El mundo ordenado y el orden del mundo son, por así decirlo, dos lados de la misma realidad cósmica creada. El mundo ordenado está constituido por *hechos* (cosas inertes, plantas, animales, humanos), incluyendo eventos y estados de cosas. El orden del mundo está constituido por *leyes* que valen para todas estas cosas, eventos y estados de cosas. El mundo ordenado se halla en el *lado factual* (o *lado sujeto*) de la realidad, mientras que el orden del mundo se halla en el *lado ley* de la realidad.

Ahora bien, el punto interesante es que usted encuentra esta duplicidad también dentro de los aspectos modales. Por un lado, los aspectos se refieren a las realidades factuales de los cuales son aspectos. Por otro lado, los aspectos comprenden ciertas leyes que son típicas de estos aspectos y que valen para las realidades factuales *de las cuales* son aspectos. Dicho en términos más simples, hay *hechos* modalmente cualificados, y hay *leyes* modales que valen para estos hechos. Las leyes gobiernan los hechos, los hechos están bajo las leyes.

Déjeme darle algunos ejemplos, y usted entenderá más fácilmente lo que quiero decir.

Hay cosas aritméticas, a saber números (permítame que las llame "cosas" por un momento). Y hay leyes aritméticas que valen para los números. Éstas son leyes como $2 + 2 = 4$, una ley que ya aprendimos en la escuela primaria.

Hay "cosas" espaciales, figuras geométricas como círculos y cubos, y hay leyes geométricas que valen para estas "cosas", como el Teorema de Pitágoras: $a^2 + b^2 = c^2$.

Hay cosas físicas —en realidad, *todas* las cosas tangibles son cosas físicas— y leyes físicas que valen para ellas, tales como las leyes del electromagnetismo y de la gravedad.

Hay cosas bióticas, a saber todos los seres vivos, y leyes bióticas que valen para ellos, tales como las leyes de la genética.

Hay cosas lógicas, a saber seres humanos, y leyes lógicas que valen para ellos, tales como las leyes que gobiernan los así llamados silogismos (argumentos en miniatura).

Hay cosas económicas, a saber nuevamente seres humanos, y leyes económicas que valen para ellos, tales como la ley de la oferta y la demanda.

¿Está usted comprendiendo la cuestión? Todo aspecto modal, o esfera nómica, tiene sus propias leyes características que usted no encuentra en ningún otro aspecto. Si son cuidadosamente investigadas y explicadas, debiera ser imposible reducirlas a leyes de otras esferas nómicas. Así como los aspectos modales no pueden ser reducidos entre sí, tampoco las leyes modales pueden ser reducidas entre sí.

Leyes naturales y normas

Mirando nuevamente las dieciséis esferas nómicas (pp. 76-8), puede usted percatarse de que las leyes pertenecientes a los aspectos modales más bajos difieren en carácter de las leyes en los aspectos más altos. En las esferas nómicas más bajas encontramos *leyes naturales*; en las esferas nómicas más altas *normas espirituas*. En términos simples la diferencia es esta: las leyes naturales nos dicen lo que es, mientras que las normas nos dicen lo que debiera ser. Por ejemplo, una ley natural es la siguiente: el hierro se expande cuando se calienta. Esta ley no estipula que el hierro debiera expanderse cuando se calienta, sino simplemente describe lo que hace bajo todas las circunstancias. Ésta es una ley que no puede ser desobedecida, mientras que las normas pueden ser desobedecidas. Siempre que usted caliente hierro, habrá de expandirse. No hay elección, y no hay excepciones. Si usted se resbala de un techo, usted no puede decidir qué debiera hacer. No hay opción; usted caerá, porque eso es lo que prescribe la ley de la gravedad. (Lo que debiera usted de hacer es tratar de asirse del canalete del techo —pero eso no cambia las leyes de la gravedad como tales.)

Con las normas espiritivas es esencialmente diferente; no son leyes naturales. Si usted quiere pensar correctamente, debiera de seguir las leyes de la lógica, pero usted también puede desobedecerlas y cometer un error o yerro de pensamiento. Usted tiene una elección aquí. Si usted quiere construir algo correctamente, debiera de seguir leyes formativas (en este caso técnicas), pero usted también puede elegir ignorarlas. No es algo sabio pero usted puede hacerlo; depende de usted. También hay normas históricas, como la norma de la continuidad histórica; esto es, el progreso ininterrumpido del desarrollo cultural. Esto implica seguir el camino entre el tradicionalismo y el reaccionarismo por un lado, y la actitud revolucionaria, por el otro. Tanto el reaccionarismo como la actitud revolucionaria involucran desobediencia a normas dadas por Dios.

Si usted quiere escribir en inglés correctamente —lo que yo, como holandés, trato de hacer tan bien como puedo— debiera seguir muchas leyes linguales (en este caso gramaticales y ortográficas). Si las desobedece, usted comete errores lingüísticos; usted escribe "mal" en inglés.

Si, en la interacción social, usted quiere comportarse de un modo correcto, deberá seguir ciertas normas sociales; esto es, normas que describen cómo debieran las personas asociarse con otras personas. Tales normas pueden diferir de una sociedad a otra, y de un tiempo a otro tiempo, pero claramente parece haber ciertos patrones básicos en las relaciones sociales que son universales.

Sí, en sus acciones económicas, usted quiere comportarse de un modo correcto, debiera de seguir normas económicas. Un claro ejemplo es este: usted debe "cortar su abrigo de acuerdo con su tela". Este proverbio significa: no gaste más que lo que usted gana o se meterá usted en problemas financieros. Otro ejemplo es: usted tiene que invertir en su negocio antes de que pueda ganar dinero con él. Esto no es un asunto de gusto o elección; es una norma que está dada con la realidad económica. Incluso me atrevo a decir: es una norma que el Creador ha puesto dentro de la creación, al igual que las normas lógicas, históricas, linguales, sociales, estéticas, diquéticas, éticas y artísticas. No son invenciones del hombre. Al menos, este es un tema que tiene que ser constantemente investigado, para distinguir las normas temporales promulgadas por el hombre de las normas permanentes dadas por Dios.

Una vez más, son los filósofos cristianos quienes fácilmente aceptan tal cosa como normas permanentes dadas por Dios, mientras que los filósofos seculares estarán siempre tentados a argumentar para eliminar tales normas espiritivas, a tratar de reducirlas a leyes naturales, o a considerarlas como arbitrarias y hechas por el hombre. En pocas palabras, no son capaces de reconocer el carácter *creacional* de normas permanentes universales ni están dispuestos a ello.

Por ejemplo, cuando se trata de la estética, muchas personas dicen: *De gustibus non est disputandum*, lo cual significa:

LA REALIDAD CÓSMICA Y LA LEY DE DIOS   87

"no tiene objeto argumentar acerca de asuntos del gusto". Por supuesto, esto es verdadero hasta cierto punto. Algunos prefieren música clásica, otros música pop; algunos prefieren la pintura renacentista, otros la pintura impresionista. Pero todo experto en las artes visuales o en la musicología puede darle claves para distinguir entre el arte bueno y el malo, la música buena y la mala. Lo que usted encuentra "bello", lo que le "toca", es en buena medida una cuestión de gusto; esto es, una cuestión del tipo de persona que es usted y del modo que usted ha sido entrenado. Pero la pintura o la música de alta o baja calidad es definitivamente cuestión de pericia. ¡*Hay normas estéticas*! Hay pintura impresionista de calidad alta y de calidad pobre. Hay música pop de calidad alta y de calidad pobre. Si usted prefiere las artes visuales o la música de calidad pobre, los expertos le dirán a usted que su gusto no ha sido muy bien cultivado. ¡Es como afirmar que las papas francesas y las palomitas de maíz son la comida más deliciosa que usted jamás haya comido!

Es interesante que hay un modo fácil de ilustrar la diferencia entre leyes naturales, que nos dicen lo que es, y las normas espiritivas, que nos dicen lo que *debiera ser*. Me refiero al hecho de que palabras como "afísico" (o "abiótico", o "ageométrico", etcétera) no existen, pero sí existen términos como "ilógico", "ahistórico", "antiestético", "injusto", "no ético" (o "inmoral") e "incrédulo". Esto es, usted no puede actuar de un modo "afísico", por ejemplo, rehusándose a obedecer la ley de la gravedad. Esta ley funciona bajo todas las circunstancias. Sin embargo, usted puede definitivamente pensar "ilógicamente"; esto es, desobedeciendo normas lógicas. Usted se puede comportar de un modo asocial, antiestético, injusto o inmoral, o con incredulidad; esto es, desobedeciendo respectivamente normas sociales, estéticas, jurídicas, éticas o písticas. Existen la injusticia, la inmoralidad y la incredulidad. Pero no existe la conducta antiaritmética o anticinemática; los términos que uso aquí ni siquiera existen, así que, como puede usted ver, incluso en el lenguaje somos conscientes de la distinción entre leyes naturales y normas espiritivas

El descubrimiento de leyes y normas

En ninguna parte en la Biblia habrá usted de encontrar el conjunto completo de las normas que pertenecen a las diferentes esferas nómicas. No hay una exposición de normas lógicas, históricas, linguales, sociales, económicas o estéticas en la Escritura. Sólo cuando arribamos a las esferas nómicas más altas encontramos que la Biblia se refiere a las normas que pertenecen a ellas porque ellas afectan directamente nuestra vida cotidiana de la fe. Definitivamente la Biblia tiene mucho que decir acerca de normas jurídicas, éticas y písticas; en términos bíblicos, habla acerca de las leyes de justicia, de amor moral, y de creencia en Dios, y concomitantemente también acerca de la injusticia, la carencia de amor humano, la inmoralidad en el sentido más amplio, la incredulidad o falta de confianza en Dios, etcétera.

Sin embargo, en la Biblia todas estas leyes, y las ofensas en contra de ellas, son vistas desde el punto de vista de la fe. La Biblia no está interesada en un tratamiento sistemático de estas variadas normas como un fin en sí mismo. *Está* interesada en la conducta buena o mala ante Dios y nuestros prójimos. Pero incluso cuando se trata de normas jurídicas, éticas y artísticas, la Biblia no distingue claramente entre ellas, porque no está interesada en la teoría de los aspectos modales que subyacen a la distinción entre estas normas. La Escritura no está interesada en *ninguna* teoría como tal. Somos nosotros, los filósofos y los científicos que estudiamos la realidad cósmica, los que proponemos una teoría de las modalidades o esferas nómicas y de las varias leyes y normas asociadas con ellas. De esta manera aprendemos a distinguir entre normas jurídicas, éticas y písticas, y todas las otras normas espiritivas.

Las normas estuvieron allí todo el tiempo, escondidas bajo la superficie de la creación de Dios. Es el hombre el que tiene la tarea de identificarlas, de formularlas de una manera apropiada, y de distinguirlas claramente. Como filósofo, tiene que hacer esto de un modo crítico, siempre abierto a nuevas compenetraciones, nuevas formulaciones y nuevas distinciones. Por ejemplo, pudieron haber sido identificadas normas que, en una etapa posterior, resultó que no eran normas universales en lo absoluto, sino meramente estándares humanos culturalmente limitados.

Éste es un punto importante. Por un lado, la filosofía cristiana está convencida de que las leyes naturales y las normas espiritivas identificadas hasta ahora tienen al menos algo que ver con la naturaleza de la realidad cósmica como tal. No son meras invenciones, sino que hasta cierto punto se supone que explican los verdaderos estados de cosas dentro de la creación. Por otro lado, nuestro conocimiento de estas leyes y normas siempre es preliminar, siempre abierto a la crítica y a ulterior investigación filosófica y científica. (Reflexione usted por sí mismo acerca del hecho de que aquí nuevamente estamos encontrando la diferencia entre lo ontológico y lo epistemológico.)

Las funciones sujeto

A estas alturas, una pregunta importante podría haber cruzado por su mente. He dicho que todas las cosas, eventos y estados de cosas funcionan en *todos* los aspectos modales. Pero, puede usted preguntar ¿cómo puede ser eso? Una planta funciona en los aspectos dinámico y biótico. Por supuesto que lo hace, pues está sujeta a las leyes dinámicas y bióticas de la realidad cósmica. Pero ¿cómo podemos decir que una planta también funciona en, por ejemplo, los aspectos lógico y ético? Podría usted argumentar que una planta no puede pensar y no tiene valores morales

Tiene usted razón. ¡Pero las plantas funcionan en la vida lógica y ética (y psíquica, y económica y estética, etcétera) de los seres humanos! Para mostrar lo que quiero decir, tengo que explicar la diferencia entre *sujetos* y *objetos*. Este es un tópico bien conocido en el pensamiento filosófico. Usualmente, los filósofos se han considerado a sí mismos como "sujetos (cognoscentes)", y la realidad cósmica que los rodea como consistiendo en "objetos (conocidos)". En otras palabras, el hombre es el que conoce, y las cosas que le rodean son las cosas a ser conocidas. De este modo, la distinción entre sujetos y objetos es primariamente epistemológica; esto es, un asunto del conocimiento. Pero sujetos y objetos son también nociones ontológicas; nos dicen un poco acerca del modo en que las cosas funcionan dentro de la realidad.

Aquí, nuevamente, la noción del orden nómico divino es de vital importancia. Puedo ver una cierta cosa como un objeto que quiero conocer. Pero tengo que recordar que este mismo objeto está, antes que nada, *sujeto* —note que estoy usando un adjetivo verbal aquí— a las leyes de Dios. Ni siquiera llegaré jamás a conocer realmente ese objeto si

LA REALIDAD CÓSMICA Y LA LEY DE DIOS   91

no reconozco primariamente el modo en que está sujeto a las leyes de Dios. Déjeme darle algunos ejemplos.

Los números están sujetos a —esto es, los números obedecen— leyes aritméticas solamente; en otras palabras, funcionan como sujetos, o tienen funciones de sujeto, en la modalidad aritmética, pero en ninguna de las modalidades más altas. No están sujetos a las leyes de la geometría, del movimiento, de la energía, etcétera.

Las figuras geométricas están sujetas a leyes aritméticas y espaciales; en otras palabras, funcionan como sujetos, o tienen funciones de sujeto, en la modalidad aritmética —usted puede hacer cálculos acerca de ellas— y en la modalidad espacial: obedecen las leyes del modo espacial.

Los movimientos están sujetos a leyes aritméticas y espaciales y cinemáticas; en otras palabras, funcionan como sujetos, o tienen funciones de sujeto, en la modalidad aritmética —usted puede hacer cálculos acerca de ellas— y en la espacial —siguen un cierto patrón dentro del orden espacial— y en la cinemática: obedecen las leyes del movimiento.

Las cosas materiales están sujetas a leyes aritméticas y espaciales y cinemáticas y dinámicas; en otras palabras, funcionan como sujetos, o tienen funciones de sujeto, en la modalidad aritmética —usted puede hacer cálculos acerca de ellas— y en la espacial —por ejemplo tienen formas— y en la cinemática —obedecen las leyes del movimiento— y en la dinámica: por ejemplo, obedecen las leyes de la electrodinámica y la gravedad.

Del mismo modo, las plantas están sujetas a leyes aritméticas y espaciales y cinemáticas y dinámicas y bióticas. Los animales inferiores están sujetos a leyes aritméticas y espaciales y cinemáticas y energéticas y bióticas y perceptivas. Los animales superiores están sujetos a leyes aritméticas y espaciales y cinemáticas y dinámicas y bióticas y perceptivas y sensitivas.

Finalmente, pero ello no es menos importante, los humanos están sujetos a *todas* las leyes modales; en otras palabras, funcionan como sujetos, o tienen funciones de sujeto en *todos* los aspectos modales. Pueden pensar, formar, hablar, socializar, comprar y vender, comportarse de un modo (in)justo, (in)moral e (in)crédulo.

Las funciones objeto

Ahora estamos tocando el meollo del asunto. El punto profundo es que, por ejemplo, las plantas también funcionan en las modalidades más altas; sin embargo, no lo hacen como sujetos sino como objetos. No pueden sentir —no son sujetos sensitivos— pero funcionan como objetos en la vida de los animales (piense en las plantas en el hábitat natural de un animal o en materiales tomados de las plantas en el nido de un ave) y de los humanos (por ejemplo, plantas decorando sus patios). Expresamos este hecho como sigue: las plantas tienen "funciones de objeto" en todas las funciones modales que siguen después de la modalidad biótica.

Las plantas no pueden pensar, pues no son *sujetos* lógicos. Pero pueden ser *objetos* lógicos en tanto que los humanos pueden pensar acerca de ellas. En otras palabras: tienen funciones de objeto lógicas. Cuando llamamos a las cosas "objetos (de conocimiento)", esto es objetos de un sujeto cognoscente, esto es de hecho la misma cosa. La epistemología es a veces llamada la filosofía especial (*vakfilosofie*) de la lógica (Andree Troost).

Las plantas no pueden cultivar, pues no son *sujetos* formadores. Pero pueden ser *objetos* informativos en tanto que los

LA REALIDAD CÓSMICA Y LA LEY DE DIOS   93

humanos las pueden cultivar. En otras palabras, tienen funciones objeto formativas.

Las plantas no pueden nombrar cosas, pues no son *sujetos* linguales. Pero pueden ser *objetos* linguales en tanto que los humanos pueden darles nombres. En otras palabras, tienen funciones objeto linguales.

Las plantas no son *sujetos* sociales. Si decimos que a muchas plantas les "gusta" vivir juntas, eso es solamente un antropomorfismo (hablar de ellas como si fuesen como los humanos). Pero las plantas pueden ser *objetos* sociales en tanto que funcionan dentro de la vida social humana (por ejemplo, en los parques de las ciudades). En otras palabras, tienen funciones de objeto sociales.

Las plantas no pueden comprar y vender, pues no son *sujetos* económicos. Pero pueden ser *objetos* económicos en tanto que los humanos pueden comprarlas y venderlas. En otras palabras, tienen funciones de objeto económicas.

Las plantas no tienen gusto por la armonía y la belleza, pues no son *sujetos* estéticos. Pero pueden ser *objetos* estéticos en tanto que los humanos les atribuyen más o menos valor estético. En otras palabras, tienen funciones de objeto estéticas.

Las plantas no tienen sentido de la justicia, pues no son *sujetos* jurídicos. Pero pueden ser *objetos* jurídicos en tanto que los humanos pueden poseerlos o robarlos. En otras palabras, tienen funciones objeto jurídicas.

Las plantas carecen de moral, pues no son *sujetos* éticos. Pero pueden ser *objetos* éticos en tanto que los humanos pueden usarlos en su vida moral (por ejemplo, si usted quiere ofrecer disculpas a un amigo). En otras palabras, tienen funciones de objeto éticas.

Las plantas no pueden creer, pues no son *sujetos* písticos. Pero pueden ser *objetos* písticos en tanto que pueden desempeñar un papel en la vida religiosa humana (piense en el significado de las flores y los árboles en la Biblia, o en la idolatría pagana). En otras palabras, tienen funciones de objeto písticas.

Una vez más, esto es algo que usted tiene que entender cuidadosamente. Podemos decir verdaderamente que *todas* las cosas funcionan en *todos* los aspectos modales porque distinguimos entre funciones de sujeto y funciones de objeto. Los elefantes tienen funciones de sujeto en las modalidades aritmética, espacial, cinemática, dinámica, biótica, perceptiva, y sensitiva. Tienen funciones de objeto en las modalidades lógica, formativa, lingual, social, económica, estética, jurídica, ética y pística.

Cuatro observaciones adicionales

1. Las funciones de objeto no siempre están *activadas*; pueden permanecer *latentes*. Por ejemplo, las funciones objeto de una piedra sobre la luna, o sobre el lecho marino, sólo son activadas si y cuando los humanos se apropian de ellas y las usan, por ejemplo, para la investigación científica. La paja y las hojas muertas yacen en la pradera o en el bosque con funciones de objeto sensitivas latentes. En el momento en que un ave viene y las recoge para construir su nido con ellas, se activan estas funciones objeto.

2. Los humanos son los únicos seres que carecen de funciones de objeto; funcionan como sujetos en todos los dieciséis aspectos modales. Adquieren funciones de objeto solamente si son deshumanizados. Por ejemplo, un esclavo es un ser deshumanizado, pues puede ser comprado o vendido

LA REALIDAD CÓSMICA Y LA LEY DE DIOS 95

(función de objeto económicas). Sin embargo, pensar acerca del ser humano, o nombrarlo, no lo convierte en un objeto lógico o lingual, porque tal pensamiento y nombramiento está siempre incrustados en las relaciones sociales que los humanos tienen entre ellos, tales como la de los padres dando nombres a sus hijos

3. El hecho de que los humanos sean los únicos seres que funcionan como sujetos en todos los dieciséis aspectos modales tiene una implicación interesante. Los humanos son seres lógicos, históricos, linguales, sociales, etcétera. Esto es, son los únicos seres en nuestra realidad cósmica —hasta donde sabemos— que están sujetos a *normas*. Si los perros son mal entrenados, pueden volverse muy asociales, como podríamos decir. Pero, en realidad, un perro no puede obedecer o desobedecer normas sociales. Sólo puede comportarse de un modo que nosotros, en nuestra sociedad, experimentamos como socialmente indeseable, lo cual es usualmente una falla humana, no una falla del perro. Hablando estrictamente, un perro no puede comportarse social o asocialmente. Sólo puede seguir patrones instintivos o conductuales adquiridos. Pero el hombre es un ser social que puede comportarse de un modo social o asocial, obedeciendo o desobedeciendo con ello las normas sociales.

4. El hecho de que el hombre puede desobedecer conscientemente normas espiritivas tiene una interesante consecuencia: puede sentirse mal al respecto. Esto se debe a que tiene una *conciencia*. En esta palabra encontramos la palabra latina *scientia*, la cual significa "conocimiento". Su conciencia significa que, cuando usted ha desobedecido una norma espiritiva, usted lo sabe y lo lamenta. Puede usted cometer errores lógicos o linguales, puede comcter errores sociales

económicos; estas cosas no tocan mucho su conciencia. *Errare humanum est*, "es humano errar" de vez en cuando. Pero a veces usted se da cuenta de que podría o debería haberlo sabido, o de que usted cometió un cierto error lógico, formativo, social o económico *a propósito*, para servir sus propios intereses. En estos casos entra en juego un elemento jurídico o moral, y su conciencia le está hablando. Los animales no tienen una conciencia. Pueden temer ciertas consecuencias de ciertas acciones, pues saben por experiencia que estas desagradables consecuencias usualmente se siguen de estas acciones. Pero no pueden juzgar jurídica, o moralmente o písticamente sus propias acciones.

El significado cristiano

Los filósofos cristianos reconocerán las cuestiones recién mencionadas más fácilmente que los filósofos seculares. Eso es el caso, primeramente, porque los primeros son conscientes de la especial naturaleza del hombre como un ser religioso ante Dios. Los animales son obedientes a las *leyes naturales* solamente. Se supone que el hombre también debe de obedecer *normas*. Esto lo hace un ser responsable (o capaz de responder); esto es, un ser que puede obedecer el llamamiento de Dios o puede rehusarse a hacerlo. Parte del llamamiento de Dios está expresado en las normas que Dios ha incrustado dentro de su creación.

En segundo lugar, la distinción entre funciones de sujeto y de objeto es asimismo propia de una filosofía genuinamente cristiana. Esto podría sorprenderle. ¿Qué tienen de "cristianas" las funciones de sujeto y de objeto? Déjeme explicarlo.

En una visión bíblica de la creación es esencial que todas las cosas han sido creadas no solamente para Dios, sino también para el hombre. Todas las cosas han sido creadas para la gloria de Dios, pero también como un reino sobre el cual Adán y Eva fueron puestos como rey y reina (Gn. 1:26-28). Dentro de la realidad cósmica no hay nada que haya sido creado por Dios que no tenga referencia al hombre. La filosofía secular nunca concedería tal punto, pero en la filosofía cristiana es de vital importancia. Todo ha sido creado con referencia al hombre, y, después de la caída y la redención, todo se relaciona con el Segundo Hombre, el Último Adán, Cristo Jesús (*cfr.* 1 Co. 15:45, 47). Y a través de él Dios ha creado todas las cosas, y a través de él todas las cosas van a ser restauradas para Dios (Col. 1:15-22).

Al reconocer las funciones de objeto de las cosas, reconocemos no solamente el funcionamiento de estas cosas bajo la ley de Dios (funciones de sujeto), sino también el modo en que funcionan en la vida de los seres superiores: las cosas inertes en las vidas de las plantas, los animales y los humanos; las plantas en las vidas de los animales y los humanos; los animales inferiores en las vidas de los animales superiores y los humanos; y los animales superiores en las vidas de los humanos. El reconocimiento de funciones de objeto es el reconocimiento del hombre como corona de la creación, y el modo en que todas las cosas funcionan en su relación con el hombre —primero Adán, y al final Cristo.

Hemos encontrado al menos cuatro cosas en este capítulo que son características de la filosofía cristiana. No estoy diciendo que ningún filósofo secular podría jamás haber pensado en ellas pero, para mí, es mucho más probable que se encuentren en una filosofía cristiana:

1. El entero arreglo de (alrededor de) dieciséis aspectos modales de la realidad cósmica (*ninguna absolutización idólatra de ni un solo aspecto*).

2. El reconocimiento del lado ley de la realidad cósmica, y el modo específico como funciona dentro de los varios aspectos modales (esto es el *reconocimiento de las leyes de Dios para la creación*).

3. El hombre está sujeto no solamente a leyes naturales, como lo están todas las criaturas en la realidad cósmica, sino también a normas. Esto le otorga una posición muy especial dentro de la creación de Dios, una posición de *responsabilidad*. Hablando estrictamente, los animales no pueden desobedecer a Dios, pero el hombre sí puede hacerlo. Está ubicado en lo más alto de la creación —pero también puede caer a lo más profundo. Los animales no pueden caer en pecado, pero el hombre sí puede y lo hizo.

4. Las funciones de sujeto y objeto de las cosas, una distinción que nos permite declarar que *todas las cosas dentro del cosmos funcionan en todos los aspectos modales* (esto es el *reconocimiento de la posición central del hombre en la realidad cósmica*).

¡Espero que esté empezando gustarle la filosofía cristiana!

Los núcleos

Demos ahora un paso adelante tratando de formular la esencia, el núcleo, de todo aspecto modal. Eso puede parecer fácil. La esencia del aspecto aritmético es el *número*, la del aspecto espacial es la *forma extendida*, la del aspecto cinemático es el *movimiento*, la del aspecto dinámico es la *fuerza*, la del aspecto biótico es la *vida*, etcétera. Sin embargo, un gran peligro acecha aquí porque cada uno de estos términos pue-

LA REALIDAD CÓSMICA Y LA LEY DE DIOS   99

de referirse a algo "parecido a una cosa". Le dije antes cuán fácilmente se confunde el "lado cosa" de la realidad con su "lado aspecto". Es verdadero decir que los números, la espacialidad, los movimientos, las fuerzas y la vida no tienen un ser independiente; en este sentido no son cosas. Pero tienen un carácter "parecido a una cosa" en el sentido de que podemos hablar de este o aquel número (o forma, movimiento, fuerza, vida). Y éste o aquel número (o forma espacial, movimiento, fuerza, vida) nunca puede ser el núcleo de un *aspecto modal*.

Es muy difícil formular la esencia de un aspecto modal de tal modo que evite la más pequeña posibilidad de confundirlo con algo "parecido una cosa". Las cosas se mueven; están sometidas al movimiento. Esto pertenece al "lado cosa" de la realidad. En el "lado aspecto" de la realidad podríamos decir algo como esto: la realidad tiene un aspecto de movimiento en que todas las cosas se pueden mover, o ser movidas. Así como tiene un aspecto numérico en que las cosas pueden ser contadas, tiene un aspecto de fuerza, un aspecto de vida, etcétera.

Por lo que a mí concierne, prefiero apegarme a los adjetivos mencionados: hay en la realidad un aspecto espacial, uno lógico, uno económico, etcétera, sin usar sustantivos que inducen a error. En el mejor de los casos, podría ilustrar la esencia de estos aspectos agregando algo como esto: el aspecto sensitivo tiene que ver con el lado sentimiento de la realidad, el aspecto lingual tiene que ver con el lado de la significación simbólica, el aspecto económico con el lado del valor y el equilibrio, el aspecto estético con el lado de la armonía y la belleza, el aspecto jurídico con el lado de la justicia, el aspecto ético con el lado del amor, y el aspecto pístico con el lado de la creencia o la confianza de la realidad cósmica.

Déjeme clarificar este punto usando algunas ilustraciones simples. Las cosas tienen una cierta belleza (o fealdad, para el caso); esto es, funcionan en el aspecto estético, o tienen una función estética. Los actos humanos tienen un carácter amoroso —o no tan amoroso—; esto es, funcionan en el aspecto ético o tienen una función ética. Los estados de cosas siempre tienen un aspecto legal; esto es, funcionan en el aspecto jurídico o tienen una función jurídica. Pero mantenga aparte siempre las cosas y los aspectos modales. Son como dos dimensiones diferentes de la realidad, perpendiculares entre sí. Puede ubicarlas en un cuadro con las "cosas" en el eje horizontal, y los "aspectos" en el eje vertical. Si usted tiene, digamos, doce "cosas" diferentes en el eje horizontal (el número es arbitrario), trazadas en contra de nuestros dieciséis "aspectos", usted obtiene que doce por dieciséis es igual a ciento noventa y dos pequeños cuadros, cada uno con su propio significado específico. ¡Pero nunca confunda el eje horizontal con el eje vertical!

Le recomiendo que juegue con estas ideas —cosas y aspectos— hasta que pueda decir que usted ha realmente dominado esta complicada distinción entre el "lado cosa" y el "lado aspecto" de la realidad cósmica. ¡Puedo decirle que incluso filósofos cristianos experimentados todavía la confunden de vez en vez!

Las analogías

Voy ahora a complicar las cosas aún más. ¡Nunca afirmé que la filosofía cristiana, o la filosofía en general fuese una cosa simple!

LA REALIDAD CÓSMICA Y LA LEY DE DIOS   101

Considere, por ejemplo, un término como *fuerza*. ¿En qué aspecto modal pensaría usted de inmediato cuando escucha este término? Supondría que en el aspecto dinámico. Pensaría usted que *fuerza* es un término típicamente dinámico. Pero espere un segundo. También hablamos de sentimientos "fuertes", un argumento "fuerte", un desarrollo histórico "fuerte", un dicho "fuerte", un vínculo "fuerte" entre ciertas personas, un mercado "fuerte", un "fuerte" sentido de la belleza (o de la justicia o de la moralidad), y una fe "fuerte". En ninguno de estos casos estamos tratando con una fuerza o energía que pudiese ser expresada en newtons o joules. Por el contrario, estos son, respectivamente, ejemplos de fuerza sensitiva, lógica, histórica, lingual, social, económica, estética, jurídica, ética y pística.

Encontramos que hay *fuerza* que puede ser expresada en newtons, y hay *fuerza* que no puede serlo. ¿A qué tipo de fenómeno nos estamos enfrentando aquí? Algunos pueden argumentar que, en los casos mencionados, es una cuestión de metáforas. Pero eso es demasiado simple. En alguna medida, las metáforas siempre tienen un carácter arbitrario. Si hablamos de un "corazón roto", o decimos que "están lloviendo gatos y perros" usamos metáforas. Es característico de las metáforas que pueden ser fácilmente reemplazadas por otras expresiones. Pero cuando hablamos de sentimientos "fuertes", de un mercado "fuerte", o de una fe "fuerte", descubrimos que es virtualmente imposible reemplazar la palabra "fuerte" aquí con otra palabra que no sea un sinónimo. Parece que "fuerte" es desde luego un término que de un modo u otro encuentra un lugar en todo aspecto modal. En el aspecto energético encontramos "fuerte" en su sentido original (regla general: es siempre la fuerza/energía la que puede ser medida en newtons o joules). En los otros aspectos, encontramos "fuerza" en lo que llamamos un sentido *analógico*.

Las *analogías* desempeñan un papel importante en la teoría de los aspectos modales, pero también en todas las ciencias especiales. Resulta que todos los aspectos modales están entrelazados porque dentro de cada aspecto encontramos analogías con todos los otros aspectos. Si hay dieciséis aspectos, esto significa que hay, en principio quince analogías dentro de cada aspecto; ¡cuando multiplicamos dieciséis aspectos por quince analogías, obtenemos un total de doscientas cuarenta analogías!

Mire los ejemplos mencionados: con la noción de sentimientos fuertes estamos tratando con una analogía dinámica dentro del aspecto sensitivo. Los sentimientos fuertes son primariamente un asunto sensitivo, pero con referencia a la modalidad dinámica. En un argumento fuerte, o en los términos de un argumento contundente, encontramos una analogía dinámica dentro del aspecto lógico. En un desarrollo histórico fuerte encontramos una analogía dinámica dentro del aspecto histórico. En un dicho fuerte encontramos una analogía dinámica con el aspecto lingual. En un fuerte vínculo entre ciertas personas encontramos una analogía dinámica dentro del aspecto social. En un mercado fuerte encontramos una analogía dinámica dentro del aspecto económico. En una fe fuerte encontramos una analogía dinámica dentro del aspecto pístico.

En todos estos casos, determine primeramente el aspecto característico del tópico, y luego encuentre el aspecto al cual se hace referencia. De este modo se puede encontrar pares interesantes: en un mercado fuerte encontramos una

LA REALIDAD CÓSMICA Y LA LEY DE DIOS 103

analogía dinámica dentro del aspecto económico, pero en una división equilibrada de fuerzas dentro de una máquina tenemos lo opuesto: una analogía económica dentro del aspecto dinámico.

Tomemos también algunos ejemplos de una sola modalidad, digamos la lógica. En pensamientos multiplicados tenemos que ver con una analogía aritmética dentro de la modalidad lógica, y así consecutivamente: espacio de pensamiento (espacial); "sus pensamientos se movieron de este modo" (cinemática); "siento que esto está correcto" (sensitiva); "vida del pensamiento" (en alemán: *Denkleben*; neerlandés: *denkleven*; biótica); pensamiento balanceado (económica); pensamientos bellos (estética); pensamiento de fe (en alemán: *Glaubsdenken*; en neerlandés: *geloofsdenken*; pística).

¡Trate de desarrollar algunos otros ejemplos usted mismo!

La ley como límite

En la filosofía cristiana a veces hablamos de la ley como límite entre Dios y el cosmos. Dios se halla en un lado de este límite, esto es, está por encima de la ley; mientras que el cosmos se halla en el otro lado de este límite, esto es, toda realidad creada está bajo la ley. Dios es el Legislador; el cosmos es aquello a lo cual se ha dado la ley. Nada que sea divino se halla bajo la ley, y nada que haya sido creado se halla por encima de la ley. Por favor tome nota: como hombre, Jesús está bajo el orden nómico, pero como el Hijo, en quien y a través de quien Dios creó todas las cosas, se halla por encima del orden nómico.

En esta terminología, la palabra *límite* no ha de tomarse en un sentido espacial, como si usted pudiera proporcionar las coordenadas para este límite. Como tal, el término *límite* es un término espacial, pero aquí lo usamos solamente como una metáfora. No obstante, podemos preguntar si es una metáfora muy apropiada. Podría sugerir una línea divisoria entre Dios y su creación, y esa no es ciertamente mi intención. Este límite no solamente separa sino que también conecta. La ley también podría ser llamada el *punto de conexión* entre Dios y su cosmos.

No es fácil encontrar metáforas apropiadas aquí. Dooyeweerd mismo complica la cuestión al hablar también de la ley como un "lado" de la realidad cósmica: el "lado ley" es distinto del "lado sujeto" o "lado factual" de la misma (recuerde el comienzo de este capítulo). El hecho de que *leyes* y *cosas* son inseparables se expresa más adecuadamente en esta terminología. Estos son dos "lados" de la misma creación que son tan inseparables como los dos lados de una moneda: las cosas están bajo leyes, y las leyes son válidas para las cosas.

Es interesante que podamos concluir que, al hablar de la ley como límite, estamos enfatizando el aspecto *increado* de la ley: es la misma Palabra de Dios *para* la creación. Su palabra no es creada sino hablada; es la Palabra de su propia boca. Sin embargo, cuando hablamos de la ley como "lado", estamos subrayando el aspecto *creado* de la ley: el lado ley es un "lado" de la creación como tal.

Las leyes en este sentido no son como la ley sinaítica, "un yugo que ni nuestros padres ni nosotros hemos podido llevar" (Hch. 15:10). Las leyes no han sido dadas para hacer miserable la existencia de las cosas, sino para hacerlas en lo absoluto *posibles*. Todas las cosas (incluyendo las cosas vivas) tienen una cierta estructura que funciona como una especie

LA REALIDAD CÓSMICA Y LA LEY DE DIOS 105

de ley para ellas (véase el capítulo 5). Es algo así como esto: "si quieres ser un elefante, necesitas ser un mamífero enorme con una piel gruesa y un tronco grande y muy versátil". Las leyes son maneras de describir cómo funcionan las cosas. Los perros ladran, de otra manera no serían perros. Eso es un modo de describir una función. Puede convertir ésta en una ley: "si quieres ser un perro, una de las condiciones es que ladres. Ladrar te identifica como un perro". No hay cosas sin leyes que las definan y condicionen su estructura, sin leyes que las hagan ser lo que son. No hay cosas sin leyes, así como no hay leyes sin cosas que las obedezcan.

Así que usted ve que los términos "lado ley" y "lado sujeto" son muy útiles. Pero, de hecho, el término *límite* es también útil. Nos ayuda a distinguir entre lo que está por encima y por debajo de este límite. Si usted no hace esta distinción, puede enredarse en problemas de todo tipo. Por ejemplo, al eliminar este límite entre Dios y su creación, termina usted en el panteísmo (Dios y el cosmos son idénticos). Ese es un error usted podría cometer. Otros filósofos han cometido el error de elevar a ciertos elementos de la creación por encima del límite como si fuesen divinos, sugiriendo, por ejemplo —como lo hicieron los filósofos escolásticos—, que la razón humana no está afectada por el pecado. En contra de esto, la filosofía cristiana mantiene que *toda* la realidad cósmica fue afectada por el pecado a través de la caída del hombre, y que exentar partes de ella equivale a deificar estas partes. Todo por encima del límite carece de pecado, todo por debajo del límite está afectado por el pecado. (Jesús como hombre no fue afectado por el pecado, pero compartió nuestra carne que, en nosotros, era una carne pecaminosa; *cfr.* He. 2:14; Ro. 8:3.)

Otros pensadores han cometido el error opuesto, tratando de jalar a Dios hacia abajo del límite. Por ejemplo, si usted sostiene que Dios actúa a veces, o parece actuar, de un modo arbitrario, usted lo pone bajo la ley. Para entender esto, considere el hecho de que solamente si usted se halla bajo la ley puede usted establecer si su conducta es conforme a la ley, o si es arbitraria. Ciertas acciones de Dios podrían ser consideradas arbitrarias sólo si otras de sus acciones pudieran ser consideradas conformes a la ley. Pero eso es imposible porque Dios se halla por encima de la ley.

El gran reformador Juan Calvino profirió este famoso enunciado acerca de Dios: *Deus legibus solutus est, sed non este lex*, "Dios está libre (o por encima de) las leyes pero no es anárquico"; esto es, nunca podría actuar de un modo arbitrario. Siempre es fiel a sí mismo; él "no puede negarse a sí mismo" (*cfr.* 2 Ti. 2:13).

Estructura y dirección

La filosofía cristiana hace una importante distinción entre *estructura* y *dirección* (Vollenhoven). El término *estructura* tiene que ver con las estructuras creacionales, las leyes estructurales que Dios ha instituido para las diferentes criaturas y las modalidades cósmicas. La *dirección* es una dimensión que es, por así decirlo, perpendicular a la de la estructura; involucra la dirección de cualquier entidad, evento o estado de cosas. Hay numerosas estructuras, pero hay solamente dos direcciones: o bien la dirección positiva hacia el creador y su honor, o la dirección apóstata, alejada del creador, para su deshonra.

Con la ayuda de estas dos dimensiones podemos ahora explicar cómo la caída del hombre ha cambiado la *dirección* del corazón humano. El corazón natural del hombre, esto es no redimido, ya no está dirigido hacia Dios y su honor sino que de una manera apóstata se alejó del creador dirigiéndose hacia los falsos dioses. Sin embargo, la caída no cambió la dimensión *estructural* de la realidad cósmica porque eso significaría que el orden nómico habría cambiado. ¿Cómo podría el pecado cambiar la propia Palabra de Dios, poderosa y permanente? El pecado no alteró las ordenanzas de Dios, sino el funcionamiento de las criaturas bajo estas ordenanzas. Si el pecado hubiese perturbado el orden nómico también, esto implicaría que la caída del hombre habría destruido la misma naturaleza de la creación. Eso hubiera significado que el pecado y Satanás desempeñaban un papel autónomo en contra de Dios, una pretensión que afectaría la misma soberanía de Dios. La ley no ha cambiado sino que es el funcionamiento del hombre bajo la ley lo que ha cambiado.

También después de la caída, las leyes a las que está sujeta la realidad podían todavía ser llamadas ordenanzas creacionales. Todavía son las leyes originales tal y como Dios las ha instituido para la creación. En la manera en que Dios ha mantenido el orden nómico cósmico, también después de la caída, resaltan su gracia y fidelidad federal hacia la humanidad caída. Por esta fidelidad, él causa que salga el sol sobre los buenos y los malos, y envía lluvia sobre los justos y los injustos (Mt. 5:45). Por esta gracia, la naturaleza y la sociedad humana después de la caída no han sido abandonadas al poder del mal. Como consecuencia, no se han desmoronado sino que han permanecido intactas. Esta gracia ha sido llamada la "gracia común" de Dios, la cual ha de ser distinguida de la "gracia especial" que viene a la luz en la redención.

En resumen, no son las estructuras lo que ha cambiado, sino la dirección del corazón humano, el cual se ha alejado de Dios y su ley. El hombre natural puede todavía hablar de una manera lingüísticamente correcta, pero su lenguaje es básicamente idólatra. Todavía forma relaciones sociales apropiadas, pero la dirección religiosa esencial de ellas está alejada de Dios. El hombre natural todavía hace ciencia, frecuentemente de una manera magnífica, pero su ciencia también está principalmente dirigida a dioses falsos. El hombre natural y el hombre regenerado se hallan todavía bajo el mismo orden nómico divino, pero viven a partir de diferentes elecciones direccionales del corazón. En el pensar, el hablar y el actuar de ambos grupos, están presupuestas las normas y los principios de la ley de Dios. Pero mientras que la persona dirigida hacia Dios ha elegido la obediencia a estas normas como la base de su vida —aunque en la práctica pueda fallar en esto— la persona dirigida hacia los ídolos vive de modo parasítico de la ley de Dios en desobediencia. El hombre natural es un parásito porque, a través de la "gracia común" de Dios, la ley de Dios sustenta también su vida, mientras que intenta vivir como si sólo sus propias leyes valiesen para él. El pecado siempre presupone la ley de Dios pues la desobediencia a Dios implícitamente refiere a las leyes divinas que no están siendo obedecidas. Así que el daño de, digamos, mentir o robar, implícitamente se refiere a las normas "no mentirás" o "no robarás".

Pecado y redención

Debido a que el hombre es la cabeza y mayordomo de la creación, el pecado tiene un efecto sobre toda la *cultura*, un término que se refiere a toda la acción humana a través de la cual se despliegan las potencialidades de la creación. Sin embargo, el pecado también tiene un efecto sobre los fenómenos naturales. No fueron las leyes naturales las que cambiaron, sino la acción humana en la naturaleza. Vemos esto en el modo en el que el hombre activamente daña la naturaleza —explotación, contaminación, manejo inapropiado, destrucción— o experimenta pasivamente el fracaso en el manejo de la naturaleza y el control de los fenómenos naturales. En realidad, es del *mandato cultural* del hombre de lo que estamos hablando (véase el capítulo 5): como mayordomo fracasa miserablemente en la tarea que tiene con respecto a la naturaleza. Sin embargo, para el estudio estrictamente científico de la naturaleza, este hecho no hace ninguna diferencia. La razón es que la ciencia natural lo que busca es develar el orden cósmico de las leyes naturales, y estas no cambiaron debido a la caída del hombre.

Como ya lo he dicho, en y a través de Cristo, el Hijo de Dios, fueron creadas todas las cosas; y a través de Cristo, el Hijo del hombre, todas las cosas son redimidas y restauradas para Dios. Si el orden nómico no cambió debido a la caída, no hay necesidad de ninguna redención del orden nómico. Aquello que es redimido es el hombre bajo el orden nómico y la creación que bajo la influencia del hombre cayó bajo el poder del pecado. Por lo tanto, esta nueva creación no es un mundo gobernado por un nuevo orden nómico divino. No: es un mundo en el que la dirección apóstata del corazón humano y la subsecuente corrupción del mundo es redirigida hacia Dios. Esto tiene lugar sobre la base de la obra expiatoria de Cristo, a partir de la fe del hombre arrepentido y por el Espíritu Santo. Debido a esta redirección hacia Dios, podemos hablar de un pueblo dirigido hacia Dios, que ha elegido la obediencia a la ley de Dios como principio de su vida. Hablamos de *principio* porque la realización de esta obediencia en la práctica es frecuentemente todavía pecaminosa.

Tales personas dirigidas hacia Dios (redimidas, creyentes) son aquellas que toman en serio nuevamente el llamamiento de la Palabra de Dios y llevan esto a cabo de una manera práctica. Para ellos esto significa ser seguidores (discípulos) de Cristo, ciudadanos súbditos de su reino (*cfr.* Mt. 28:18-20; Ro. 14:17-18; Col. 1:13), a través del poder del Espíritu Santo (*cfr.* 1 Co. 4:20). Ya ahora, antes de la segunda venida de Cristo, esto implica la manifestación y diseminación del Reino de Dios por todo el mundo.

Como dije, la ciencia está orientada hacia un orden nómico que no fue afectado por el pecado. Pero el modo en que la ciencia se hace ha sido definitivamnente afectado por el pecado, al igual que cualquier otra actividad humana. Por lo tanto, la redención del hombre involucra también una purificación del modo en que trata con la naturaleza y la cultura, y del modo en que las investiga científicamente. Sin embargo, aquí también permanece presente el poder del pecado. Sólo al final de la historia será el poder del pecado definitivamente quebrantado y destruido (*cfr.* Jn. 1:29). Sólo entonces todas las cosas responderán perfectamente al llamamiento de la ley de Dios. ¡Incluso la ciencia será redimida!

LA REALIDAD CÓSMICA Y LA LEY DE DIOS					111

Preguntas para revisión

(1) Explique la diferencia entre el "mundo ordenado" y el "orden del mundo".

(2) ¿Cuál es una diferencia importante entre las leyes de las esferas nómicas inferiores (las naturales) y las de las esferas nómicas más altas (las espiritivas)?

(3) Dé algunas ilustraciones de la diferencia entre leyes naturales y normas espiritivas.

(4) ¿Por qué es importante distinguir entre lo que son las leyes naturales y las normas espiritivas, por un lado, y nuestro conocimiento de ellas, por el otro?

(5) Explique e ilustre las funciones sujeto y las funciones objeto.

(6) ¿Qué significa decir: "todas las cosas funcionan en todos los aspectos modales, ya sea como sujetos o como objetos"?

(7) ¿Por qué los seres humanos carecen de funciones objeto? Qué significa que solamente los seres humanos funcionan como sujetos en todos los dieciséis aspectos modales?

(8) Enliste algunos puntos filosóficos importantes en los que la filosofía cristiana difiere de otras filosofías.

(9) Explique cómo es que obtenemos un total de doscientas cuarenta analogías o sentidos analógicos para describir la realidad cósmica.

(10) ¿En que sentido ha sido usado el término límite en este capítulo, y por qué podría ser llamado necesario y útil para una filosofía cristiana?

(11) ¿Cuál es el sentido e importancia de los términos estructura y dirección como se describen en este capítulo?

(12) ¿Por qué son importantes las ideas de estructura y dirección para entender, por ejemplo, el pecado y la redención? ¿Por qué son importantes estas ideas para hacer ciencia?

CAPÍTULO 5

UNA VISIÓN CRISTIANA DEL ENTE

He tratado en los capítulos previos de darle alguna idea del "lado aspecto" de la realidad cósmica. Hemos distinguido dieciséis aspectos modales y hemos mirado la fascinante teoría de que *todas* las cosas en la realidad cósmica funcionan en *todos* los dieciséis aspectos. Esto es el caso si permite usted no solamente funciones de sujeto, sino también funciones de objeto.

Ha llegado el tiempo de que pasemos del "lado aspecto" al "lado cosa" de la realidad. Puede sonar tonto pero la pregunta que quiero plantearle es: ¿Qué son las cosas? En filosofía usted tiene que acostumbrarse a preguntas que pueden sonar tontas o autoevidentes. Esto se debe a que los filósofos no quieren dar nada por sentado. En su perspectiva, nada es autoevidente. Es por ello que siempre preguntan: ¿qué es esto?, ¿por qué es esto? y ¿para qué es esto?

No hay problema si usted carece de sensibilidad para este tipo de preguntas. Indudablemente posee usted otros dones. Pero los filósofos, o aquellos que tienen los dones para convertirse en filósofos, *aman* estas preguntas. Poseen el poco común don de *maravillarse*. "Detente, y considera las maravillas de Dios" (Job 37:14b). Ya el gran filósofo griego Platón (429-347 a.C.) había dicho que toda filosofía empieza con esta capacidad de maravillarse, de ser sorprendido por las cosas, los eventos y los estados de cosas que aparecen a otras personas como autoevidentes. Ésta es la habilidad de no dar nada por sentado sino siempre hacer preguntas que otras personas no reconocen como problemas válidos y significativos.

Así que puede pensar que ya *sabe* que es una cosa, pero piense acerca de ello. ¿Cómo *definiría* una cosa? Quiero decir "cosa" en el sentido más amplio del término, incluyendo plantas, animales y humanos. Es extraño llamar "cosa" a un humano, así que usemos un término más filosófico: *ente*. Esta palabra proviene del latín *ens*, el cual significa "ser". Un ente es algo que "es", algo que existe dentro de nuestra realidad empírica.

Para definir cosas, debemos primeramente definir *definir*. (Como ve de nuevo, ¡nada es autoevidente!). Desde el tiempo del pupilo de Platón, ese otro gran filósofo, Aristóteles (384-322 a.C.), hacemos esto refiriéndonos primeramente a una categoría más alta (en latín: *genus proximum*), y luego señalamos en qué respectos esta cosa difiere de otras cosas dentro de esta categoría (en latín: *differentia specifica*). Por ejemplo, los elefantes son mamíferos con una probóscide altamente versátil. El *genus proximum* es aquí mamíferos y la diferencia específica (o respecto en el que los elefantes difieren de todos los otros mamíferos) es "tener una probóscide altamente versátil" (no meramente "tener una probóscide, pues los osos hormigueros y los tapires también tienen probóscide).

Si esto es lo que significa *definir*, ¿podemos definir entes del mismo modo? Intentémoslo. Los entes son criaturas empíricas; esto es criaturas dentro de nuestra realidad empírica. El *genus proximum* es criaturas (cosas y seres creados por Dios), y la diferencia específica es empíricas (las cosas y los

VISIÓN CRISTIANA DEL ENTE

seres que pueden ser observados por los humanos). Esto excluye a los ángeles porque ellos no pertenecen a nuestra realidad empírica (dejando de lado el hecho de que algunas personas *han* visto ángeles —pero éstas fueron de hecho *apariciones* de ángeles que entraron temporalmente en nuestro mundo empírico).

Déjeme agregar inmediatamente una cuestión aquí que no debiera de ser pasada por alto. Usted tiene que distinguir entre entes y propiedades de entes. Una emoción no es un ente —es un estado en el que ciertas entidades, a saber animales superiores y humanos, pueden estar viviendo en un momento dado. La regla general es que un ente genuino siempre funciona en todos los dieciséis aspectos de la realidad cósmica mientras que, por ejemplo, una emoción no lo hace. Está conectada solamente con una función; a saber, la función sensitiva. La emoción no es una cosa, sino que refiere al aspecto sensitivo de las cosas (véase el capítulo previo).

Tipos de entes

Para alcanzar una clasificación útil de los entes, hagamos uso de la muy útil teoría de los aspectos modales. Empecemos distinguiendo cinco categorías o clases:

(1) *Las cosas inanimadas*, tales como los arroyos y las piedras, tienen funciones de sujeto en las primeras cuatro modalidades (aritmética, espacial, cinemática y dinámica), y funciones de objeto en todas las modalidades más altas, desde la biótica hasta la modalidad pística. La modalidad más *característica*; esto es, la que mejor describe la naturaleza de las cosas inanimadas, es su función de sujeto más alta: la modalidad

dinámica. Podríamos decir que las cosas inanimadas son entes dinámicamente cualificados —en breve, dinámicos — sin olvidar, ni por un momento que *siempre* funcionan en *todas* las modalidades.

(2) *Las plantas* tienen funciones de sujeto en las primeras *cinco* modalidades (aritmética, espacial, cinemática, dinámica y biótica), y tienen funciones de objeto en todas las modalidades más altas. La modalidad más *característica*, esto es la que mejor describe la naturaleza de las plantas, es su función de sujeto más alta: la modalidad biótica. Podríamos decir que las plantas son entes bióticamente cualificados —en breve, bióticos—, y nuevamente recordamos que las plantas funcionan en todas las modalidades; el aspecto biótico es meramente el cualificador. (Como siempre en este libro, "cualificador" significa "que expresa su cualidad"; esto es, su ser tal y tal.)

(3) *Los animales inferiores* tienen funciones de sujeto en las primeras seis modalidades (aritmética, espacial, cinemática, dinámica, biótica y perceptiva), y tienen funciones objeto en todas las modalidades más altas. La modalidad más *característica*, esto es, la que mejor describe la naturaleza de los animales inferiores, es su función de sujeto más alta: la modalidad perceptiva. Podríamos decir que los animales inferiores son entes perceptivos, esto es, entes que pueden percibir, pero carecen de verdaderos afectos y emociones.

(4) *Los animales superiores* tienen funciones de sujeto en las primeras *siete* modalidades (aritmética, espacial, cinemática, dinámica, biótica, perceptiva y sensitiva),

y funciones de objeto en todas las modalidades más altas, desde la lógica hasta la pística. La modalidad más *característica*, esto es, la que mejor describe la naturaleza de los animales superiores, es su función de sujeto más alta: la modalidad sensitiva. Podríamos decir que los animales superiores son entes sensitivos, esto es, entes que no solamente pueden percibir, sino también tienen verdaderos afectos y emociones.

(5) *Los humanos* tienen funciones de sujeto en todas las dieciséis modalidades, y carecen de funciones de objeto. Es interesante que en este caso la modalidad más *característica*; esto es, la que mejor describe la naturaleza de los humanos, no es su función sujeto más alta: la modalidad pística (como Vollenhoven sostuvo originalmente; posteriormente cambió de opinión). Ello es el caso, en primer lugar, porque las actividades mentales del hombre pueden ser cualificadas por cualquiera de las modalidades espirituales y, en segundo lugar, porque los humanos están en la posición única de ser más que meramente la suma de sus dieciséis funciones de sujeto. Regresaremos a este punto esencial en el siguiente capítulo, donde presentaremos una breve introducción a la antropología filosófica cristiana.

Por supuesto, esta división en cinco categorías puede refinarse mucho más. Hay numerosos tipos de cosas inanimadas, numerosas especies y géneros entre las plantas y los animales, y varias razas entre los humanos. Pero éste es un asunto que debe ser estudiado por las ciencias especiales, así que no habremos de investigar este tema en este libro.

Por lo pronto, puede usted haber llegado a entender que, como filósofos cristianos, estamos particularmente interesados en las funciones de objeto de las cosas inanimadas y de los seres vivos. La razón es que, como expliqué anteriormente, estas funciones de objeto nos dicen mucho acerca de las relaciones que las cosas inanimadas y los seres vivos tienen con el hombre como corona de la creación.

Naturaleza y cultura

Este es un buen lugar para introducir otra bien conocida distinción brevemente mencionada antes: la distinción entre naturaleza y cultura. Digámoslo así: por un lado, la *naturaleza* es la totalidad de aquellas partes de la realidad cósmica que son vírgenes y prístinas, esto es no afectadas por el hombre. Por otro lado, la *cultura* es la totalidad de aquellas partes de la realidad cósmica que *han* sido afectadas por el hombre en un sentido positivo. *La cultura es naturaleza manipulada (manejada, configurada); es la naturaleza como ha sido elaborada o procesada por el hombre.*

Los cristianos creen que el hombre ha recibido un *mandato* divino para labrar la naturaleza: "Tomó, pues, Jehová Dios al hombre, y lo puso en el huerto de Edén, para que lo labrara y lo guardase" (Gn 2:15; *cfr.* 3:23, "Y lo sacó Jehová del huerto del Edén, para que labrase la tierra de que fue tomado"). Se puede interpretar que esta actividad significa labrar la naturaleza en el sentido más amplio. En este contexto, los teólogos y los filósofos cristianos, empezando con Abraham Kuyper (véase el capítulo 3), frecuentemente hablan de un *mandato cultural* que Dios le dio el hombre: la orden de labrar (darle forma) a la naturaleza. El resultado es la cultura, la cual varía desde la agricultura (note la palabra "cultura" aquí —"cultura" en su significado original) y la construcción de casas (arquitectura), caminos y puentes, al procesamiento industrial en los hogares (manualidades hogareñas), laboratorios y fábricas (tecnología), y las artes (música, artes visuales, literatura, etcétera). La cultura puede incluso incluir al hombre mismo; ejemplos obvios son la educación (la formación de personas jóvenes), el entrenamiento físico y mental, el fisiculturismo y el cultivo del cuerpo, y cosas por el estilo.

En la filosofía cristiana describimos la cultura como el modo específico en el que las *funciones de objeto* de los entes no humanos han sido abiertos por el hombre (dejando de lado la educación y el entrenamiento humanos por el momento). Los entes tienen enormes potencialidades, las cuales son desarrolladas por los humanos. Por así decirlo, el caballo estaba ya presente dentro del mármol antes de que Miguel Ángel lo extrajera; en nuestros términos, él *activó* la función de objeto estética del mármol de una manera espléndida. La casa de madera estaba ya presente en la madera antes de que el constructor la "develara"; en nuestros términos, el *activó* la función de objeto formativa de la madera de una manera experta. La rosa altamente cultivada estaba genéticamente ya presente en la silvestre rosa original; en estos términos, el jardinero *activó* las funciones de objeto sociales y estéticas de la rosa original de una manera inteligente.

Puede usted ver fácilmente que es altamente inadecuado describir el caballo de Miguel Ángel como una "cosa dinámica" (decir que la modalidad dinámica es la función de sujeto más alta del mármol). Del mismo modo, es altamente inadecuado describir la casa de madera del constructor o la rosa cultivada del jardinero como una "cosa biótica" (decir que la modalidad biótica es la función de sujeto más alta de la madera o la rosa). No: el caballo del mármol es primariamente una cosa estética, la casa de madera es primariamente una cosa *social*, y la rosa cultivada es por lo menos tanto social como estética.

Aquí encontramos un interesante estado de cosas. Con respecto a los productos culturales, nunca son las funciones *de sujeto* las que describen su verdadera naturaleza, sino ciertas funciones *de objeto*. El ámbito estético, al cual pertenecen el caballo de Miguel Ángel y las rosa del cultivador, abarca sujetos estéticos —éstos son siempre humanos, como Miguel Ángel y el jardinero, ambos artistas y expertos en arte— así como sus objetos estéticos: obras de arte, creadas por artistas, u obras creadas por cultivadores expertos (hermosas plantas y animales), así como reseñas críticas por expertos en arte.

He aquí otro ejemplo: El ámbito social abarca sujetos sociales —nuevamente, siempre humanos, en este caso actuando como seres sociales— así como sus objetos sociales: productos culturales que son esenciales a la vida social humana en el sentido más amplio, incluyendo casas, edificios públicos, modos de transporte, sistemas de telecomunicaciones, teléfonos móviles, etcétera.

Como habrá usted de comprender, podemos hablar de modo similar acerca del ámbito *lógico* (humanos además de objetos lógicos tales como edificios universitarios y manuales científicos), del ámbito *formativo* (humanos además de objetos formativos tales como logros históricos o productos técnicos), del ámbito *lingual* (humanos además de objetos linguales tales como diccionarios, pero también señales de tránsito, logos, etcétera), del ámbito *económico* (humanos además de objetos económicos tales como bancos, valores, monedas, billetes), del ámbito *diquético* (humanos además de objetos jurídicos tales como centros de ayuda legal, tribunales y prisiones), del ámbito *ético* (humanos además de objetos éticos tales como anillos de compromiso y regalos de cumpleaños), y del ámbito *pístico* (humanos además de objetos písticos tales como templos, púlpitos, pilas bautismales, sinagogas, mezquitas, templos, altares).

La noción de idionomía

Para entender la naturaleza de los entes, todavía no es suficiente la teoría tal y como la hemos investigado hasta aquí. Tenemos que dar otro paso hacia delante. Al final del capítulo previo expliqué que las leyes han sido dadas para hacer *posible* la existencia de las cosas. Todos los entes, incluyendo los organismos vivos, tienen una cierta estructura que funciona como una especie de ley para ellos. Usted puede decir que la cosa P tiene una estructura tal y tal. Puede decir que si usted quiere ser la cosa P, tiene que tener la estructura tal y tal. Esto es, la estructura de una cosa es al mismo tiempo una ley para esta cosa. Como dije antes, no hay cosas empíricas sin leyes que definan y condicionen o cualifiquen su estructura, leyes que las hacen ser lo que son.

En esta conexión, Dooyeweerd habló de las "estructuras de individualidad" de los entes. Otros han sugerido términos como "estructuras de identidad" o "*idionomía*" (Piet Verburg). La palabra griega *idios* significa "propio a", y *nomos* significa "ley". Una *idionomía* es la ley que es propia a un cierto ente (o más precisamente, a una *clase* de entes), la ley que hace que el ente sea el ente que es, que describe su estructura. Me gusta el término *idionomía* porque es agradable y breve. "Individualidad" puede conducir a error aquí porque la referencia no es a entidades individuales específicas sino a clases de entidades. La estructura de individualidad (idionomía) de los caballos se refiere a *todos* los caballos, no a su caballo específico. Esto es, la idionomía es una especie de ley que hace ser caballos a todos los caballos, no nada más a su caballo: "si quieres ser un caballo, tienes que cumplir las condiciones, A, B y C".

La idionomía de una cierta entidad está caracterizada por ciertos aspectos modales específicos. En primer lugar, las cosas inanimadas, junto con las plantas y los animales, siempre tienen lo que es llamado una función *fundamental*. De acuerdo con una concepción posterior de Dooyeweerd, en las cosas tangibles (cosas inanimadas, plantas, animales) esta función fundamental es la función espacial: cada una de estas cosas es una *res extensa*, una cosa "extendida"; esto es, una cosa que ocupa espacio (*cfr.* Descartes).

En segundo lugar, en la terminología de Dooyeweerd, cada cosa tiene también una función *cualificadora*, la cual indica su "cualidad" (su ser tal y tal, su verdadera naturaleza). Ésta es siempre la función de *sujeto* más alta. En su automóvil, esta función cualificadora es la función dinámica. En su planta ornamental, ésta es la función biótica. Tanto en su vaca lechera campeona como en su perro faldero, ésta es la función sensitiva.

En tercer lugar, en el uso que hace el hombre de ellos, tales entes también tienen lo que es llamado la función de *destinación*; esto indica la destinación (el propósito) de una entidad dentro de la vida humana. Para su automóvil, ésta es la función social (porque los automóviles, al igual que los peatones y los ciclistas, participan en el tránsito de la calle). Para su planta ornamental, ésta es la función estética.

Para su vaca lechera campeona, ésta es la función económica. Para su perro faldero, ésta es la función ética (porque la característica de un perro faldero es que es querido por su dueño). Y así con la mayoría de las cosas —pues el hombre puede usar todas las cosas— la idionomía está caracterizada por al menos dos funciones modales: la función fundamental y la función de destinación. Para los automóviles, éstas son las funciones dinámica y social, respectivamente; para las plantas de ornato, las funciones biótica y la estética; para las vacas lecheras campeonas, las funciones sensitiva y económica; y para los perros falderos las funciones sensitiva y ética.

Cuando las cosas naturales (cosas inanimadas, plantas, animales) son culturalmente manipuladas (elaboradas, procesadas), obtenemos productos culturales. En tales productos hay incluso una cuarta función modal que destaca. Esta función puede ser llamada la función *típica*. (Los nombres reales no son tan importante en tanto que sea usted consistente en el modo en que los usa.) En las entidades culturales, ésta es siempre la función formativa: las cosas inanimadas, junto con las plantas y los animales, pueden ser formados (configurados, manipulados, procesados; los animales también pueden ser educados, entrenados) para un cierto propósito.

Note por favor que, a fin de cuentas, las idionomías no pueden ser aprehendidas conceptualmente. Usamos la teoría de los aspectos modales para aproximarnos a la materia, para tener una idea de lo que son las idionomías. Hasta cierto punto, usted puede incluso definirlas: un automóvil es un modo de transporte motorizado de cuatro ruedas que tiene asientos para no más de seis personas. Un perro es un carnívoro que ladra. Pero ¿sabe usted ahora qué es un *automóvil* o un *perro*? En el mejor de los casos puede usted formarse una idea de ellos, incluso una idea racional porque usted puede argumentar acerca de ellos. Al mismo tiempo, su idea de ellos trasciende la totalidad de los aspectos modales como lo hacen todos los asuntos de los cuales solamente podemos formar una idea. Piense en los núcleos de los varios aspectos modales. Éstos ni siquiera pueden ser definidos, porque no hay un *genus proximum* al cual pudiéramos referirlos. Solamente podemos formarnos una idea de ellos.

Encapsis

Seguiremos avanzando y ahora daremos otro gran paso. Considere el automóvil una vez más. Consiste principalmente de acero, una aleación de hierro y carbón, más quizá algo de madera, algún textil o piel, y algunos materiales sintéticos. No hay duda de que este acero tiene su propia idionomía. Como tal, funciona en todos los dieciséis aspectos modales de la realidad cósmica, independientemente de la pregunta de qué cosa ha sido hecha a partir de este acero. ¡Tanto el acero como el automóvil tiene su propias idionomía! Hay un solo automóvil, pero parece que debemos suponer que posee al menos dos idionomías diferentes.

Más aún, estas dos idionomías están entrelazadas de un modo específico, que Dooyeweerd ha descrito con el término *encapsis*. Este término puede recordarle la palabra *encapsulado*. Significa que una cierta materia puede ser encapsulada dentro de alguna otra materia. De modo paralelo, podríamos decir que la idionomía del acero está encapsulada dentro de la idionomía del automóvil. En otras palabras hay un entrelazamiento encáptico de las dos idionomías.

En realidad, en la filosofía cristiana usamos la palabra *encapsis* para muchas formas diferentes de tal entrelazamiento. Por ejemplo, usamos el término para la *encapsis simbiótica* como en el caso de la planta de la yuca y la mariposa de la yuca. O lo usamos para la *encapsis correlativa* como la que se da entre un ser vivo y su hábitat, o una iglesia y un estado. O hablamos de una *encapsis sujeto-objeto*, como en el caso del caracol y su concha, o la araña y su tela.

Es muy importante entender esta noción de encapsis de un modo correcto. Por ejemplo, hay una relación encáptica entre una tortuga y su concha, pero esto no significa que la concha sea una "parte" de la tortuga. He aquí una regla general: ¡tienen diferentes idionomías! La concha está dinámicamente cualificada, pero la tortuga está perceptivamente cualificada. Este es un punto importante que usted tiene que observar muy cuidadosamente. Considere una célula viva, la cual siempre tiene partes claras, tales como el núcleo y la mitocondria; son partes de la célula porque derivan su (bióticamente cualificada) idionomía de la célula como un todo. Pero las moléculas dentro de la célula *no* son partes de ella, pues tienen una (dinámicamente cualificada) idionomía propia. Su idionomía dinámica está encapsulada dentro de, o está encápticamente entrelazada con, la idionomía biótica de la célula.

En realidad, en mi opinión, de todos los tipos de encapsis, éste es el más interesante. Nos referimos a él como *encapsis fundamental*. Esto es, una idionomía forma un fundamento para otra idionomía; juntas forman un *todo encáptico*. La idionomía de las moléculas dentro de la célula forma el fundamento para la idionomía de la célula como tal. Sin esta idionomía —sin moléculas— no podría haber célula. Al mismo tiempo, la célula es mucho más que la suma total de sus moléculas. Tiene una idionomía propia que está cualificada por el aspecto biótico, mientras que la idionomía de las moléculas está cualificada por el aspecto dinámico.

Es lo mismo con el ejemplo del automóvil arriba mencionado; la diferencia es que éste no es un ejemplo natural, como la célula, sino un ejemplo cultural: el automóvil es un producto hecho por el hombre. La idionomía del acero está fundamentalmente encapsulada dentro de la idionomía del automóvil; nuevamente, juntas forman un *todo encáptico*. Sin el acero, no hay automóvil. Pero el automóvil es mucho más que una cantidad de acero (y algunos otros productos). La organización de un automóvil, su estructura, no puede ser derivada de la estructura del acero; es algo que le es propio. La estructura del automóvil está sobrepuesta a la estructura del acero, como la estructura de una catedral está sobrepuesta a la estructura de los ladrillos. Las idionomías están entrelazadas, pero permanecen siendo distintas.

Es muy diferente en los casos de la planta ornamental, la vaca lechera campeona, o el perro faldero, porque ellos no involucran algún tipo de encapsis fundamental sino más bien alguna forma de encapsis correlativa con su entorno. No hay un *todo encáptico* involucrado.

Observe por favor que, al igual que las moléculas en la célula viviente, el acero y otros materiales de construcción no son partes del automóvil. Partes del automóvil son el motor, los asientos, el volante, etcétera, todos los cuales derivan su idionomía de la idionomía del automóvil como un todo. Pero el acero no es una parte porque tiene su propia idionomía —una idionomía que, como he dicho, está fundamentalmente encapsulada dentro de la idionomía del automóvil.

VISIÓN CRISTIANA DEL ENTE 127

La idionomía del acero está dinámicamente cualificada, y la idionomía del automóvil está socialmente cualificada. Este hecho es, en sí mismo, ya suficiente para demostrar que el acero no es parte del automóvil porque tiene su propia idionomía. (Por favor, mantenga en la mente que ¡todas estas idionomías siempre funcionan en *todos* los aspectos modales de la realidad cósmica!).

La estructura de una planta

Investiguemos ahora de qué manera las nociones de idionomía y encapsis pueden ayudarnos a obtener una idea de algunos de los entes más interesantes en nuestra realidad cósmica. Nos limitaremos al mundo animado, y empezaremos con las plantas. Paralelamente a lo que he dicho acerca de la célula viviente, podemos fácilmente reconocer que en una planta estamos tratando con (al menos) dos idionomías. La primera es la idionomía *dinámica*. Al igual que todas las idionomías, esta idionomía funciona en todos los dieciséis aspectos modales de la realidad cósmica, pero está *cualificada* por el aspecto dinámico. Consiste de la entera estructura molecular de la planta. Recuerde que ¡ésta es una estructura carente de vida! Esta idionomía energética está fundamentalmente encapsulada dentro de la segunda idionomía, lo que hace a la planta un ente vivo. También esta idionomía funciona en todos los dieciséis aspectos modales de la realidad cósmica, pero está *cualificada* por el aspecto biótico.

Note aquí, por favor, la diferencia entre lo inanimado y lo viviente. La estructura molecular de la planta es inanimada pero la segunda, la idionomía biótica, hace que la planta sea un organismo viviente. La primera idionomía, dinámica, está obviamente diseñada para "transportar" (ser un vehículo para) los procesos bióticos (fisiológicos). La física tal y como usted la encuentra en la idionomía dinámica de una planta no la encuentra en ningún lado en el cosmos inanimado. En lenguaje filosófico, la idionomía dinámica de una planta tiene una función de objeto altamente activada. Sin esta idionomía no hay ni puede haber procesos vitales en la planta. Esto es materia inanimada que está únicamente diseñada para condicionar y permitir la vida.

Este estado de cosas se expresa bellamente en el término *biomoléculas*. Éstas son moléculas tales como las proteínas, los ácidos nucleicos (ADN, ARN), polisacáridos, ciertos lípidos, etcétera. Estas moléculas son producidas por los organismos vivientes, pero ellas mismas no son vivientes. El prefijo "bio-" en el término "biomolécula" indica que, aunque tal biomolécula en sí misma es inanimada, está diseñada para estructuras vivientes. Condiciona y permite la vida sin estar ella misma viva. Las biomoléculas, aunque son animadas, no tienen ningún otro propósito que el de servir a la vida. La vida no es posible sin biomoléculas y, conversamente, las biomoléculas no tienen otro sentido más que en los organismos vivos.

En este modelo no hay ni la más ligera necesidad de reducir lo biótico a lo dinámico, como tantos filósofos (fisicalistas, materialistas) han intentado hacer. Por el contrario, ambas idionomías son mantenidas en su carácter específico propio —biótico y dinámico.

La primera, la idionomía dinámica, tiene funciones de sujeto en los primeros *cuatro* aspectos modales, y tienen una importante función de objeto *interna* en el aspecto biótico. Aquí, *interno* significa dentro de los límites del *todo encáptico*.

Por lo demás, esta idionomía sólo tiene funciones de objeto externas.

La segunda, la idionomía biótica, tiene funciones de sujeto en los primeros *cinco* aspectos modales, entre los cuales la función de sujeto biótica ha de ser mencionada en particular. Al lado de ésta, ambas idionomías tienen funciones de objeto en las modalidades más altas. Las funciones de objeto de la segunda, la idionomía biótica, son de una naturaleza enteramente *externa*. Esto es, no se refieren a lo que sucede entre los límites del *todo encáptico*, sino solamente a las vidas de los animales y los humanos en las cuales la planta funciona como un objeto.

La estructura de un animal inferior

Con la frase *animales inferiores* me refiero a todos los invertebrados, así como posiblemente a aquellos vertebrados (de sangre fría) que no poseen una verdadera vida de afecciones y emociones. En tales animales estamos tratando con (al menos) tres idionomías. La primera es, nuevamente, la idionomía *dinámica*. Al igual que todas las idionomías, funciona en todos los dieciséis aspectos modales de la realidad cósmica, pero está *cualificada* —su cualidad es expresada— por el aspecto dinámico. Consiste en la entera estructura molecular (¡inanimada!) del animal. Esta idionomía dinámica está fundamentalmente encapsulada dentro de la segunda idionomía, lo cual hace que el animal sea un ente viviente. También esta idionomía funciona en todos los dieciséis aspectos modales de la realidad cósmica, pero está *cualificada* por el aspecto biótico.

Esta segunda idionomía biótica está fundamentalmente encapsulada dentro de la tercera idionomía, lo cual hace que el animal sea un ente perceptivo. También esta idionomía funciona en todos los seis aspectos modales de la realidad cósmica, pero está *cualificada* —su cualidad es expresada— por el aspecto perceptivo. El animal no es solamente un organismo biótico, al igual que la planta, sino también un organismo perceptivo.

Por favor note aquí la diferencia entre lo no perceptivo y lo perceptivo. La estructura biótica (fisiológica) del animal está viva pero carece de percepción; no obstante la tercera, la idionomía perceptiva, hace del animal un organismo que puede percibir y observar. Esto significa, por ejemplo, que el animal exhibe patrones de estímulo-respuesta. Plantas tales como la planta carnívora pueden responder a estímulos que hacen que sus hojas funcionen como "trampas de resorte": cuando son tocadas por un insecto, la trampa se cierra rápidamente. Pero esto es un proceso puramente mecánico, como el de depositar una moneda y obtener un café de una máquina. En los patrones de estímulo-respuesta verdaderos, hay alguna "caja negra" —alguna forma elemental de consciencia— entre el estímulo y la respuesta, no importa cuán simple y primitivo. Esto hace que el animal sea un animal (si dejamos de lado organismos unicelulares, para evitar complicar demasiado las cosas).

En este caso, la primera, la idionomía energética, está obviamente diseñada para "transportar" no solamente procesos bióticos (fisiológicos) sino también perceptivos dentro del animal. Un tipo especial de física se necesita, a saber, la física que condiciona y permite los procesos perceptivos, tales como los procesos físicos (moleculares) en los ganglios, las vías nerviosas y los cerebros, no importa cuán primitivos. Estos diferentes órganos mismos pertenecen a la segunda

VISIÓN CRISTIANA DEL ENTE   131

idionomía, la biótica, del animal. La fisiología de tales órganos está diseñada para "transportar" (condicionar, permitir) procesos perceptivos. Note por favor que los órganos como tales no pueden percibir —es el *animal* el que percibe. Los órganos tienen una idionomía biótica. Pero los procesos fisiológicos en estos órganos pueden "transportar" las experiencias perceptivas del animal.

Las idionomías tanto energética como biótica del animal tienen funciones de objeto perceptivas *internas* altamente activadas; internas porque están funcionando dentro de los límites del todo encáptico. Sin estas idionomías no hay ni puede haber percepción de los animales (o los humanos). Las plantas no pueden percibir; los animales sí pueden. Las plantas no tienen ni una física ni una fisiología apropiadas para la percepción. Al mismo tiempo, la percepción es mucho *más* que la física y la fisiología involucradas. Moléculas, órganos sensoriales y cerebros no pueden percibir —los animales y los humanos si pueden.

La estructura de un animal superior

Con la frase *animales superiores* me refiero a todos los vertebrados (de sangre caliente) que poseen una claramente reconocible vida de afecciones, emociones e impulsos; principalmente o exclusivamente las aves y los mamíferos. Hasta donde puedo ver, en tales animales estamos tratando con (al menos) cuatro idionomías. La primera es, una vez más, la idionomía *dinámica*; esto es, la idionomía cualificada por el aspecto dinámico. Consiste en la entera estructura molecular (inanimada) del animal. Repito: esta idionomía dinámica está fundamentalmente encapsulada dentro de la segunda idionomía, la cual hace del animal un ente viviente, y está cualificada por el aspecto biótico. Esta segunda idionomía, la biótica, está fundamentalmente encapsulada dentro de la tercera idionomía, lo cual hace que el animal sea un ente perceptivo y esté cualificado por el aspecto perceptivo.

El nuevo punto es el siguiente. En un animal superior, esta tercera idionomía perceptiva está fundamentalmente encapsulada dentro de la cuarta idionomía, lo cual hace que el animal sea un ente sensitivo y esté cualificado por el aspecto sensitivo.

Note aquí, por favor, la diferencia entre lo no sensitivo y lo sensitivo. La estructura perceptiva del animal puede acomodar sensaciones y percepciones pero es, como tal, carente de sentimientos. Pero la cuarta, la idionomía sensitiva, hace del animal un organismo que no solamente puede percibir y observar, sino también conocer sentimientos: afecciones, impulsos y emociones. Eso significa, por ejemplo, que el animal posee ciertos órganos que pueden "transportar" (condicionar, permitir) sentimientos, tales como ciertos órganos productores de hormonas, partes apropiadas del cerebro y un sistema nervioso autónomo. Los sentimientos no pueden ser *reducidos* a los procesos fisiológicos que involucran a tales órganos. La vida sensitiva del animal tiene su propia idionomía, enfáticamente distinta de las idionomías biótica y perceptiva.

Al mismo tiempo, las últimas idionomías son esenciales a la vida sensitiva del animal: no hay sentimientos sin percepción, no hay percepción sin fisiología, no hay fisiología sin física. El sentimiento no es una forma particular de percepción, no es reducible a ella —la modalidad sensitiva no es reducible a la modalidad perceptiva—, pero es igualmente verdadero que no puede existir el sentimiento sin la percepción, el cual es "transportado" por ella, así como la percepción no puede existir sin la vida biótica, o es "transportado" por ella. A ≠ B pero A depende de B.

Ésta es la belleza de la teoría de las idionomías. Pone perfectamente en claro cómo, por un lado, la vida sensitiva de los animales (¡y de los humanos!) está enraizada en su vida perceptiva, así como la vida perceptiva esta enraizada en su vida biótica, así como su vida biótica esta enraizada en los procesos físicos. Por otra parte, muestra cómo la estructura dinámica condiciona la estructura biótica, cómo la estructura biótica condiciona la estructura perceptiva y cómo la estructura perceptiva condiciona la estructura sensitiva. Las idionomías son distintas pero están entrelazadas —entrelazadas pero distintas.

Esta teoría pone de relieve el hecho de que las idionomías no son reducibles entre sí, así como el fascinante hecho de que cada idionomía funciona en todas las dieciséis modalidades. Para un animal superior, ¡eso significa cuatro veces dieciséis, para un total de sesentaicuatro funciones diferentes! Sería un maravilloso ejercicio para usted el de tratar de desarrollar estas sesentaicuatro funciones. Este ejercicio le ayudará inmensamente a acostumbrarse a los conceptos de encapsis fundamental y totalidades encápticas.

Lo que resta es la estructura de los seres humanos. Este tópico es tan importante que nuestro entero siguiente capítulo está dedicado a él.

Preguntas para revisión

(1) ¿Cuáles son los cinco tipos de entidades que son identificados en este capítulo?

(2) ¿Cómo deberíamos distinguir entre naturaleza y cultura?

(3) ¿Qué se entiende por la "estructura de identidad" o "idionomía" de un ente? ¿Cómo se relacionan estos términos con el término "aspecto modal"?

(4) Explique los diferentes tipos de encapsis discutidos en este capítulo.

(5) ¿Qué se entiende por encapsis fundamental? ¿Qué se entiende por encapsis correlativa?

(6) ¿Qué idionomías pertenecen a las plantas?

(7) ¿Qué idionomías pertenecen a los animales inferiores?

(8) ¿Qué idionomías pertenecen a los animales superiores?

CAPÍTULO 6

UNA ANTROPOLOGÍA CRISTIANA

En el capítulo previo traté de dar una idea de cómo la filosofía cristiana se aproxima a la estructura de una planta o un animal. Podría usted considerar eso como una especie de introducción al tópico en el que estamos particularmente interesados: la estructura de la existencia humana.

La primera idionomía humana

A primera vista, las primeras cuatro idionomías humanas —la física, la biótica, la perceptiva y la sensitiva— parecen ser idénticas a las de los animales superiores (véase el capítulo previo). En un sentido, eso es desde luego verdadero. Pero en otro sentido eso es un error. Verá usted que no es difícil explicar por qué es esto así.

La primera idionomía es la idionomía *dinámica*; esto es, la idionomía cualificada por el aspecto dinámico. Consiste en la entera estructura molecular (inanimada) del hombre. Pero aquí hay ya una diferencia fundamental con respecto a los animales: *el hombre necesita una especie de física que pueda transportar su vida espiritiva.* (Recuerde por favor que estamos aquí usando el verbo "transportar" para significar "dar soporte y hacer posible", donde el proceso A hace posible el proceso B y por lo tanto es una condición y fundamento para B.) Posteriormente en este capítulo habré de introducirlo a la altamente fascinante quinta idionomía de la existencia corporal del hombre, a la cual llamaré la *idionomía espiritiva*. Abarca la totalidad del funcionamiento espiritivo del hombre (es decir, lógico, formativo, lingual, social, económico, estético, jurídico, ético y pístico). Enfatizaré que esta vida espiritiva no puede ser reducida a la vida sensitiva del hombre, así como ésta no puede ser reducida a la vida perceptiva del hombre, o a su vida biótica, o a su funcionamiento físico. Pero eso es sólo la mitad de la historia. La otra mitad es que no hay vida espiritiva sin funcionamiento sensitivo, perceptivo, biótico y físico. La mente del hombre no puede ser *reducida* a lo físico, pero tampoco puede prescindir de lo físico.

El funcionamiento físico, biótico, perceptivo y sensitivo del hombre condiciona y permite su funcionamiento espiritivo. El funcionamiento inmanente del hombre dentro de este cosmos necesita un tipo único de física que no existe en ninguna otra parte del cosmos. Me estoy refiriendo a una física que está diseñada para hacer en lo absoluto posibles los fenómenos espiritivos —las acciones de la mente. Para decirlo sin ambages, no puedo elevar una oración a Dios sin todos los tipos de complicados procesos físicos en millones de células corporales. Repito: eso no significa que orar sea meramente física —sería muy ingenuo concluir eso— pero tal oración no puede prescindir de la física. Esto puede ser algo difícil de tragar para aquellos cristianos que todavía creen en una absoluta separación entre lo que ellos llaman "cuerpo" y "alma" (o "espíritu"). Piensan que pueden orar con sus espíritus o mentes, y que sus cuerpos no tienen nada que ver con ello. Retornaré a este asunto después en este capítulo

Las siguientes tres idionomías humanas

La idionomía dinámica de la existencia corporal del hombre está fundamentalmente encapsulada dentro de la segunda idionomía, la que hace al hombre un ente viviente, y la cual está cualificada por el aspecto biótico. De especial interés en esta idionomía biótica son los órganos que transportan (condicionan, permiten) las idionomías superiores: órganos sensoriales (la vista, el oído, el olfato, el gusto, etcétera) que son necesarias para la percepción, ciertos órganos productores de hormonas, partes apropiadas del cerebro, y un sistema nervioso autónomo, que son necesarios para el funcionamiento sensitivo del hombre, y una corteza cerebral que es el transportador esencial del funcionamiento espiritivo del hombre.

Permítaseme agregar aquí dos notas. Primeramente repito, porque pienso que es muy importante, que el hombre no es un animal superior más un espíritu (o mente). No: incluso su física y su fisiología son diferentes porque deben permitir el transporte de procesos espirituales que los animales desconocen. En segundo lugar, todas las cinco idionomías juntas abarcan su existencia corpórea, la cual es mucho más que física y fisiología. Aquí estoy usando el término *corpóreo* en un sentido amplio, abarcando todo el funcionamiento inmanente del hombre dentro de la realidad cósmica.

Esta segunda idionomía, biótica, está fundamentalmente encapsulada dentro de la tercera idionomía, la cual hace del hombre un ente perceptivo, y la cual está cualificada por el aspecto perceptivo. Por favor note que la percepción del hombre es diferente de la de los animales. Las *sensaciones*, como las formas, los movimientos y los colores en la visión, y los tonos y los timbres en el oído, pueden ser los mismos, pero las *percepciones* no lo son. La percepción es el resultado de procesar sensaciones en el cerebro. Un procesamiento espiritual de sensaciones va mucho más profundo que meramente un procesamiento sensitivo de las mismas. Debido a que el hombre tiene una estructura espiritual, es capaz de ver no meramente formas, movimientos y colores sino también, por ejemplo, un elefante. Esto es, las formas, movimientos y colores que ve son interpretados en su cerebro como un elefante (o sea lo que sea el objeto). Debido a su estructura espiritual, el hombre puede "ver" la belleza y la fealdad (estéticas), las acciones justas e injustas (diquéticas), las obras buenas y malas (éticas). Podríamos decir que no son sus ojos los que ven la belleza, sino su cerebro. Sus ojos son los mismos que los de los mamíferos —pero su cerebro es muy diferente. E incluso eso no es enteramente correcto: es el *hombre* quien ve la belleza con la ayuda de su cerebro. Los mamíferos no pueden ver la belleza pero el hombre sí.

La tercera idionomía, la perceptiva, esta fundamentalmente encapsulada dentro de la cuarta idionomía, la cual hace del hombre un ente sensitivo, y la cual está cualificada por el aspecto sensitivo. Al igual que los animales superiores, no solamente puede el hombre percibir y observar, sino que también conoce los sentimientos: los afectos, los impulsos, las emociones. En este sentido, el hombre no parece ser diferente de los animales superiores. Pero, nuevamente, pensar eso sería un gran error. Los afectos, los impulsos y las emociones del hombre son diferentes de las de los animales superiores en tanto que *pueden transportar procesos espirituales*.

Tome un ejemplo simple, como el ruborizarse. Usted sabe que el ruborizarse consiste en una dilatación de pequeños vasos sanguíneos en su cara, de manera que su cara en-

UNA ANTROPOLOGÍA CRISTIANA   139

rojece. En esa medida, es un fenómeno puramente biótico. Pero entonces ¿porqué los animales (o los bebés humanos) no se sonrojan? Poseen toda la física y toda la fisiología que se necesita para ello, y no obstante no lo hacen. ¿Por qué es eso? Es porque el sonrojarse ocurre en los humanos en momentos en los que están avergonzados, o sintiéndose culpables, o enamorados. Los animales no pueden estar avergonzados, sintiéndose culpables o enamorados porque no tienen una idionomía espiritiva, y los bebés no pueden estarlo porque su idionomía espiritiva todavía no se ha desarrollado. Los animales pueden estar sexualmente atraídos pero eso es muy diferente de estar enamorado. Es el aspecto ético de la idionomía espiritiva en particular lo que está involucrado aquí. Los animales no son inmorales; sólo el hombre puede ser inmoral. Más bien, los animales son amorales. El hombre es, entre muchas otras cosas, un ser ético; por lo tanto, puede ruborizarse. Igualmente importante es el hecho de que los humanos poseen la física y la fisiología que hace posible el sonrojarse.

Son estas altamente fascinantes pero intrincadas relaciones dentro de la existencia corporal del hombre lo que la filosofía cristiana trata de destacar en su modelo de las idionomías humanas. Este modelo explica cómo, por un lado, la vida espiritual del hombre está enraizada en su vida sensitiva, así como su vida sensitiva esta enraizada en su vida perceptiva, así como su vida perceptiva esta enraizada en su vida biótica, así como su vida biótica esta enraizada en procesos físicos. Por un lado, muestra cómo la estructura dinámica condiciona la estructura biótica del hombre, como la estructura biótica condiciona la estructura perceptiva, como la estructura perceptiva condiciona la estructura sensitiva, y como la estructura sensitiva condiciona la estructura espiritiva. Esto también significa que, en breve, la estructura dinámica condiciona la estructura espiritiva. El hombre necesita una física que posibilite los procesos espiritivos.

Recuerde también que las idionomías no son reducibles entre sí, así como el hecho de que cada idionomía funciona en todas las dieciséis modalidades para el hombre, eso es ¡cinco veces dieciséis, u ochenta funciones diferentes! ¡Trate de reflexionar sobre *eso*!

La idionomía espiritiva del hombre

Además de todas las idionomías, la dinámica, la biótica, la perceptiva y la sensitiva, que comparte el hombre con los animales superiores —con todas las diferencias que he mencionado—, el hombre posee lo que he llamado una idionomía espiritiva. Dooyeweerd la denomina *estructura de actos*, término que encuentro menos iluminador. Sugeriría que esta idionomía *espiritiva* corresponde a grandes rasgos a aquella que, en la vida cotidiana, llamamos la *mente*, en tanto que la distingamos claramente del *corazón* (véase más abajo).

Lo primero que hay que notar es que no hay algo así como una idionomía lógica, una idionomía histórica, una idionomía lingual, etcétera. Una indicación práctica de este hecho es que el hombre no tiene partes corporales (órganos, partes del cerebro) que transporten separadamente actividades lógicas, o formativas, o linguales, dentro de la mente. Todo lo que ocurre en su mente, esto es todas estas actividades espiritivas (actos), funcionan siempre en todas las nueve modalidades espiritivas. No hay ninguna actividad lógica en la mente del hombre que no tenga al mismo tiempo aspectos históricos, linguales, sociales, económicos, etcétera. Algunos actos están ciertamente *cualificados* lógicamente, tales como ciertos argumentos racionales que son elaborados en la mente.

De modo similar, algunos actos están *formativamente* cualificados; por ejemplo, decisiones históricas (como la decisión de comenzar una guerra en contra de otra nación) e invenciones tecnológicas (como la elaboración en la mente del plan para una nueva máquina).

Algunos actos están *lingualmente* cualificados —por ejemplo, pensar acerca de las palabras más apropiadas en las que desea usted expresar un asunto delicado.

Algunos actos están *socialmente* cualificados —por ejemplo, pensar acerca de qué personas va usted a invitar a su fiesta.

Algunos actos están *económicamente* cualificados —por ejemplo, considerar en su mente la pregunta de si quiere usted comprar esto o aquello, y/o la de si puede o no adquirirlo.

Algunos actos están *estéticamente* cualificados —por ejemplo, sopesar la cuestión de cuáles son las pinturas, esculturas o composiciones musicales que más le gustan.

Algunos actos están *diquéticamente* cualificados —por ejemplo, considerar si lo que usted planea hacer es legalmente aceptable o no.

Algunos actos están *éticamente* cualificados —por ejemplo, pensar acerca de lo que puede usted hacer para mostrar de la mejor manera su afecto, o la carencia del mismo, a una cierta persona.

Algunos actos están *písticamente* cualificados —por ejemplo, pensar en la bien conocida abreviatura QHJ, "¿Qué haría Jesús?", una pregunta devota pero algo cuestionable teológicamente.

Recuerde una vez más que ningún acto espiritivo es posible sin ciertos procesos moleculares en el cerebro, pero que tales actos no pueden ser *reducidos* a tales procesos. Eso es precisamente lo que la teoría de las idionomías humanas desea expresar: estas idionomías están fundamentalmente encapsuladas dentro de cada una de las otras, y así estrechamente interrelacionadas, pero no son reducibles una a la otra. Se excluye aquí toda forma de reduccionismo.

Seguramente la teoría de los aspectos modales es útil para expresar la plena riqueza de la idionomía espiritiva pero es insuficiente. Es por ello que Dooyeweerd sugirió que debiéramos distinguir entre *actos de conocer, actos imaginativos* y *actos de la voluntad* como un manera ulterior para distinguir entre varios tipos de lo que he llamado actos espiritivos. Todos los tres tipos de actos funcionan en todos los aspectos modales, con énfasis especial en las nueve modalidades espiritivas. Distingo entre ellas las dimensiones *cognitiva*, la *(imaginativa) creativa* y la *conativa*. Por ejemplo, si un hombre se le declara a una dama, actos cognitivos han precedido esta acción, ya que ha recopilado tanta información acerca de ella como puede encontrar, a través de ella o a través de otros. Actos imaginativos creativos han precedido también su propuesta: se imagina cómo sería estar casado con esta dama y cómo instrumentar su declaración. Actos conativos han precedido su acción también: en su mente ha alcanzado la decisión de su voluntad de declararse a la dama.

Desde luego, hay mucho más que decir acerca de la idionomía espiritiva, pero esto fácilmente nos conduciría a los dominios de las diferentes humanidades, particularmente el de la psicología. Por ejemplo, nuestros actos espiritivos están influenciados por (a) nuestro carácter innato (factores

UNA ANTROPOLOGÍA CRISTIANA 143

constitutivos); (b) todo lo que hemos aprendido en nuestras vidas (factores operativos); (c) nuestro humor en un cierto momento; y *lo último, pero no menos importante*, (d) nuestro carácter, esto es, la totalidad de nuestros valores y creencias (inmanentes) diquéticos, éticos y písticos —que no deben ser confundidos con nuestra (trascendente) *fe*, a la cual pasamos ahora.

El ego del hombre

El hombre es más que su existencia corpórea, la cual se refiere, como he tratado de explicarlo, a la totalidad de su funcionamiento inmanente dentro de la realidad cósmica. En el capítulo 2 expliqué la importante diferencia entre los términos *inmanente* y *trascendente*. En contraste con las plantas y los animales, el hombre es tanto inmanente como trascendente. Esto es, funciona en todas las dieciséis modalidades *inmanentes* de la realidad cósmica, y su existencia corpórea abarca cinco idionomías *inmanentes*. Al mismo tiempo, trasciende (sobrepasa, se eleva por encima de) su entero funcionamiento inmanente. La razón de esto es que Dios ha creado al hombre de tal modo que ha sido diseñado para la comunicación con lo trascendente —primariamente con Dios mismo. El hombre vive plenamente dentro de la realidad inmanente, en relación con el resto del cosmos como su cabeza, y al mismo tiempo el hombre está orientado hacia el mundo trascendente e invisible del cual Dios es el centro.

En el capítulo 2 busqué exponer este tópico usando un término que conocemos en el uso cotidiano pero que provino originalmente de la Biblia. Es el término *corazón* en su sentido metafórico. Hice una distinción entre el corazón y sus funciones. El corazón es trascendente y las funciones modales, desde la aritmética a la pística, son inmanentes. Llamé al corazón el "punto focal" de las funciones, y llamé a las funciones las "ramificaciones" del corazón. Éstas son metáforas que pueden ayudar a clarificar los temas pero que también pueden ser sustituidas por otras metáforas.

Es difícil explicar estos temas porque nosotros todos, usualmente sin saberlo, hemos estado embebidos con el pensamiento griego en este punto. Especialmente en la Edad Media, este griego pensamiento fue adoptado en lo que llamamos pensamiento *escolástico*, el cual era de hecho la principal filosofía y teología medievales. Después de la Reforma, los protestantes adoptaron también la antropología grecoescolástica. La consecuencia es que los cristianos hoy en día caminan alrededor con el dualismo griego en sus mentes. ¿Qué significa eso?

Dicotomía y tricotomía

Un *dualismo* es una concepción en la que la realidad, o parte de ella, es explicada a partir de dos factores diferentes (elementos, dimensiones o como quiera usted llamarlos) que no solamente son distintos entre sí, sino opuestos el uno al otro. En antropología esto significa que los cristianos se han acostumbrado a un dualismo de cuerpo y alma. El hombre supuestamente consiste en dos sustancias —como los pensadores medievales lo formularan— a saber, cuerpo y alma (o espíritu). Llamamos a esto una *dicotomía*, lo cual literalmente significa que el hombre está dividido en dos partes: cuerpo y alma. Cada vez que la Biblia hablaba de cuerpo y alma (o espíritu), esto era tomado como una demostración de la doctrina dicotómica. Algunas personas fueron incluso más listas y salieron con una *tricotomía*, según la cual se dice

UNA ANTROPOLOGÍA CRISTIANA   145

que los humanos consisten en tres partes: cuerpo, alma y espíritu. Desde luego, 1 Tesalonicenses 5:23 ("Y el mismo Dios de paz os santifique por completo; y todo vuestro ser, espíritu, alma y cuerpo, sea guardado irreprensible para la venida de nuestro Señor Jesucristo") fue aducido como evidencia para esta aserción, aunque este versículo, al igual que todos los otros textos aducidos como demostración, nunca usan términos como "consiste en" o "parte".

No puedo repasar todos los versículos bíblicos relevantes porque entonces mi antropología filosófica se convertiría en una antropología teológica. Es suficiente decir que la Biblia no sabe nada de que el hombre "consista en" varias "partes". En la Biblia el hombre es siempre una unidad, *no* una entidad hecha de un cuerpo, un alma y un espíritu distintos, los cuales solo secundariamente serían pensados como una unidad. Más aún, en la Biblia, palabras como *alma* y *espíritu* tienen al menos diez significados diferentes, que van desde los puramente bióticos (aliento, sangre) a significados perceptivos, sensitivos y espiritivos. En otras palabras, el uso bíblico de estos términos es muy diferenciado. En muchos casos es evidente que solamente ciertos significados *inmanentes* están implicados.

Incluso cuando el lenguaje bíblico se refiere (implícitamente) al hombre como un ser trascendente, se usan varios términos diferentes, tales como *alma* (en hebreo: *nefes*; en griego: *psique*), espíritu (*ruah*; *pneuma*), corazón (*leb[ab]*; *kardia*), y (singular, *kilyah*; *nefros*). Incluso *carne* (*basar*; *sarx*) puede ser identificada con el ego humano (Sal. 63:1). En la Biblia encontramos la misma flexibilidad en su habla acerca del hombre y su funcionamiento que la que encontramos en el habla cotidiana. En la filosofía y las ciencias sólo podemos trabajar con significados definidos unidimensionales. ¡No espere hallarlos en la Biblia! Todo término relevante puede tener por doquier desde muchos hasta numerosos significados. Así que ¡no trate de combatir mi elemental presentación de una antropología filosófica cristiana con versos bíblicos aislados! Tengo en alta estimación a la Biblia, como la Palabra inspirada de Dios. Pero no admiro el modo grecoescolástico en el que muchas personas —usualmente de manera inconsciente— citan la Biblia cuando se trata de temas antropológicos. Citan solamente sus *selecciones*, y leen sus propias frases y términos —como "consistir en" y "partes"— en la Biblia.

Afortunadamente, en la literatura reformada más nueva —más que en la evangélica— muchos autores han rechazado tanto la dicotomía como la tricotomía. Han desenmascarado la manera grecoescolástica en la que los pasajes bíblicos relevantes han sido usualmente tratados. No somos meramente almas con cuerpo, ni cuerpos animados, o algo por el estilo. La naturaleza humana no está compuesta de un cuerpo mundano, de alguna manera vinculado con un espíritu superior. Más bien, *todos* nuestros modos de ser humano son plenamente corpóreos y al mismo tiempo plenamente espirituales (Gordon Spykman). Cuerpo, alma y espíritu son meramente diferentes modos de mirar al hombre como un todo.

El fin del dualismo

En la actualidad el dualismo escolástico cuerpo-alma —el que sostiene que el hombre está compuesto de dos partes, alma y cuerpo— puede sobrevivir en ciertos círculos fundamentalistas, pero se ha vuelto insostenible. Lo mismo es incluso más verdadero con respecto a la tricotomía. Ahora sabemos que, dentro de la realidad cósmica, ninguna actividad psíquica espiritiva del ego (el corazón, el alma, el espíritu, como quiera usted llamarlo) puede ocurrir aparte de procesos físicos y fisiológicos. Los actos psíquicos y espiritivos provienen del ego trascendente y funcionan en todos los aspectos inmanentes de la realidad cósmica. No hay pensamiento, sentimiento y querer sin la influencia de la constitución física y la actividad fisiológica del cuerpo. Ya no hay espacio para la antigua idea de una sustancia material llamada cuerpo. Esta idea ha sido reemplazada por interacciones dinámicas, intensivas, en los niveles físico, biótico, psíquico y espiritivo. Déjeme decirlo directamente una vez más: incluso los pensamientos religiosos más profundos de su corazón no son posibles sin un intercambio de iones de potasio y sodio en ambos lados de las membranas celulares de su cerebro.

¿Se da usted cuenta de lo que esto implica? Ya no hay algo así como una llamada "alma racional" que funcione independientemente de los procesos físicos. Incluso ya no hay ni siquiera una "sustancia corporal"; esto es, algún agregado básico de materia que bajo todas las circunstancias permanezca siendo el mismo. La materia ya no es vista como una sustancia, sino como energía comprimida. *Ya no hay sustancias*. Por lo tanto, el entero intento de leer cualquier forma de sustancialismo (una dicotomía de dos, una tricotomía de tres sustancias, o lo que sea) en la Biblia se ha vuelto obsoleto. Es una manera ventriloquia de tratar con la Palabra de Dios: ¡tratar de que profiera ideas griegas paganas!

Todo tipo de dicotomía (o tricotomía) consiste en una separación *teórica* entre dos (o tres) complejos funcionales inmanentes —por ejemplo, un complejo físico-biótico (el cuerpo material) y un complejo psíquico-espiritual (el alma racional e inmortal). Se sabe ahora que tal separación es inconcebible debido a la absoluta dependencia mutua y entretejimiento no solamente de estos dos complejos, sino de *todos* los aspectos inmanentes y las idionomías de la existencia humana.

En contra de este pensamiento sustancialista, sólo permitimos la distinción entre, por un lado, el funcionamiento multilateral inmanente del hombre y, por el otro, el punto de concentración religioso, trascendente, de este funcionamiento; esto es, el corazón. *Esto nunca es una forma de dualismo* porque las funciones no son más que ramificaciones del mismo corazón, y el corazón no es nada más que el punto focal de las mismas funciones. Las funciones *son* el corazón, a saber, en su diversidad; y el corazón es estas funciones, a saber, en su plenitud y unidad.

No hay lugar para ninguna forma de dualismo aquí, aunque muchos autores han tratado de acusar a la filosofía cristiana de defender meramente otra forma de dualismo. Distinguir entre P y Q no involucra necesariamente un dualismo. Está involucrado un dualismo solamente si P y Q son vistos como enteramente separados y opuestos entre sí. Pero distinguir entre P y Q manteniendo al mismo tiempo que P no es más que Q en su plenitud, y Q no es más que P en su variedad, nunca puede ser un dualismo. No es un dualismo sino un monismo, si usted quiere.

Más aún, la relación precisa entre el ego humano, por un lado, y su entero funcionamiento corporal inmanente, por el otro, es de cualquier manera un misterio en el nivel más profundo. No hay ciencia, no hay filosofía, ni siquiera

UNA ANTROPOLOGÍA CRISTIANA 149

teología, que pueda aprehender este misterio. Esto no es misticismo, ni una forma de faltarle el respeto a la ciencia. Simplemente significa ser consciente de los propósitos y limitaciones de la ciencia. Como decían los pensadores antiguos, el hombre es básicamente un *homo absconditus* (un hombre escondido). La esencia del hombre es para él un misterio tanto como lo es la esencia de Dios. Y eso no es de sorprender, pues uno fue creado a la imagen y semejanza del otro.

Un nuevo enfoque

Si esta coherencia entre el funcionamiento inmanente del hombre y su corazón trascendente es un misterio, tenemos que aceptar, creyendo, este misterio. Sólo de este modo entenderemos correctamente la caída del hombre, así como su redención. El pecado en su significado más profundo (trascendente) no es meramente una transgresión (inmanente) de algún mandamiento, sino que afecta el corazón, y a través del corazón la totalidad del funcionamiento inmanente del hombre. Al considerar esto, evitaremos el error escolástico de pensar que la razón del hombre estuvo exenta de las consecuencias del pecado. La depravación del hombre es total, y esto se puede aprender mejor si reconocemos la coherencia entre el funcionamiento inmanente del hombre y su corazón trascendente. De modo similar, también el nuevo nacimiento, la "regeneración", afecta el corazón del hombre, y a través de éste la totalidad de su existencia inmanente. Todo funcionamiento humano dentro de la realidad cósmica procede de un corazón apóstata gobernado por el pecado, o de un corazón regenerado gobernado por el Espíritu Santo (o, desafortunadamente, de un corazón regenerado que todavía está dominado por la carne pecaminosa; *cfr.* Gal. 5:16-25).

En resumen, podemos decir en primer lugar que la antropología filosófica cristiana resiste toda forma de funcionalismo, un término que se refiere a la absolutización de ciertas funciones inmanentes. El más peligroso de estos funcionalismos es el racionalismo, o la absolutización de la razón humana, la creencia en la autonomía de la razón. Ésta es la concepción de que el hombre es, por encima de todo, un ser racional, que por lo tanto el elemento más elevado en el hombre, su alma, es necesariamente un alma racional, y que la razón ha permanecido más o menos inafectada por las consecuencias de la caída. En contra de esto declaramos que el hombre no es primeramente y antes que nada un ser racional, sino un ser religioso. Su *ratio* (razón) es meramente una de las muchas funciones inmanentes del corazón trascendente.

En segundo lugar, una antropología cristiana discierne todos los tipos de aspectos e idiosincrasias en la existencia humana inmanente, pero al mismo tiempo reconoce que el interior del hombre no está contenido en ninguno de estos aspectos y funciones, o en cualquier complejo (sustancializado) de funciones inmanentes. El ser verdadero del hombre sobrepasa la totalidad de esta divergencia inmanente y sin embargo nunca está separada de ella, ni jamás estará de modo dualista en oposición a este funcionamiento inmanente. Repito: el corazón humano es sus funciones, vistas en su plenitud y unidad, y sus funciones *son* su corazón, visto en su divergencia y variedad.

En tercer lugar, y quizá lo que es más importante, una antropología cristiana reconoce que no hay algo así como "el hombre en sí mismo" (el hombre como tal). Más bien sostiene que el entero ser del hombre sólo puede ser interpretado en términos de su relación con su origen, o, en el caso del paganismo, con su presunto origen. *El conocimiento más elevado que el hombre tiene de sí mismo es autoconocimiento religioso,* conocimiento ante Dios, conocimiento de sí mismo a la luz de la revelación que Dios hace de sí mismo. Esto nunca significa que algún "hombre en sí mismo" esté, secundariamente, relacionado con Dios. Por el contrario, esta misma relación entre hombre y Dios —o, desde la caída, entre el hombre y sus ídolos— pertenece al verdadero ser del hombre. Esto se expresa adecuadamente en la imagen bíblica del hombre como la *imagen de Dios* (Gn. 1:26-27; 9:6; 1 Co. 11:7; *cfr.* 2 Co. 4:4; Col. 1:15). El hombre es un ser *religioso* debido a esta orientación existencial inherente hacia el fundamento último de su ser, esto es Dios, o un presunto dios.

En cuarto lugar, el verdadero conocimiento del hombre no es posible a través de alguna antropología cristiana, no importa cuán profunda sea ésta. Es verdadero *auto*conocimiento, posible solamente a través del poder regenerador y la iluminación del Espíritu Santo en el *corazón* del hombre. Es autoconocimiento a través de la operación de la Palabra de Dios en el corazón, a través una fe viva en la persona y obra de Cristo Jesús con todo el *corazón* de uno, y a través de la expresión en la que éste se despliega en todo el funcionamiento inmanente del hombre, desde lo lógico hasta lo pístico.

Matrimonio y familia

Hemos visto que la relación del hombre con Dios —o con los dioses— pertenece a su mismo ser. Le hace ser un ente *religioso* en el sentido más profundo de la palabra. Subordinado a éste está el hecho de que el hombre es, además de muchas otras cosas, un ser *social*. No puede funcionar más que en relación con sus entornos: cosas inanimadas, plantas, animales y en particular semejantes, seres humanos. Cosas, plantas y animales funcionan como objetos dentro de su humana existencia; tienen funciones objeto en su relación con el hombre. Pero los semejantes seres humanos del hombre no tienen ninguna función objeto en su relación con él. Por el contrario, una relación entre un humano y otro humano es una entre sujeto y sujeto. No solamente eso, sino que también estas relaciones son esencialmente de una naturaleza *trascendente* y *religiosa* porque tales relaciones son *de corazón a corazón*, y siempre ante Dios.

Tradicionalmente, la antropología filosófica se ha enfocado demasiado en el hombre *per se*, como si tal ser pudiera llegar a existir. El hombre es nulo y vacío aparte de sus relaciones; tanto la vertical, con Dios (o los dioses), como la horizontal, con sus semejantes seres humanos. Ambos tipos de relaciones pertenecen al mismo ser del hombre. El hombre fue creado para una relación con Dios en primer lugar, pero en segundo lugar también para una relación con otros. En uno y el mismo pasaje de la Biblia se nos dice que el hombre fue creado a la imagen y semejanza de Dios (vertical), pero también para formar el vínculo más íntimo (horizontal) entre los humanos, a saber, el matrimonio (Gn. 1:26-28).

El matrimonio es una relación *natural*; es un don del orden creacional de Dios. Posteriormente en este capítulo encontraremos otros tipos de relaciones que son producto de un proceso histórico. En la terminología de nuestra teoría de los aspectos modales, podemos decir que el matrimonio

UNA ANTROPOLOGÍA CRISTIANA 153

está *enraizado* en la relación sexual entre un hombre y una mujer, o que la modalidad fundamental del matrimonio es la biótica. Pero sería un gran error pensar que el *destinación* del matrimonio se halla en el vínculo sexual. Sólo personas como los evolucionistas y los materialistas podrían proponer tal idea. No: en el pensamiento cristiano es la función *ética* la que describe la esencia del matrimonio, esto es el amor entre esposo y esposa (Ec. 9:9; Ef. 5:25, 28, 33; Col. 3:19; Tit. 2:4).

Por supuesto, un matrimonio funciona en *todos* los aspectos modales de la realidad cósmica. Por ejemplo, tiene un aspecto sensitivo (los sentimientos que tienen las personas casadas entre ellas), un aspecto lógico (usted puede razonar acerca de qué constituye un verdadero matrimonio y que no), un aspecto formativo (los matrimonios difieren de una a otra cultura, y de un periodo a otro periodo), un aspecto lingual (piense en los varios términos para los matrimonios), un aspecto social (el matrimonio es uno de los muchos vínculos sociales entre las personas), un aspecto económico (piense en la separación de bienes o en su propiedad compartida), un aspecto estético (piense en la [in]armonía en el matrimonio), un aspecto diquético (¿qué constituye un matrimonio en un sentido legal?) y un aspecto pístico (el matrimonio está entrelazado con las creencias de las dos personas). Pero resaltan dos aspectos: la modalidad biótica, la cual es la *fundamental*, y la modalidad ética, la cual es la función de *destinación* del matrimonio.

También la familia en el sentido limitado, esto es, dos padres con sus hijos, funciona en todos los aspectos modales. Nombro en particular el aspecto formativo (se supone que los padres han de educar a sus hijos), el aspecto lingual (piense en la confusión entre la familia en el sentido limitado y la familia extendida, o en la prerrogativa de los padres para nombrar a sus hijos), el aspecto social (excepto para el caso del matrimonio sin hijos, la familia es la unidad social más pequeña dentro de la sociedad) y el aspecto diquético (por ejemplo, la posición legal de los niños adoptados y la de los entenados). Nuevamente resaltan dos aspectos. La modalidad biótica es la *fundamental* porque los niños y los padres están vinculados por las relaciones sexuales entre los padres. La modalidad ética es la función de *destinación* porque la familia también es primeramente y antes que nada un grupo social conectado por el amor.

Podría usted argumentar que las pequeñas comunidades de amigos que viven juntos también encuentran su función de destinación en la modalidad ética. Eso es verdadero, pero esta relación no es *natural*, esto es, dada como parte del orden creacional. Su función fundamental ha de ser ubicada en la modalidad formativa (histórica).

El Estado

Cuando arribamos a las relaciones sociales que son producto de la formación histórica, tenemos que hacer nuevamente una distinción fundamental. Algunas relaciones sociales históricas son *instituciones* directas de Dios; otras relaciones son también históricas, pero son productos libres de la propia actividad cultural del hombre. Entre las instituciones de Dios distinguimos dos relaciones *naturales*: el matrimonio y la familia (véase arriba), y dos relaciones *históricas*: el Estado y la Iglesia.

Antes del diluvio en los días de Noé, es cuestionable si la Biblia implica algo que pudiéramos llamar un Estado (un gobierno institucional). Pero después del diluvio la idea de un Estado, no importa cuán elemental, está claramente indicada: "El que derramare sangre de hombre, *por el hombre* su sangre será derramada" (Gn. 9:6; las cursivas son mías). Por favor note las palabras "por el hombre", y compare esto con Génesis 4:15, donde Dios dice que ningún hombre ha de matar a Caín como castigo por haber asesinado a Abel. Las palabras de Dios a Noé implican alguna forma de autoridad humana por primera vez, un gobierno elemental que está autorizado a instrumentar la pena de muerte. Con esta institución del gobierno humano, no importa cuán elemental, tenemos al Estado en principio. Compare Romanos 13:1-7, donde, en primer lugar, se enfatiza que los gobiernos son establecidos por Dios y son siervos de él (vv. 1, 4). En segundo lugar, la esencia del Estado es descrita como consistiendo en su derecho no solamente a legislar, sino también a aplicar la espada para mantener la ley (v. 4).

Aquí vemos que el aspecto *fundamental* es, como en todas las relaciones sociales históricas, el formativo; los estados son siempre productos de un proceso histórico. Pero su función de *destinación* es la diquética. Nuevamente enfatizo que el Estado funciona en *todos* los aspectos modales. He aquí algunos ejemplos: el social (en un Estado, viven juntos un número de ciudadanos), el económico (el Estado tiene su propio presupuesto), y el ético (las leyes del Estado son para beneficio de sus ciudadanos). Pero la verdadera naturaleza y destinación de un Estado se halla en su aspecto diquético.

El Estado tiene la responsabilidad de mantener la *justicia* pública. Piense aquí en lo que he dicho acerca de la soberanía de las esferas (capítulo 3). No se supone que el Estado se entrometa en las esferas únicas del matrimonio, la familia, la iglesia, la escuela, la empresa, las asociaciones, etcétera. Todas éstas son soberanas dentro de sus propias esferas. Por ejemplo, el Estado como tal no tiene nada que decir acerca de lo que ocurre en las recámaras de las personas, o de cómo educan los padres a sus hijos, acerca de cómo las escuelas enseñan a los pupilos, acerca de si debe de permitirse mujeres en los púlpitos, etcétera. Pero el Estado mantiene la justicia pública, así que tiene algo que decir acerca de la violación de las esposas por los esposos, acerca del abuso de los niños por los maestros a quienes son confiados, acerca de la educación en las escuelas en términos de calidad, acerca de empresas que operan ilegalmente, etcétera.

Pero eso no se vio con claridad poco después de la Reforma. En Inglaterra, el Rey, como cabeza del Estado, también se convirtió en cabeza de la Iglesia de Inglaterra, y como tal ordenó una nueva traducción de la Biblia, la Biblia *King James*. En los Países Bajos fueron los Estados Generales los que convocaron el famoso e internacional Sínodo de Dordrecht (1618-1619), y ordenaron una nueva traducción de la Biblia, la *Statenvertaling* (la traducción de los Estados Generales). Hoy en día, tal dominio del Estado sobre la vida de la iglesia sería impensable en cualquier país civilizado.

En el peor de los escenarios, un Estado que gobierne sobre las vidas privadas de sus ciudadanos, sus matrimonios, sus iglesias, el modo en que educan a los niños, un Estado que de hecho sea propietario de todas las escuelas y de todas las empresas, es un sistema dictatorial y frecuentemente incluso terrorista. Se halla totalmente en contra de la noción cristiana del Estado como un sistema estrictamente jurídico que crea las necesarias precondiciones legales para un funcionamiento óptimo de la vida social, pero que al mismo tiempo garantiza la libertad y responsabilidad única de su ciudadanos, individualmente al igual que en sus iglesias, escuelas, compañías, etcétera.

El Estado puede fácilmente desviarse aquí. El socialismo da demasiada autoridad al Estado, esto es, le da demasiadas responsabilidades que en realidad pertenecen a los ciudadanos. El liberalismo hace lo opuesto: minimiza la autoridad del Estado, de modo que el Estado se preocupa demasiado poco por los ciudadanos que tienen una gran dificultad para sostenerse en sus propios pies (los débiles, los enfermos, los ancianos, los discapacitados, etcétera), o que carecen de otras personas que les ayuden. En una visión cristiana del Estado se ha de elegir un apropiado camino medio.

La iglesia

Muchas discusiones han tenido lugar en teología acerca de la pregunta de si la iglesia empezó con los regenerados Adán y Eva (Gn. 3), o de si empezó en el día de Pentecostés (Hch. 2). Esa pregunta no le concierne al filósofo cristiano como tal. Ni siquiera se ocupa de la iglesia en un sentido trascendente (el Cuerpo de Cristo, que en él está sentada en los lugares celestiales [Ef. 2:6]), o con la Iglesia en el sentido de una cristiandad mundial. No, de lo que estamos hablando es de la iglesia (¡con i minúscula!) como una reunión local de cristianos, o de la iglesia como una denominación interlocal o incluso internacional. Esto es, la iglesia como un fenómeno tangible dentro de la realidad cósmica inmanente. Y que esta iglesia es una institución de Dios es incuestionable.

Las iglesias locales y las denominaciones interlocales son siempre producto de procesos históricos, de modo que el aspecto fundamental es nuevamente el formativo. Puede ser igualmente claro que su aspecto de destinación se halla en la modalidad pística: las iglesias y las denominaciones son relaciones sociales písticamente cualificadas. Desde luego, enfatizo una vez más que una iglesia funciona en *todos* los aspectos modales, por ejemplo, en el aspecto lógico (podemos razonar teológicamente acerca de ella), el aspecto lingual (las iglesias y las denominaciones locales tienen muchos nombres diferentes), el aspecto social (en cada iglesia conviven juntos un número de cristianos), un aspecto económico (una iglesia tiene su propio presupuesto), un aspecto diquético (piénsese en la ley canónica), y un aspecto ético (se supone que los cristianos viven juntos en amor mutuo). Pero la verdadera naturaleza y destino de una Iglesia local o de una denominación interlocal se halla en su aspecto pístico. Las iglesias y las denominaciones están especialmente caracterizadas por el hecho de que comparten creencias en común.

Hemos visto que el hombre tiene funciones inmanentes en todos los aspectos modales y que al mismo tiempo los trasciende. De modo similar, las iglesias y las denominaciones tienen funciones inmanentes en todos los aspectos modales, pero al mismo tiempo los trascienden al estar entrelazadas con la Iglesia como Cuerpo de Cristo, la cual sobrepasa al tiempo y el cosmos.

Aquí, nuevamente, es importante enfatizar el significado de la soberanía de las esferas. Dije que el Estado no debiera gobernar sobre la iglesia, pero también lo opuesto es verdadero: la iglesia no debiera gobernar sobre el Estado. Eso fue el caso en la Europa católica romana medieval, donde la iglesia podía condenar a alguien por (supuesta) herejía, y luego

UNA ANTROPOLOGÍA CRISTIANA   159

entregarlo al Estado para que recibiese la pena de muerte. Hoy eso sería impensable en cualquier país civilizado.

No obstante, no hay que cometer aquí un error. La noción de soberanía de las esferas no significa que, aparte de la iglesia, las relaciones sociales, tales como los Estados, las escuelas, las empresas, etcétera, sean religiosamente neutrales. No hay personas neutrales o relaciones sociales neutrales. El Estado no debiera estar bajo la autoridad de ninguna denominación. Pero eso no altera el hecho de que las personas que ejercen la autoridad del Estado son siempre personas religiosas, les guste o no. Esto es, se hallan ante Dios como sus siervos (Ro. 13), les guste o no. Tendrán que responder ante él. ¡La Iglesia no tiene el monopolio sobre la religión! Todas las personas son religiosas; esto es, están orientadas hacia su fundamento último de certeza y confianza, ya sea que esto sea Dios o alguna especie de ídolo. Por lo tanto, no solamente las iglesias sino también los Estados, las escuelas, las empresas, las asociaciones, etcétera, son responsables ante Dios.

Otras relaciones sociales

Hemos encontrado dos relaciones sociales naturales institucionales, a saber, el matrimonio y la familia. También hemos encontrado dos relaciones sociales institucionales históricas, a saber, el Estado y la iglesia. Además de éstas, hay muchas otras relaciones sociales que no tienen un carácter institucional pero no obstante son frecuentemente un elemento vital en una sociedad civilizada. Menciono los ejemplos más importantes y los divido por sus funciones espirituales de destinación:

Lógica: *e.g.*, instituciones y asociaciones científicas.

Formativa: *e.g.*, asociaciones históricas y tecnológicas.

Lingual: *e.g.*, asociaciones lingüísticas, tales como las que quieren mantener y promover ciertos lenguajes minoritarios.

Social: *e.g.*, escuelas, clubes sociales, organizaciones de tránsito.

Económica: *e.g.*, negocios, compañías, empresas, factorías, bancos.

Estética: *e.g.*, asociaciones de artistas, orquestas.

Diquética: *e.g.*, tribunales, barras de abogados.

Ética: *e.g.*, asociaciones éticas.

Pística e.g., clubes bíblicos, sinagogas, mezquitas, templos, pero también partidos políticos (el Estado está diquéticamente cualificado, un partido písticamente cualificado).

Ninguna de estas asociaciones sociales es natural, esto es, dada como parte del orden creacional, ni institucional, esto es basada en instituciones divinas. No obstante, varias son esenciales para una sociedad civilizada; en otras palabras son el resultado inevitable de los procesos históricos en la civilización. No podríamos imaginar una sociedad sin, en particular, instituciones científicas, escuelas, compañías y tribunales. En ese sentido, la distinción entre relaciones institucionales y no institucionales es solamente relativa: el matrimonio, la familia, la Iglesia y el Estado ha sido instituidos *explícitamente* pero las instituciones científicas, las escuelas, las compañías y los tribunales están dados *implícitamente* con el modo en que Dios ha ordenado nuestro mundo.

UNA ANTROPOLOGÍA CRISTIANA

Preguntas para revisión

(1) ¿En qué sentido son las primeras cuatro idionomías humanas diferentes de las de los animales superiores?

(2) Explique qué se significa con la idionomía espiritiva del hombre.

(3) En términos de las idionomías humanas, ¿por qué es importante que éstas estén fundamentalmente encapsuladas una dentro de la otra?

(4) ¿Qué significa que el hombre es tanto inmanente como trascendente?

(5) Explique los términos dualismo, dicotomía y tricotomía. ¿Por qué es la frase "ego trascendente" mejor para describir la esencia del hombre, en vez de "alma" o "espíritu"?

(6) ¿Qué es el funcionalismo y de qué manera se opone a él la antropología filosófica cristiana?

(7) A la luz de este capítulo, ¿cuales el único camino hacia el verdadero autoconocimiento?

(8) Proporcione un breve análisis, en términos de los aspectos modales de cada uno de los siguientes:
- una familia humana
- el Estado
- la iglesia

(9) Dé ejemplos de las más importantes relaciones sociales en términos de sus funciones de destinación espiritivas.

CAPÍTULO 7

UNA FILOSOFÍA DE LA CIENCIA

Como dije en el capítulo 1, la filosofía de la ciencia podría ser llamada la "ciencia acerca de ciencia", o la "teoría acerca de las teorías". Esto es, es la teoría acerca de la naturaleza, el origen y el desarrollo de las teorías científicas. Todo estudiante de una de las ciencias especiales debiera aprender no solamente a investigar científicamente su campo de estudio, sino también a investigar científicamente el fenómeno de la ciencia como tal. Por ejemplo, un psicólogo principiante debiera aprender a distinguir entre el conocimiento práctico acerca de los humanos y la investigación teórica de los fenómenos psíquicos. Un teólogo principiante debiera aprender a distinguir entre el conocimiento práctico de la Biblia y la teología académica, o entre un colegio bíblico y una facultad teológica.

El cientificismo

Una de las trampas en las que puede caer fácilmente el estudiante inmaduro es el *cientificismo*, esto es la sobrestimación del pensamiento y el habla científicos en comparación con el pensamiento y habla prácticos, cotidianos. Esto es también el error de sobreestimar la ciencia, incluyendo a la teología, con respecto al habla cotidiana y práctica de la Biblia. Por ejemplo, se afirma que la ciencia nos provee con información acerca de la realidad cósmica más exacta que la religión (véase más abajo). El cientificismo está caracterizado por las siguientes ideas:

1. *La separación estricta entre fe y ciencia*. Si esto fuese correcto, no habría espacio en lo absoluto para ninguna filosofía de la ciencia distintivamente cristiana. El cristianismo y la ciencia estarían encerrados cada uno en compartimientos estancos. Esta idea es muy característica de nuestro tiempo presente, el cual ha elevado a la ciencia al rango de la fuente más elevada de conocimiento y compenetración, y ha empujado al cristianismo a los márgenes de la sociedad y lo ha confinado a la esfera estrictamente privada. Llamamos a esto secularización. En el mejor de los casos, la Biblia es considerada una fuente espiritual o mística de inspiración. No es un libro que en algún modo confiable tenga relevancia para la cultura, la sociedad, la política, y ciertamente tampoco para la ciencia.

2. *La idea de una ciencia neutral, objetiva y no sesgada*. Se tiene que decir de inmediato que, entre los filósofos de la ciencia, apenas habrá alguno que todavía parezca que cree en esa concepción que es llamada *positivismo*. La mayoría de ellos son conscientes de las creencias precientíficas sobre las cuales esta fundamentada la ciencia. Sin embargo, entre los científicos ordinarios —incluyendo los teólogos— quienes usualmente no están interesados en la filosofía de la ciencia, el positivismo todavía parece ser el punto de vista común, y esta concepción es mantenida aún más entre la amplia masa de los no científicos. El conocimiento de la fe es considerado sesgado, subjetivo y anacrónico; el conocimiento científico es supuestamente puro, confiable y objetivo.

3. *La creencia en la autonomía de la razón*. Esta es la concepción racionalista que ve a la razón humana siendo au-

tónoma, un término que significa literalmente "siendo su propia ley", no sujeta a una autoridad más alta, especialmente no a Dios y a su Palabra. Durante el Renacimiento (siglo disciséis), y especialmente durante la Ilustración (siglo dieciocho), esta concepción fue fuertemente enfatizada. En el posmodernismo del presente, sin embargo, son criticadas todas las concepciones ilustradas —el racionalismo, el optimismo científico, la creencia en el progreso continuo, etcétera. Pero, irónicamente, eso no parece valer para la autonomía de la razón. ¡Esta idea parece sacrosanta! En contraste, el cristiano cree en la *teonomía* de la razón. Esto no significa que siga diferentes leyes lógicas —por el contrario— sino más bien que el pensamiento humano, a pesar de sus muchas libertades y opciones, está sujeto a Dios y su Palabra.

Bibliocientificismo

Hay un tipo especial de cientificismo que yo llamo *bibliocientificismo*. Es una de las características de lo que hoy llamamos fundamentalismo. Éste es una especie de cientificismo que es proseguido no a expensas de la Biblia, sino en aras de la Biblia. Los adherentes ordinarios del cientificismo quieren usar la así llamada ciencia "neutral" para demostrar que la Biblia esta equivocada, mientras que los adherentes del bibliocientificismo quieren usar la misma ciencia, así llamada "neutral", para demostrar que la Biblia está en lo correcto. Ambos apelan a hechos supuestamente sólidos y a evidencia objetiva para defender sus casos respectivos. En otras palabras, ambos parten del mismo error positivista, porque no existe la evidencia objetiva. Ambos culpan a su oponente por partir de ciertos sesgos, en contra de los cuales ellos mismos postulan hechos supuestamente sólidos. Sin embargo, como veremos, los hechos son siempre hechos para las personas; solamente funcionan dentro del marco de ciertas presuposiciones písticas.

Los adherentes del bibliocientificismo aseveran que la verdadera ciencia nunca puede estar en conflicto con la Biblia. Esto es un razonamiento circular porque ellos ya han establecido cuáles son los hechos supuestos por la Biblia —frecuentemente con poca idea acerca de la exégesis apropiada y la hermenéutica de la Biblia (la ciencia de la interpretación). Incluso leen todo tipo de teorías científicas modernas en la Biblia, tales como las fuerzas nucleares (Col. 1:17a; He. 1:3), la ley de la entropía (Gn. 3), la isostasia (el equilibrio dentro de la corteza de la tierra; Is. 40:12b), el campo de gravedad (Job 9:8a), la fotosíntesis (Dt. 33:14), el hecho de que la luna no tiene luz propia (Job 25:5a), etcétera. Aquí el mensaje de la Biblia está siendo degradado como información científica. Esto no es solamente erróneo sino peligroso, porque si estas teorías llegan a volverse obsoletas, las personas concluirán que por lo tanto los textos demostrativos involucrados habrán sido también refutados.

Conocimiento crítico, bien fundamentado

En la ciencia (en latín *scientia*, palabra que significa conocimiento) tratamos de acumular conocimiento. En una escuela vocacional, en un curso de educación espiritual, las personas también tienen conocimiento, pero eso no es conocimiento científico. No todo conocimiento es conocimiento teórico o científico. El modo en el que se adquiere el conocimiento y la naturaleza de nuestro conocimiento debe satisfacer ciertas condiciones si queremos hablar de conocimiento teórico. Con esta finalidad, comparemos algunas características del conocimiento práctico y el teórico.

La ciencia nunca flota en el aire sino que siempre construye sobre un conocimiento que ya existe. Este proceso de construcción continúa por siempre. El conocimiento nunca está terminado o completado sino que siempre está abierto a elaboración y extensión. El científico siempre tiene que explicar este creciente conocimiento y las fuentes del nuevo conocimiento. Toda pieza del conocimiento que pretenda ser científica debe estar basada sobre conclusiones científicas publicadas o sobre los resultados de la investigación científica de uno mismo. El conocimiento que no tiene un vínculo con conocimiento anterior no es ciencia. Los amateurs algunas veces piensan que han hecho algún descubrimiento especial, sin darse cuenta de que en la mayoría de los casos tal trabajo ya ha sido hecho antes o incluso ya ha sido refutado.

En el conocimiento práctico tal explicación del conocimiento adquirido frecuentemente es apenas posible o incluso necesaria. No podemos checar todo el conocimiento que hemos adquirido. Eso no significa que tal conocimiento práctico carezca de valor. Recuerde que toda la investigación científica ha empezado con este conocimiento práctico. Pero el conocimiento práctico no es muy crítico y frecuentemente no está muy bien fundamentado.

Por ejemplo, sobre la base de toda su experiencia, un granjero puede frecuentemente decirnos qué tiempo tendremos al día siguiente, pero no puede fácilmente explicar este sentimiento. Un meteorólogo nunca podría trabajar de este modo; tiene que basar sus predicciones sobre una teoría coherente, bien establecida, que esté basada en muchas observaciones. (No obstante, ¡el granjero a veces da una mejor predicción que el meteorólogo!) En la ciencia queremos conocimiento confiable, esto es conocimiento que esté bien fundamentado y bien defendido sobre la base de una larga serie de observaciones y experimentos.

No obstante, esto no significa que el conocimiento teórico sea "superior" al conocimiento práctico; tal idea pertenecería al cientificismo. Mucho del conocimiento práctico sobrepasa a la razón, tal como, por ejemplo, el conocimiento que usted tiene de su ser amado. Es especialmente la filosofía cristiana la que presta atención a formas de conocimiento que no están racionalmente cualificadas. ¿Realmente conoce a su ser amado solamente si su conocimiento tiene que ser crítico, bien fundamentado, bien argumentado? ¿No es éste un conocimiento de una naturaleza muy diferente? O piense en el conocimiento que tiene usted de Dios. Éste no es meramente conocimiento teológico (espero); es un conocimiento que implica relación, intimidad y compañerismo (Jn. 17:3; *cfr.* Gn. 4:1, Adán "conoció" a su esposa).

Conocimiento sistemático, coherente

El conocimiento práctico se adquiere frecuentemente de un modo espontáneo, arbitrario y en buena medida subconsciente. Como consecuencia, es fragmentario e incoherente. Eso no es problema si usted necesita este conocimiento solamente para, digamos, alguna habilidad práctica, como tocar el piano (usted no tiene que entender la mecánica del piano o saber toda la teoría musical) o manejar un automóvil. Sin embargo, el conocimiento científico debiera, tanto como sea posible, formar una totalidad sistemática y coherente. No hay lugar para piezas sueltas de conocimiento; si ocurren, tienen que ser integradas en la totalidad o ser descartadas. Más aún, la ciencia usualmente adquiere su conocimiento no de modo espontáneo y arbitrario, sino de una manera ordenada, propositiva, a través de la investigación sistemática, esto es la observación y la experimentación. Los resultados de esta investigación son representados en teorías en las que las varias observaciones han sido organizadas con una coherencia lógicamente significativa.

Enfatizo nuevamente que esto es válido solamente para los tipos racionales de conocimiento. Repito que es especialmente la filosofía cristiana la que presta atención a formas de conocimiento que no están cualificadas racionalmente, tales como el conocimiento en las relaciones: el conocimiento de Dios, el conocimiento del ser amado de uno. O tome otro ejemplo: el conocimiento estético, esto es el conocimiento de lo bello, lo armonioso. Es típico del pensamiento racionalista que, debido a que el conocimiento de lo bello y lo feo no puede ser conceptualizado (encerrado racionalmente en conceptos), es frecuentemente tratado como algo subjetivo y arbitrario. La escuela filosófica del positivismo lógico ha incluso marcado al estético, junto con el ético, como no conocimiento. Pero ¿cómo podemos explicar que todo el que conoce la música clásica está de acuerdo en que Bach y Mozart se hallan entre los más grandes compositores de todos los tiempos, o que todo el que conoce las artes está de acuerdo en que Rembrandt y Caravaggio fueron algunos de los más notables pintores? Si esto no es conocimiento, ¿como puede haber tal consenso? *Debe* haber criterios objetivos para el arte aunque estos criterios sean muy difíciles de conceptualizar.

No es suficiente en sí misma la exigencia de que el conocimiento científico deba ser crítico, sistemático y objetivo. Un técnico que busque algún desperfecto en un automóvil lo hace de un modo objetivo y sistemático, pero lo que hace no es ciencia física o ingeniería. Un juez que tiene que dar un veredicto reúne sus datos de un modo crítico y sistemático, y utiliza métodos objetivos responsables. Pero ni el del técnico ni el del juez es un estudio de naturaleza científica. Aunque el trabajo de ambos presupone mucho de la teoría científica, esto no hace que su trabajo mismo sea trabajo científico. Es de una naturaleza *práctica*: el automóvil se tiene que mover nuevamente, el acusado tiene que ser encerrado o liberado. No es de una naturaleza *teórica*, esto es dirigida a aumentar nuestro conocimiento científico como un propósito en sí mismo

Conocimiento desprendido, sin compromiso

En nuestro enfoque práctico de la realidad cósmica siempre tenemos el cosmos en su totalidad integral, precisamente como el creador lo ha dado a nuestra experiencia. Este enfoque es concreto e inmediato; carece de la típica distancia fría con la cual el científico observa la realidad. La palabra *práctico* proviene del verbo griego *pratto*, el cual significa "actuar, hacer". La palabra *teórico* proviene del verbo griego *theanomai*, el cual significa "contemplar"; la palabra *teatro* proviene de la misma raíz. En el teatro nosotros "contemplamos" ("vemos", "consideramos") las cosas que suceden sobre el escenario. Podemos estar emocionalmente involucrados con estos eventos, pero no obstante siempre hay una distancia; no somos *parte* de estos eventos. Del mismo modo, el científico puede estar emocionalmente involucrado con su campo

UNA FILOSOFÍA DE LA CIENCIA 171

de investigación. No obstante, permanece a una fría distancia, pues nunca debe perder su objetividad en el sentido de que sus resultados no deben ser distorsionados por sus afectos o emociones.

La diferencia entre el enfoque práctico y el teórico de la realidad es la diferencia entre el modo en que el amoroso dueño de un perro mira su perro, y el modo en que un biólogo mira a un perro que funciona como sujeto de sus experimentos. El primero ve un animal concreto, con el cual mantiene un estrecho vínculo. El segundo no quiere un vínculo con el animal porque no quiere perder la apropiada distancia en sus experimentos. Por la misma razón, a la mayoría de los doctores no les gusta operar a sus propias esposas; no serían capaces de mantener la distancia apropiada frente al cuerpo físico que está siendo operado. Debido a esta diferencia entre el enfoque práctico y teórico, una persona podría ser un excelente educador y no obstante educar mal a sus propios hijos. De modo similar, podría ser un excelente economista pero administrar muy mal las finanzas de su propio hogar.

La filosofía cristiana plantea nuevamente la pregunta aquí de si la biología científica es "superior" al conocimiento práctico de la naturaleza. Es solamente superior al conocimiento práctico *racional* de la naturaleza pero no superior al conocimiento comprensivo, inmediato que el dueño del perro tiene de su perro. La psicología no es superior al conocimiento que tiene un buen pastor de los miembros de su congregación. La musicología o la teoría literaria no es superior al conocimiento reconfortante, incluso extático que uno puede tener de Monteverdi o de Shakespeare. Uno tiene que ser un racionalista obstinado para aseverar lo contrario.

Conocimiento abstracto, analítico

El ejemplo del amante del perro y el biólogo puede ayudarnos a entender otra diferencia entre el conocimiento práctico y el teórico. El dueño del perro experimenta su perro como una totalidad. En nuestra terminología filosófica cristiana: todos los aspectos modales del perro son igualmente importantes y no destaca ningún aspecto singular. El dueño puede volverse consciente de un cierto aspecto en un cierto momento, por ejemplo cuando el perro tiene calentura (biótico), o tiene que ser vendido (económico), o participa en una exhibición canina (estético), o ha sido robado (diquético). Pero incluso en estos casos es siempre el perro entero el que esta involucrado. Es diferente con el biólogo. Como biólogo deja fuera de consideración los aspectos económico, estético y diquético, y todos los otros aspectos, y se concentra exclusivamente en el aspecto biótico.

La ciencia no sólo se limita a un campo de investigación singular, por ejemplo el de los perros, sino que también considera su objeto de estudio solamente desde un punto de vista modal singular. Este punto de vista es abstraído de la totalidad del objeto de estudio. He explicado esto extensamente en el capítulo 3. He tratado de señalar que, hablando estrictamente, las ciencias especiales nunca se ocupan de los fenómenos concretos como tales, sino siempre de ciertos aspectos (por ejemplo, los aspectos físico, biótico, sensitivo, lógico, social, económico, estético, diquético, ético) de los fenómenos. En otras palabras, la ciencia está basada en un *análisis modal* de la realidad, esto es un análisis de acuerdo con uno de unos cuantos puntos de vista modales.

Una vez más, la filosofía cristiana enfatiza que el conocimiento teórico no es superior al conocimiento práctico. ¿Por qué sería superior una forma de conocimiento que considera solamente *un* aspecto modal de un proyecto de estudio al conocimiento que ve este proyecto como una *totalidad*? Las personas piensan que esto es así porque resulta que un análisis modal de la realidad ha profundizado nuestra compenetración enormemente en ese lado modal específico de la realidad. Este tremendo éxito puede sugerir alguna superioridad del conocimiento científico, pero esto es engañoso. El análisis modal nunca puede ser una meta en sí misma; es solamente un medio para un fin, a saber la profundización y clarificación de nuestro conocimiento práctico, nuestro conocimiento suprarracional de la realidad en particular, a la luz de la revelación de Dios. Éste es el conocimiento superior. Para profundizar *este* conocimiento, el conocimiento teórico es una ayuda fantástica —pero nada más. Es un siervo, no un rey. La tierra se alborota "por la sierva cuando hereda a su señora" (Pr. 30:23).

Conocimiento objetivo, reproducible

El conocimiento práctico está estrechamente vinculado con el individual. Cada persona tiene su propio modo único y colección específica de conocimientos prácticos, dependiente de su historia personal y sus experiencias. En la ciencia esto es muy diferente. El conocimiento científico nunca es propiedad privada del científico sino siempre la posesión de una *comunidad científica*. Una ciencia estrictamente personal, que en realidad no pueda hacerse por nadie más que el descubridor, no es verdadera ciencia en lo absoluto.

Este carácter colectivo de la ciencia implica que, en principio, no importa quien lleve a cabo el experimento. Seguramente el inventor de un proyecto experimental enteramente nuevo que conduce a resultados magníficos se vuelve famoso. Pero si posteriores investigadores condujeran los mismos experimentos y produjeran resultados muy diferentes, su fama se desmoronaría muy rápidamente. Diferentes investigadores que hacen el mismo experimento deben arribar a aproximadamente los mismos resultados; en otras palabras, los experimentos debieran de ser *reproducibles*. Esto involucra la exigencia de *objetividad*. Siempre es altamente deseable que científicos chequen los resultados de otros científicos.

La ciencia nunca puede ser objetiva en el sentido de no tener presuposiciones, de no tener creencias precientíficas sobre los cuales esté fundamentada. Sin embargo, la ciencia *necesita* ser objetiva cuando se trata de obtener resultados confiables. Ningún científico debe sesgar o adaptar sus resultados porque los efectos le resulten más convenientes. A veces este tipo de objetividad ha sido llamada "intersubjetividad": diferentes científicos que hacen el mismo trabajo científico debieran arribar a resultados similares.

Esto vale no solamente para las ciencias experimentales, sino también para las humanidades. Los académicos que consultan las mismas fuentes literarias, o que estudian la misma situación (evento, estado de cosas), debieran arribar a resultados comparables. Incluso si una situación es única, nunca es única en todo respecto; siempre hay conexiones con otros eventos o estados de cosas. Por ejemplo, la *Mona*

Lisa de Leonardo da Vinci es una pintura única, no obstante una pintura como miles de otras pinturas, y, como tal, está sujeta a criterios artísticos que nos ayudan a establecer qué *tipo* de pintura es (un retrato renacentista), y si es una pintura mediocre o una excepcionalmente buena.

Criterios de la ciencia

Resumiendo lo que dije arriba, concluimos que la verdadera ciencia es una actividad humana que, de un modo crítico y sistemático, forma conocimiento teórico acerca de un campo de investigación mediante el análisis modal, de tal modo que este conocimiento es bien fundamentado, coherente, objetivo (no depende del investigador) y reproducible. La ciencia que no es crítica, sistemática, bien fundamentada y reproducible no es ciencia verdadera —pero estos criterios, si bien son esenciales, no son suficientes (véase más arriba, acerca del técnico y el juez). Sólo dos criterios son esenciales *y* suficientes; éstos son los criterios de distancia teórica y análisis modal. No se encuentran en la obra del técnico o el juez porque su trabajo es de una naturaleza *práctica*, tiene un propósito *práctico*, no está dirigido a profundizar la compenetración teórica, y está caracterizado por la preocupación inmediata con el tópico involucrado y por la experiencia multilateral, esto es sin abstracción modal.

De modo similar, las artes, la religión, la pericia, etcétera, no son ciencias porque no están dirigidas a profundizar nuestro conocimiento científico. La estética (ciencias de las artes), la teología (o psicología de la religión), las ciencias de la ingeniería, etcétera, *son* ciencias, pues están dirigidas a profundizar nuestra compenetración teórica en las artes, en la religión, y en varias habilidades, respectivamente. Sin embargo, sería un típico error cientificista aseverar que la estética es superior a las artes mismas, o la ciencia de la religión superior a la religión, con el argumento de que la estética y la psicología de la religión son ciencias, mientras que el arte y la religión no lo son. Una pintura de Vincent van Gogh vale más que toda la sabiduría estética concerniente a la misma, aunque esta pintura no sea científica. Un inspirador encuentro cristiano vale infinitamente más que toda la sabiduría de la psicología de la religión concerniente al mismo.

La teoría de los aspectos modales arroja alguna luz sobre este problema. La ciencia es acerca de la observación y la compenetración teórica; esto es, las modalidades perceptiva y lógica destacan aquí. Sin embargo, en las artes es la modalidad estética la que resalta, y si usted gusta, también la modalidad sensitiva dentro del admirador de ellas. Las artes representan la realidad en su modo propio característico, así como la ciencia hace esto en su propio modo característico. Las diferentes religiones representan la realidad en sus modos propios característicos, siempre písticamente cualificados. Cualquier particular modo de representación no es necesariamente superior o mejor que otro (en la medida en que no confundamos las diferentes religiones con la fe en Dios dentro del corazón renacido). Regresaré a este importante tópico en el último capítulo

Ciencia y abstracción

Hablé anteriormente en este capítulo acerca de la abstracción como una característica del pensamiento teórico. Quizá el tipo más importante de abstracción en la ciencia sea la abstracción *modal*: toda ciencia especial tiene su propio punto de vista modal desde el cual estudia la realidad cósmica. He descrito esto extensamente en el capítulo 3.

Una segunda forma de abstracción en la ciencia ha sido descrita por Hendrik van Riessen como la *abstracción del universal*. Esto es, los elementos únicos en un evento son negligidos; el científico busca lo que eventos de una naturaleza similar tienen en común. ¿Cual es el elemento *universal* en el evento o en el estado de cosas bajo investigación? De hecho, esto significa buscar las *leyes* que valen para estos eventos similares. Por ejemplo piense en la Ley de Gay-Lussac, la que dice que el producto de la presión y el volumen de un gas, dividido por su temperatura, es constante. Esta ley es siempre válida, independientemente del lugar y el tiempo, o del humor del investigador, o del tipo o la cantidad de gas que está siendo usada. Al físico le gusta hablar aquí del "gas ideal", a partir del cual las características peculiares de los diferentes gases han sido extraídas (negligidas), de manera que permanecen las características universales, aquellas que hacen que un gas sea un gas.

Todas las ciencias conocen tales leyes, aunque en las humanidades son más difíciles de señalar que en las ciencias naturales, y frecuentemente ni siquiera son llamadas leyes. No obstante, la sociología conoce tales leyes (¿qué reglas son mejores para preservar los vínculos sociales?), La economía las conoce (tales como la ley de la oferta y la demanda), la estética las conoce (¿que hace grande a la música grande?), La jurisprudencia las conoce (el castigo debe ser proporcional al crimen cometido), etcétera (véase el capítulo 4 para ejemplos adicionales).

Una tercera forma de abstracción en la ciencia es la *abstracción experimental*, la cual es característica de los experimentos. Un experimento es una configuración artificial en la que se observa una cierta variable bajo condiciones controladas. La influencia de todas las otras posibles variables es abstraída (eliminada), de manera que solamente la variable singular que ha de ser investigada permanece. Si una variable y es una función de las variables p, q y r, y queremos medir la influencia de p, debemos mantener q y r constantes, y variar p, etcétera. Así que por el momento, q y r son abstraídas de la situación experimental.

La abstracción del objetivo involucra abstraer no solamente los factores irrelevantes en una situación observacional, sino también aquellos dentro del investigador mismo: su humor, su ansiedad, sus concepciones personales y su experiencia no han de influenciar sus resultados. Solamente la facultad lógica ha de permanecer activa. Desde luego, los factores sensitivos, sociales, económicos y morales no pueden ser eliminados de él, pero a través de un entrenamiento intensivo debiera aprender a apagar estos factores durante la investigación. Esto no significa que no se le permita regocijarse cuando su investigación arroja resultados positivos (sensitivos), o que estén prohibidos los vínculos fuertes dentro de su equipo (sociales), o que no ha de ser frugal cuando considera comprar nuevo tipo (económicos), o que no se permitan consideraciones morales (éticos). Por el contrario. El punto es, sin embargo, que ninguno de estos factores ha de afectar sus *resultados* o sus *teorías*.

En cada investigación científica destacan dos aspectos modales: el aspecto lógico dentro del investigador, y el aspecto modal del objeto de estudio, el cual varía desde lo aritmético hasta lo pístico. Por ejemplo, en biología, el aspecto lógico del biólogo se enfrenta al aspecto biótico de la realidad cósmica; en sociología, el aspecto lógico del sociólogo se enfrenta al aspecto social de la realidad cósmica, y así consecutivamente.

Seguramente, la abstracción como tal no es una característica exclusiva del pensamiento teórico. Es igualmente una característica del pensamiento práctico. Toda conceptualización está basada en la abstracción. El concepto de una silla contiene todas las características que son características de todas las sillas, mientras que todos los elementos no específicos (tamaño, materiales, color, etcétera) son abstraídos de ella. Ésta es la abstracción de *cosas*. También hay la abstracción de *propiedades*: la rojez es la característica que todas las cosas rojas tienen en común, la bondad la característica común de todas las cosas buenas, la belleza la característica común de todas las cosas bellas. Este tipo de abstracción ocurre en la vida cotidiana. Un pintor puede pensar acerca de la rojez, un miembro de un jurado acerca de la bondad. Pero sólo cuando un físico piensa acerca de la rojez en términos electromagnéticos (aspecto físico), o cuando un estudioso de la ética estudia criterios más profundos para el bien y el mal (aspecto ético), entramos en el dominio de la teoría.

Hablando estrictamente, este pensamiento teórico empieza ya en la escuela primaria, a saber cuando un niño aprende a calcular. Es un gran salto desde dos manzanas más dos manzanas son cuatro manzanas (lo práctico concreto) a la noción de que $2 + 2 = 4$. Aquí lo aritmético es abstraído de la realidad concreta como una meta en sí misma, para ayudar al niño a descubrir los entresijos de la modalidad aritmética (aunque no en estos términos, desde luego). Desde allí el niño retorna a la vida práctica, pues en la práctica nunca calculamos de manera abstracta, ya que siempre agregamos cosas concretas: dos dólares más dos dólares) (o vacas, o personas o casas, etcétera). El que sabe cuanto es 2 + 2 también sabe cuanto es dos dólares más dos dólares. De este modo, las abstracciones teóricas son aplicadas prácticamente en la vida cotidiana. Una teoría nunca es un fin en sí mismo sino un medio para hacer más vivible la vida práctica. ¡A regresar de la abstracción a lo concreto! Retornaremos a este importante punto en el último capítulo.

Observación práctica

No puede haber ciencia sin observación, salvo las matemáticas —e incluso los matemáticos difícilmente sabrían acerca de los círculos si no estuviesen familiarizados con cosas redondas en la vida práctica. En el siglo veinte, los filósofos —Dooyewerd fue uno de los primeros— empezaron a darse cuenta cada vez más claramente de que esta observación nunca puede ser neutral u objetiva, esto es carente de sesgos. En primer lugar, en cada observación (práctica) tiene lugar una cierta "estructuración cognitiva"; esto es, nuestra observación es estructurada por el conocimiento (cognición) previo que poseemos acerca de los hechos observados. ¿Qué significa esto?

Cuando observamos un hecho (en latín *factum*, hecho, sucedido), esta observación no es meramente un agregado "objetivo" de datos sensoriales como afirmaba el positivismo. Los datos sensoriales son "sensaciones", formas y colores, sonidos, olores y sabores. Si observamos un ave, por ejemplo, creemos que esta observación se refiere a la realidad objetiva (esto es, independiente del observador) del ave. Pero la observación de un ave objetiva no implica una observación objetiva del ave. Las formas, colores y sonidos observados juntos no arrojan un ave. Sin algún conocimiento de las aves en general, de diferentes especies de aves, de la naturaleza, estructura, modos de volar y otros hábitos de las aves, no veríamos un ave, sino solamente las distintas formas y colores.

En la filosofía cristiana diríamos que se necesita algún conocimiento práctico de las idionomías (leyes estructurales) que hacen que un ave sea un ave (véase el capítulo 5). La ciencia nos ayuda a descubrir las leyes que rigen la realidad cósmica, pero también lo opuesto es verdadero: sin algún conocimiento práctico básico de las idionomías (leyes estructurales), en este caso las de un ave, nunca se podrían ver las aves. Nuestra previa cognición de las aves, esto es de las leyes estructurales que hacen que las aves sean aves, estructura las sensaciones que recibimos cuando observamos un ave. Nuestros ojos ven colores y figuras; es nuestra conciencia la que, debido a esta estructuración cognitiva, ve un ave. Por lo tanto, la *percepción* (en nuestra conciencia) es más que una totalidad de *sensaciones* (a través de nuestros órganos sensoriales); es al menos estructuración sensitiva más cognitiva. Sólo aquellos que han aprendido cuál es el sabor de la paprika degustarán la paprika en un cierto platillo, mientras que la persona ignorante no degustará nada peculiar.

Incluso las sensaciones de figuras, colores, sonidos, olores y sabores no son, sin embargo, datos sensoriales independientes de la cognición. La sensación de color rojo se experimentaría de una manera muy diferente si todo alrededor de nosotros fuese rojo, si no conociésemos el concepto "rojo". Vemos lo anaranjado porque el término *anaranjado* pertenece a nuestro vocabulario. Hay naciones que carecen de una palabra para *anaranjado* y por lo tanto no ven lo anaranjado;

invariablemente ven un amarillo rojizo o un rojo amarillento.

La filosofía del siglo veinte ha puesto un gran énfasis sobre el significado del lenguaje también dentro de la ciencia. Nuestros conceptos son pequeñas ventanas a la realidad. No podemos observar las cosas para las que no hemos desarrollado conceptos y nombres. No vería un caballo si no conociese de antemano el concepto "caballo" así como la palabra "caballo" para ese concepto. Podría ver un animal porque ya estaba familiarizado con el concepto "animal" de antemano. Pero sin algún conocimiento de los caballos no reconocería al animal como un caballo.

El lenguaje es como una red que es arrojada sobre la realidad. Lo que puede ser capturado en esa red es aquello que puede manejar el lenguaje. Literalmente no veo mucho cuando miro un partido de críquet o un juego de fútbol americano porque difícilmente conozco las reglas y metas de estos juegos (¡lo siento!). En la jungla tampoco vería mucho, mientras que los nativos verían cien veces más porque ellos conocen la jungla. No hay conocimiento sin percepción previa; pero tampoco hay ninguna verdadera percepción sin algún conocimiento previo. Así es cómo aprenden a ver los infantes, esto es, a moverse de las sensaciones puras a la verdadera percepción: aprendiendo gradualmente de qué tipos de cosas están rodeados. Entre más conozca el bebé, más percibirá el bebé —y entre más perciba el bebé, más conocerá el bebé. Las dos van de la mano todo el tiempo.

Sensaciones "cargadas"

Hay más que meramente una estructuración cognitiva. Si fuésemos a prestar atención solamente al aspecto cognitivo, podríamos recaer fácilmente en el racionalismo. Además de estar cargadas con nuestra cognición previa, nuestras sensaciones están cargadas con muchos recuerdos, experiencias, afecciones positivas y negativas, emociones, ideas (correctas o incorrectas), nuestra imaginación, nuestra voluntad, etcétera. Cuán diferentes son los modos en que una madre, un maestro, un educador, un tratante de esclavos, un pedófilo, un juez en una corte juvenil, etcétera, miran a uno y el mismo niño. O, más bien, nunca es el mismo niño. Cuán diferentemente vemos un cierto niño después de que hemos escuchado que es extremadamente brillante, o que es un malicioso ladrón, o que ha sido seriamente abusado por sus padres. Ningún niño es jamás un hecho objetivo. Como dije antes, los hechos son siempre hechos para las personas. No son los datos sensoriales de un hecho lo que lo hacen ser un hecho, sino *tu* percepción —esto es, sensaciones más cognición, recuerdos, afecciones, etcétera— es la que convierte las sensaciones recibidas en un multilateral hecho para ti.

Podemos ahora explicar mejor el erróneo carácter del bibliocientificismo fundamentalista, el cual intenta leer sólidos hechos científicos en la Biblia (véase arriba). También los hechos bíblicos funcionan solamente dentro de un cierto contexto cognitivo, el cual en este caso está estrictamente písticamente cualificado. Esto es, la Biblia siempre habla el lenguaje de la fe; nunca esta interesado en los datos naturales o históricos como tales. Cuando se mencionan tales datos, siempre lo hace en el contexto de la fe, no de la ciencia o la historiografía. La Escritura es divinamente confiable no porque resulte ser científicamente correcta sino porque, también donde habla acerca de la naturaleza y de la historia, proviene de aquel que es la Verdad y nos regresa a él . Como tal, la Escritura aborda primariamente nuestro corazón y nuestra fe, más que nuestra curiosidad científica.

Observación teórica *versus* **práctica**

Uno podría suponer que un científico observa hechos de un modo mucho más objetivo que el observador práctico. Hasta cierto punto esto es verdadero porque tiene que excluir sus afecciones (positivas o negativas), su imaginación, su voluntad (la cual le muestra qué *quiere* ver) tanto como pueda. Sin embargo, también la observación científica está necesariamente estructurada cognitivamente. En este caso estamos tratando con un tipo especial de cognición, a saber el conocimiento teórico. La observación científica siempre está teóricamente cargada; esto es, siempre ocurre en un contexto teórico.

Los filósofos de la ciencia usualmente afirman que *toda* observación, incluyendo la observación práctica, está teóricamente cargada. En este caso, la estructuración cognitiva y la carga teórica equivalen a la misma cosa, ya que toda cognición está teorizada (convertida en algo teórico). Sin embargo, mucho antes de que se inventara el pensamiento teórico, las personas sabían qué eran las aves y los niños. Estas formas prácticas de observación y conocimiento no involucran teorías biológicas o de otro tipo. En la filosofía cristiana hablamos de observación teóricamente cargada sólo cuando, por ejemplo, un biólogo observa un ave de un modo sistemático, desprendido, desde un punto de vista estrictamente biótico; o un abogado observa un niño de un modo sistemático, desprendido, desde un punto de vista estrictamente jurídico.

Esta difuminación de la diferencia entre conocimiento práctico y teórico es una consecuencia del racionalismo y el cientificismo, cuya aseveración central es que el verdadero conocimiento es conocimiento teórico. Esta difuminación se puede observar por doquier. Las personas afirman que todo humano (pensante) es un filósofo de sillón —como si nuestra cosmovisión práctica fuese algo así como una cosmología filosófica. O las personas afirman que toda persona es un psicólogo de sillón porque constantemente formamos teorías acerca de nuestros congéneres —como si nuestras impresiones prácticas de nuestros congéneres pudiesen ser teorizadas tan fácilmente. Estas impresiones no son ni siquiera vagamente como las teorías psicológicas. El juicio práctico de las personas es muy diferente de cualquier tipo de antropología, así como el conocimiento práctico de la fe de la Biblia es radicalmente diferente de las teorías teológicas (véase el siguiente capítulo).

Desde luego, los conceptos y las ideas teóricos también permean el conocimiento práctico, cotidiano, del hombre moderno. Pero eso no hace al conocimiento cotidiano una condición que esté teóricamente cargada. ¡No permita que las teorías psicológicas se interpongan entre usted y su ser querido, y no permita que las teorías teológicas se interpongan entre usted y su Dios! El conocimiento científico (biológico, psicológico, histórico, sociológico) acerca de las mujeres en general tiene muy poco que ver con la relación entre mi esposa y yo. De modo similar, las teorías teológicas tienen muy poco que ver con su conocimiento de Dios y su compañerismo con él.

La observación teórica

Los científicos naturales en particular nos proporcionan muchos ejemplos de la carga teórica de sus observaciones. Aunque son llamados científicos naturales, los físicos y los químicos en particular difícilmente llegan a observar los fenómenos en la naturaleza. Su observación involucra solamente la posición de las agujas en los instrumentos de medición, los colores de los indicadores químicos de color, etcétera (Ernst Mach). Tales instrumentos de indicadores de color están basados en teorías complicadas. En otras palabras, la corrección de las observaciones involucradas depende de la corrección de las teorías subyacentes. Las observaciones están teóricamente cargadas en el sentido de que están incrustadas en estas teorías, por así decirlo.

Estas teorías han dado lugar a los experimentos acerca de los que estamos hablando. Esto es, estos experimentos tienen el propósito de someter a prueba las predicciones que han sido hechas sobre la base de estas teorías. Este es un punto importante: no solamente las observaciones conducen a las teorías, sino que las teorías conducen a las observaciones, como lo ha enfatizado Karl Popper. De seguro, en la ciencia difícilmente hay teorías que no estén basadas en observaciones. Pero es igualmente verdadero que difícilmente hay observaciones científicas que no estén basadas en teorías precedentes. Las observaciones científicas no solamente están teóricamente cargadas, sino también teóricamente inspiradas. Es ingenuo pensar —como lo hizo en el siglo disciséis el filósofo británico de la ciencia Francisco Bacon— que el trabajo científico es tránsito en una dirección, esto es, de la observación a la teoría; ¡hay justamente tanto transito moviéndose desde la otra dirección!

Entidades y leyes teóricas

Una teoría (científica) puede ser entendida como una especie de marco en el cual han sido reunidas un gran número de observaciones, un marco que nos provee ciertas concepciones acerca de la coherencia entre estas observaciones. Un elemento vital en estas concepciones son las *leyes* que se supone que explican las observaciones; piense en lo que dije anteriormente acerca de la "abstracción del universal". Las observaciones son interpretadas en términos de ciertas leyes que han sido formuladas para un cierto tipo de fenómenos. El evento P ocurre porque hay una ley Y que predice que, en una situación dada, P *debe* suceder o *probablemente* sucederá.

Los fenómenos pueden ser también explicados en términos de ciertas *entidades teóricas*. Estas entidades nunca han sido observadas de un modo directo sino que han sido postuladas para explicar ciertas observaciones. Por ejemplo, nadie ha visto jamás un electrón o un gen (a lo sumo, hemos visto imágenes, las cuales, *sobre la base de ciertas teorías*, son interpretadas como representando moléculas o genes). A pesar de esto, suponemos su existencia por que se pueden explicar a través de ellas, de manera conveniente, numerosos fenómenos. Consideramos que un fenómeno ha sido explicado si podemos mostrar que no es más que un ejemplo específico de una ley más general Y o de un fenómeno más general Z. Así, el sonido es explicado refiriendo el fenómeno de la vibración del aire, las neurosis son explicadas en términos de la supresión y otros mecanismos de defensa, características inusuales en los organismos son explicadas en términos de genes mutantes, la declinación de los dialectos es explicada a partir del dominio del lenguaje nacional, etcétera.

Las ciencias *inductivas* son ciencias que, sobre la base de un gran número de casos individuales, tratan de arribar a reglas (leyes) generales para explicarlos. Este movimiento de lo específico a lo general es llamado *inducción*. Subsecuentemente, sobre la base de estas leyes generales se pueden explicar nuevos casos específicos. Esto es, de los casos A, B, C, D se deriva la regla general P; subsecuentemente, E y F son explicados por la regla P.

Las ciencias *deductivas*, tales como las matemáticas y la lógica, siguen la trayectoria opuesta. Empiezan con ciertas tesis generales que son consideradas autoevidentes o que no pueden ser defendidas ulteriormente; tienen el estatus de axiomas. A partir de estas tesis generales se derivan tesis específicas.

La inducción en el sentido más amplio se puede describir como el intento de explicar el *lado factual* (o *lado sujeto*) de la realidad cósmica en términos del *lado ley* de la realidad (véase extensivamente el capítulo 4). A su manera, también las ciencias deductivas tratan de aprehender el lado ley de la realidad. Esta parece ser una pregunta general subyacente a todos los tipos de ciencias: ¿cuáles son las leyes que gobiernan nuestro mundo, desde el mundo matemático hasta el pístico? Todas las ciencias especiales se pueden explicar como intentos por develar el orden nómico que el Creador ha instituido para la realidad cósmica (incluso si los científicos involucrados no lo formulan de este modo). Y es una de las tareas de la filosofía investigar e interpretar este estado de cosas: tratar de develar el orden nómico tal y como se aplica a la actividad científica.

Preguntas para revisión

(1) ¿Qué es el cientificismo, y qué ideas lo caracterizan?

(2) ¿Qué es el bibliocientificismo y por qué es peligroso usar la Biblia para "demostrar" una teoría científica.

(3) ¿Cuáles son algunas diferencias entre el conocimiento científico y el conocimiento práctico? ¿Por qué son importantes estas diferencias?

(4) ¿Qué es "ciencia verdadera"?

(5) Identifique y explique tres tipos de abstracción relacionadas con el conocimiento científico.

(6) Identifique y explique tres tipos de abstracción involucradas en el conocimiento práctico.

(7) ¿Qué significa que el conocimiento práctico frecuentemente precede al conocimiento teórico y es una prerrequisito para el mismo?

(8) ¿Qué significa que la observación científica está siempre téoricamente cargada?

(9) ¿Qué significa inducción? ¿Por qué la deducción? ¿Qué papel desempeñan en la ciencia?

CAPÍTULO 8

LA CIENCIA Y LAS COSMOVISIONES

En el capítulo 1 señalé la importancia del término "cosmovisión". Una cosmovisión tiene una función intermedia entre nuestro trabajo científico, por un lado, y la actitud de fe de nuestros corazones, por el otro. En resumen, las diferencias entre estos tres podrían ser formuladas como sigue: la ciencia es racional y teórica, una cosmovisión es racional y práctica, y la fe es suprarracional y práctica.

Una cosmovisión es un agregado de convicciones fundamentales con respecto al mundo —la realidad cósmica— y está determinada por lo que hemos descrito como "motivos religiosos básicos". Algunas veces las personas hablan de una "visión de la vida", pero quizá sea mejor definir una visión de la vida como un agregado de convicciones fundamentales con respecto a la naturaleza, el significado y el propósito de la vida humana. Una cosmovisión es una noción más comprensiva; una visión de la vida es solamente parte de ella.

En la descripción de una cosmovisión como acabo de darla, se incluyen un número de características que voy a desarrollar más abajo. Nuevamente, la teoría de los aspectos modales puede ser de gran ayuda aquí. Me limitaré a algunas de los aspectos más sobresalientes, y desafiaré al lector a desarrollar los otros aspectos espiritivos de las cosmovisiones por sí mismo.

El aspecto sensitivo

Una cosmovisión no es meramente un conjunto de creencias racionales concernientes al mundo. También involucra cómo se "siente" uno acerca del mundo, cómo es uno "movido" por él, cómo se "siente" uno acerca de su relación con el mundo. Muchos elementos en nuestras cosmovisión tienen más que ver con afectos positivos y negativos y con emociones —a veces muy fuertes— que con consideraciones estrictamente racionales. En gran medida, una cosmovisión se desarrolla en una persona a través de experiencias positivas y negativas, de recuerdos buenos y malos, que conducen a afectos positivos y negativos. Por ejemplo su actitud hacia la religión podría tener menos que ver con argumentos racionales y más con experiencias buenas o malas en la iglesia a la que asistía, recuerdos buenos o malos de su educación religiosa (en el hogar, en la escuela), y cosas como esas.

El aspecto sensitivo también implica el hecho de que una cosmovisión es una fuerza motriz en la vida de una persona. He explicado antes que un motivo religioso básico es algo que impulsa el corazón de uno, y esto es un asunto trascendente. Pero ciertamente hay un elemento inmanente en este impulso que es de una naturaleza sensitiva. Surgiendo del corazón, una cosmovisión motiva el hablar y el actuar de una persona en su vida cotidiana concreta, en sus relaciones humanas, su estilo de vida, su educación, sus acciones sociales y políticas, sus actividades culturales, su ciencia y su filosofía. En todos estos asuntos su cosmovisión es la fuerza motriz ("fuerza" siendo aquí una analogía con la modalidad energética). La palabra *motivar* proviene del latín *movere*, "mover", siendo el movimiento aquí una analogía con la modalidad cinemática.

¿Qué le mueve usted? ¿Qué le impulsa? ¿Cuáles son las cosas acerca de las cuales tiene sentimientos fuertes? La respuesta se da de la manera más simple describiendo sus creencias, su cosmovisión. ¿Es usted conmovido por la miseria del perseguido, o de muchas mujeres en este mundo, o de los animales maltratados? ¿Es usted impulsado por la miseria de los pobres y los débiles en nuestra sociedad? ¿Por la pobreza en los países comunistas, o en los países capitalistas, para el caso? ¿Por el surgimiento del ateísmo y el materialismo? ¿Por la declinación del cristianismo en el mundo occidental y la concomitante pérdida de conocimiento de la Biblia? O, para ser honestos, ¿está usted siendo impulsado por sus caballos de pasatiempo y sus idiosincrasias? Debe haber algo que realmente le toque y lo impulse a la acción. La mayoría de las personas tienen ideales, los cuales en gran medida son de una naturaleza sensitiva.

El aspecto lógico

Todo ser humano es, entre muchas otras cosas, un ser lógico; esto es, un ser pensante. No puede evitar pensar acerca de los misterios de la vida y de este mundo, aunque sea superficialmente. Muchas personas tienen convicciones fundamentales por lo menos vagas y frecuentemente muy abiertamente expresadas acerca de las preguntas más profundas de la vida y de este mundo. Estas convicciones fundamentales constituyen ideas acerca del origen, significado, destino, propósito y valor del hombre y el mundo, y acerca de las relaciones mutuas entre humanos y congéneres, entre el hombre y la sociedad, entre el hombre y su ambiente, entre el hombre y su Dios, o dios, o dioses.

Desde luego, el pensamiento de algunas personas acerca de estas cosas es muy superficial. En realidad no parecen estar muy interesadas en las preguntas básicas. Sin embargo, esto es el caso sólo aparentemente. En ciertas situaciones límite (enfermedad grave, divorcio, pérdidas sustanciales, muerte), resulta que muchas personas tienen ciertas ideas definidas acerca de lo que realmente importa en la vida. E incluso si las personas solamente viven (aparentemente) para el dinero, para el sexo, para los deportes, para la música u otros placeres, tienen alguna idea acerca del significado de la vida, no importa cuán pobre pueda ser esta idea a los ojos de otras personas.

Otra razón por la que las cosmovisiones de muchas personas están pobremente desarrolladas es que una cosmovisión coherente no es en lo absoluto popular en nuestro tiempo postmoderno. El postmodernismo no tiene espacio para las "grandes narrativas" (véase arriba en el capítulo 2). La frase "gran narrativa" (*grand récit*) surge del filósofo francés del siglo veinte Jean-François Lyotard, y significa una concepción comprensiva y coherente en la que todas las facetas de la realidad encuentran su interpretación. Parece que hoy hay poco interés en tales cosmovisiones comprensivas y capaces de proveer interpretaciones sobre todos los temas.

Sin embargo, ¿es esto realmente tan diferente de la situación en el periodo moderno, esto es el periodo precedente a nuestro tiempo postmoderno? ¿Cuántas personas tuvieron jamás una concepción verdaderamente comprensiva y plenamente consistente? En la práctica, las cosmovisiones de la mayoría de las personas consisten solamente de trozos y pedazos, frecuentemente sin mucha coherencia. No obstante, podemos prever —y esperar— que intelectuales que están especialmente interesados en la filosofía o alguna ciencia especial tengan concepciones más o menos articuladas acerca del hombre y la sociedad, la historia y la cultura, el significado y el propósito.

El aspecto formativo

Una cosmovisión no es un agregado estático de creencias sino que siempre tiene una dimensión dinámica. En la vida del individuo, una cosmovisión cambia conforme la persona adquiere más conocimiento y más experiencia, lo cual usualmente significa más madurez y mas sabiduría práctica. Uno casi podría decir que, aunque ciertas convicciones fundamentales usualmente permanecen iguales, en toda nueva etapa de la vida el individuo tiene una cosmovisión renovada. De modo similar, la cosmovisión de una comunidad entera (véase la siguiente sección) y de una cultura entera se renueva constantemente, ya sea que eso les guste a los tradicionalistas o no. Tal cosmovisión crece y cambia de un modo natural y frecuentemente no observado (inconsciente), de acuerdo con las exigencias de los sucesivos períodos de tiempo, y de acuerdo con nuevos potenciales dados con los nuevos tiempos. Surgen nuevas ideas, las cuales usualmente afectan o incluso reemplazan las cosmovisiones existentes.

El motivo religioso básico central en el que está enraizada una cierta cosmovisión determina lo que es variable y lo que es permanente. También el cristiano, quien encuentra su punto de partida en la Palabra de Dios, tendrá que distinguir entre las atemporales ordenanzas creacionales, que son enseñadas de una manera frecuentemente implícita por la Palabra, y las aplicaciones ligadas al tiempo de estas ordenanzas en diferentes periodos de tiempo. Frecuentemente tales aplicaciones se encuentran también en la Escritura, o al menos en la tradición denominacional propia de uno. En una cosmovisión cristiana, las atemporales ordenanzas creacionales no están en principio sujetas a debate. Pero las cosas que *son* debatibles son las aplicaciones ligadas al tiempo de las mismas, así como —debo agregar— la pregunta de qué es lo que exactamente pertenece a estas ordenanzas creacionales y qué no.

Ésta es una discusión difícil y en curso. Por un lado, el revolucionario trata de derrocar las ordenanzas creacionales atemporales. Eso es un error. Por otro lado, el tradicionalista reaccionario se aferra a ciertas aplicaciones ligadas al tiempo de estas ordenanzas. Eso también es un error. El problema es que, para los segundos, estas anacrónicas aplicaciones *son* ordenanzas direccionales atemporales. De esta manera, la esclavitud ha sido defendida apelando a Génesis 9:25, la pobreza de los trabajadores con una apelación a Deuteronomio 5:11 o a Mateo 26:11, y la segregación racial ha sido defendida con una apelación a Deuteronomio 32:8 o a Hechos 14:16. ¿Nos hemos vuelto más sabios entretanto, o nos adherimos todavía a ciertas aplicaciones ligadas al tiempo?

El aspecto social

En un cierto sentido, toda cosmovisión es única en el sentido de que no hay dos personas que tengan exactamente las mismas concepciones acerca de todos los aspectos de la vida. Hablando globalmente, sin embargo, una cosmovisión nunca es la posesión de un individuo, sino de la comunidad a la que pertenece. Así, una cosmovisión también tiene un importante aspecto social. Una persona es miembro de una familia, una nación, una comunidad eclesial, una comunidad cultural, etcétera. Las comunidades tienen sus propias historias y aspiraciones específicas, y están enmarcadas históricamente por convicciones religiosas, ideológicas y políticas específicas. Junto con esto, desarrollan sus propias cosmovisiones específicas. Estas cosmovisiones estampan una cierta relación social, tal como una familia, un Estado, una escuela; un partido político como cristiano, liberal, socialista, conservador, comunista, materialista, nihilista, etcétera.

Las cosmovisiones tienen un carácter universal porque (1) todo humano tiene una cierta concepción del mundo, y porque (2) muchos científicos especialmente tienen una concepción de toda faceta importante del mundo. Esto es, *todo mundo* tiene una cosmovisión, y algunas personas incluso tienen una cosmovisión acerca de *todo*. Eso es universal en un doble sentido.

Las personas que tienen ciertas convicciones crecen en comunidades o buscan comunidades con cosmovisiones similares. No están meramente satisfechas con su propia cosmovisión, sino que desean pertenecer o unirse a comunidades en las que puedan sentirse en el hogar. Esto también vale para los científicos: no podrían trabajar en ninguna parte más que en una comunidad que comparte el mismo paradigma; esto es, el mismo marco científico y precientífico de pensamiento. Los científicos que tienen diferentes cosmovisiones frecuentemente pueden cooperar muy bien dentro de un equipo. Pero sus cosmovisiones tienen que traslaparse en algunos puntos esenciales: para trabajar juntos necesitan este paradigma común, un marco común, en el que han sido socializados en universidades similares. Para alguien que no acepta este paradigma, no hay lugar en la universidad, ni en un equipo científico. En este respecto, ¡el mundo científico puede ser tan sectario como ciertas denominaciones eclesiásticas!

Piense en filósofos contemporáneos que actualmente rutilan entre las estrellas, incluyendo a Noam Chomsky, Daniel Dennett y Martha Nussbaum (los tres de los EUA), Charles M. Taylor (Canadá), Jürgen Habermas y Peter Sloterdijk (ambos de Alemania), John Gray (Reino Unido), y otros. Todos comparten los valores típicos de la sociedad occidental. Incluso un gran filósofo de la India como Amartya Sen funciona dentro del clima del pensamiento occidental. Pueden ser conservadores (Gray), anticapitalistas (Chomsky), o postmodernistas (Sloterdijk), pero todos comparten básicamente la misma tradición posterior a la Ilustración. No importa cuán diferente y original pueda ser, no importa cuánto pueda criticar su propia tradición, usted siempre es parte de una comunidad. Nunca puede ser un verdadero filósofo o científico aparte de los demás.

El aspecto pístico

Difícilmente podría haber una cosmovisión que careciera de una noción acerca de la existencia y significado de Dios o los dioses (ídolos), o acerca de las relaciones del cosmos con ellos. Puede ser usted un adherente del judaísmo como Nussbaum, o un católico romano como Taylor, o un declarado ateo como Dennett, pero no obstante *tiene* algunas ideas acerca de Dios. Los ateos viven por la gracia de los teístas: si no hubiese teístas, los ateos no tendría nada que negar o combatir. Y si el ateo niega que hay un Dios, al menos tiene una convicción alternativa que, para él, funciona como el

LA CIENCIA Y LAS COSMOVISIONES 199

Fundamento Último de sus convicciones, como el darwinismo parece funcionar para Dennett.

La modalidad pística tiene que ver con lo que llamamos "religión" en la vida cotidiana (en neerlandés: *godsdienst*); piense en los objetos, las acciones, los eventos, las profesiones, las comunidades, etcétera, religiosos. Todos están písticamente cualificados, esto es, encuentran su verdadero carácter y propósito en la modalidad pística. Esto no debe confundirse con la religión (en neerlandés: *religie*) en su significado trascendente. No toda persona se adhiere a una religión particular, pero toda persona (pensante) es religiosa en el sentido trascendente que describí antes, esto es, es una persona que tiene un compromiso último. Ésta es la misma diferencia que la que tratamos en capítulos previos, la diferencia entre fe en su significado inmanente, como un conjunto de creencias de las que se puede dar cuenta racionalmente, y la fe en su significado suprarracional y trascendente: la fe como la actitud básica existencial del corazón humano. Podemos definir una cosmovisión como un conjunto de creencias (racionales, inmanentes), enraizadas en la fe (suprarracional, trascendente) de una persona. Una cosmovisión tiene una naturaleza racional —o no tan racional— pero está enraizada en última instancia en la predisposición suprarracional del corazón.

Las creencias racionales forman el principal componente de una cosmovisión. Éstas son creencias que (1) involucran objetivamente los asuntos más importantes, más fundamentales en la realidad cósmica, y que (2) subjetivamente, aunque ciertamente pueden ser racionales, no están abiertos a demostración científica o refutación, sino que son abrazados con el entero corazón de uno. Hay una estrecha relación entre las creencias racionales de uno y la fe suprarracional de uno. Aquellos que se adhieren a ciertas creencias sin que éstas sean un asunto de sus corazones son como los cristianos que creen todo lo que esta escrito en los credos sin haber nacido de nuevo. Conversamente, aquellos que "creen" sin tener la mínima capacidad de decir *algo* acerca de lo *que* creen tienen una fe que es vacua.

La fe misma es estrictamente suprarracional y sobrepasa todas las formulaciones y confesiones. Pero, al mismo tiempo, los adherentes de cosmovisiones particulares pueden, hasta cierto punto, *expresar* su fe en las formulaciones racionales en las que dan cuenta de su fe. Estas formulaciones racionales no son su fe, sino meramente la expresión racional de la misma. Más aún, estas formulaciones son siempre deficientes e inadecuadas. Pero la fe del corazón de uno siempre sobrepasa toda insuficiencia humana porque ha sido producida por la propia Palabra y Espíritu de Dios —o por los falsos dioses.

"La" cosmovisión occidental

Hemos visto que la ciencia nunca puede ser una actividad humana neutral sino que siempre esta basada en ciertas presuposiciones que son, en última instancia, de un carácter religioso. Mediando entre el corazón de una persona y su ciencia se halla su cosmovisión, la cual afecta los fundamentos de su ciencia y la dirige de muchos modos.

Tengo que repetir nuevamente que muchos especialistas en la ciencia a duras penas se dan cuenta de esto. Un especialista ha sido definido como alguien que sabe virtualmente todo acerca de virtualmente nada, mientras que un generalista es alguien que no sabe virtualmente nada acerca de virtualmente todo (esto está escrito con sorna). Usted necesita la visión general del generalista para darse cuenta de que la ciencia está enraizada en la actitud del pensamiento occidental en el sentido más amplio. Esta actitud está caracterizada por la fuerte creencia (indemostrable) de que el pensamiento racional es mejor que cualquier forma de pensamiento no racional, la fuerte creencia en la importancia de la investigación empírica, la cual incluye la fe (indemostrable) en la básica confiabilidad de nuestros sentidos, el fuerte pero indemostrable rechazo del solipsismo y el nihilismo en la ciencia, el rechazo de cualquier forma de apelación a lo sobrenatural como un medio de interpretación dentro de la ciencia como tal, etcétera.

Estas creencias pueden sonar evidentes por sí mismas pero recuerde usted que para el filósofo crítico nada es evidente por sí mismo. Éstas son *creencias*, muy buenas creencias —yo también las mantengo— pero no pueden ser demostradas más allá de cualquier duda razonable. La única evidencia (se admite que fuerte) para su utilidad es el argumento de que la ciencia a lo largo de estas líneas ha sido extremadamente exitosa. Sin embargo, ese enunciado no afecta el carácter pístico de estas creencias.

No debemos olvidar nunca que esta actitud occidental, no importa cuán secularizada esté en la actualidad, hubiera sido impensable sin la manera judeocristiana de pensar. Tome por ejemplo el aspecto empírico de la ciencia. Los antiguos griegos difícilmente se ocupaban de lo empírico. Sentían que nuestros sentidos principalmente nos engañaban y que lo que la razón elaboraba era siempre más confiable que lo que los sentidos podían decirnos. Aristóteles estaba convencido de que las cosas pesadas caen más rápido que las cosas ligeras porque eso era evidente por sí mismo para él. Con su razón, "sabía" que esto era correcto. Por muchos siglos los científicos creyeron esto hasta que Galileo mostró mediante un *experimento* que Aristóteles estaba equivocado.

Esto fue revolucionario: ¡una *observación* refutó lo que había sido evidente por sí mismo a la *razón* durante casi dos mil años! ¿Que había llevado a Galileo y a otros a esta nueva idea? Debido a que los fundadores de la ciencia moderna eran cristianos, entendieron que no podían *predecir* racionalmente cómo había el creador ordenado necesariamente el mundo. Llamamos a esto la *contingencia* de la realidad cósmica, la cual es lo opuesto de la supuesta *necesidad* de ciertos estados de cosas. Supuestamente, nuestra razón nos puede decir a priori que debe ser necesariamente P. Eso es un error. El mundo es contingente: podría ser P, pero también podría ser Q, o R, o S.

Es importante que usted comprenda esto. La razón nunca puede afirmar que el mundo *debe* ser P. Nadie puede predecir el modo en que Dios razona acerca del mundo. El único modo de encontrar si el mundo es P, Q o R es *interrogar* al mundo. Hacemos esto través de la investigación y el experimento, esto es de un modo empírico. En contraste con Aristóteles, tenemos confianza en nuestros sentidos. Podemos *pensar* que el mundo debe ser necesariamente P, pero si nuestros sentidos nos dicen que es Q, aceptamos el testimonio de nuestros sentidos. ¿Cómo podemos saber con seguridad que este método es mejor que el de Aristóteles? Lo sabemos por el hecho de que en cuatrocientos años la ciencia ha hecho mil veces más progreso que en los dos mil años años antes que eso.

Desde luego, no dejamos de lado la razón, pues la razón tiene que encontrar el sentido de nuestras observaciones. Pero la base para la ciencia es de naturaleza empírica. Nadie además de algunos brillantes cristianos del siglo dieciséis surgieron con esta compenetración. No estoy diciendo que nadie *hubiera podido* jamás pensar en ella, sino que simplemente ello no sucedió. En tanto que los pensadores cristianos se mantuvieron todavía atrapados en el pensamiento griego, no encontraron, y difícilmente podían haber encontrado, la verdadera base de la ciencia. Tan pronto como se liberaron del racionalismo y el antiempirismo griego, tan pronto como se convirtieron en modestos *interrogadores* de la naturaleza, encontraron esta base —y la ciencia se volvió tremendamente exitosa.

Cosmovisiones "científicas"

La moderna ciencia secularizada opera con premisas prestadas. Debe sus fundamentos a los pensadores cristianos tempranos pero ya no puede dar cuenta de estos fundamentos del modo en que lo hacían estos pensadores tempranos. Esto se debe a que los científicos contemporáneos carecen de su cosmovisión. En vez de ello, hemos visto que la ciencia moderna se ha *absolutizado*. Esto es, ha convertido a *la ciencia misma* en la cosmovisión del hombre moderno o, más bien, en un número de diferentes cosmovisiones. El evolucionismo (o darwinismo), el capitalismo, el freudismo, el marxismo, el materialismo, el humanismo y el ateísmo se han convertido todos en cosmovisiones comprensivas que reclaman su valor porque son supuestamente *completamente científicas*.

Esto es un desastre. En primer lugar, pueden apelar a la ciencia, pero en sí mismas no son más científicas que lo que lo es cualquier "ismo". A duras penas son siquiera filosóficas; no hay escuelas filosóficas nombradas a partir de los "ismos" recién mencionados. Son meramente cosmovisiones, conjuntos de creencias precientíficas. Algunos puede suponer que la evolución ha desempeñado un cierto papel en la historia del mundo, pero eso difícilmente justifica el evolucion*ismo*. Las personas pueden creer que el mercado libre es muy importante para nuestra prosperidad, pero eso difícilmente justifican el capital*ismo*. Usted puede aseverar que los mecanismos de supresión, defensa, y otros por el estilo, desempeñan un papel en el funcionamiento humano, pero eso difícilmente justifica el freud*ismo*. La materia se encuentra por doquier, pero eso no significa que todo sea materia (material*ismo*). Dios no puede ser observado con nuestros sentidos, pero eso difícilmente justifica el ate*ísmo*, etcétera.

Ninguno de estos "ismos" es científico; en el mejor de los casos son cosmovisiones y, para mí, no muy buenas cosmovisiones para el caso. No hay nada equivocado con las cosmovisiones *per se*, pero no trate de venderlas como imágenes científicas de nuestro mundo.

El naturalismo

Una de las más engañosas de estas cosmovisiones científicas es el *naturalismo* como ha sido predicado recientemente por físicos como Stephen Hawking, Paul Davies y Steven Weinberg. Tales físicos identifican la realidad física con la realidad total. Sugieren que si entendemos todas las propiedades de las partículas subatómicas, y todas las relaciones entre ellas, entenderíamos la totalidad de la realidad, incluyendo la vida biótica y psíquica, la cultura humana y la religión. Davies afirmó que "Dios es la física" y Hawking escribió que,

LA CIENCIA Y LAS COSMOVISIONES 205

cuando un día tengamos la Teoría (física) del Todo, conoceremos la mente de Dios.

Trate de entender qué está sucediendo aquí. Por supuesto, a priori no hay ni siquiera la más ligera razón para suponer que la realidad total está *limitada* a lo que podemos observar con nuestros sentidos. El naturalismo no es ciencia; es un "ismo", una cosmovisión, que prefiere creer que no hay nada fuera de nuestro mundo empírico. No hay nada científico acerca de ello. Evidentemente, el supernaturalismo (la creencia en un mundo invisible que trasciende nuestro mundo empírico) no es más científico, o es justamente tan precientífico, como lo es el naturalismo. Es igualmente un "ismo", una cosmovisión, que elige creer que hay cosas fuera de nuestro mundo empírico. Pero al menos los supernaturalistas no sienten vergüenza al admitir que su convicción es una creencia precientífica.

Por cierto que tienen un buen argumento defendiendo porqué piensan que su creencia ha de ser preferida al naturalismo. Su argumento es que sería un absoluto milagro que el mundo que podemos observar coincidiera exactamente con el mundo que existe. Imagine, de acuerdo con el naturalismo, que la totalidad del mundo es producto de la evolución y que también lo son nuestros órganos sensoriales. ¿Que razón podría haber para suponer a priori que nuestros órganos sensoriales cubren precisamente el mundo entero? Es una sobreestimación de los sentidos humanos, así como de la razón humana. Quiero decir que no hay un argumento racional, y ciertamente uno científico, por el que naturalismo deba ser preferido al supernaturalismo. Las dos son cosmovisiones poderosas, ambas con enormes consecuencias, pero al final precisamente eso —cosmovisiones. La elección entre ellas no está determinada por argumentos científicos —¿cómo podría ser eso?— y ni siquiera por argumentos racionales. Están enraizados en las convicciones písticas suprarracionales, trascendentes, de sus respectivos adherentes.

Consecuencias dentro de la ciencia

Estas enormes consecuencias de ambas cosmovisiones no son solamente religiosas. Por ejemplo, el naturalismo usualmente tiene una gran dificultad con la parapsicología, la ciencia de lo paranormal (la clarividencia, la telepatía, la psicoquinesia y cosas por el estilo). Ello se debe a que los fenómenos paranormales, como hasta ahora los conocemos, difícilmente pueden encajar en la física, como hasta ahora la conocemos. Por lo tanto —procede el argumento— no pueden existir. Cualquier cosa que no sea física no es nada en lo absoluto.

Otro ejemplo es ofrecido por los genetistas franceses de la célula y el ganador del Premio Nobel François Jacob, quien rechazó no solamente el creacionismo fundamentalista, el cual repudia cualquier forma de evolución, sino también el (neo)darwinismo ortodoxo. Lo hizo especialmente debido al inherente reduccionismo y absolutismo del (neo)darwinismo, esto es, su tendencia a explicar *toda* realidad, incluso la sociedad y la cultura, a partir de un supuesto proceso de evolución. El error básico no es solamente lo dudoso que desde un punto de vista estrictamente biológico es el (neo)darwinismo como tal, sino también su falsa presunción ideológica; esto es, la confusión entre la teoría de la evolución y el evolucionismo.

De modo semejante, las humanidades pretenden ofrecer explicaciones del fenómeno humano, pero en realidad solamente estudian la existencia corpórea humana y sólo ciertos aspectos modales de la misma. No obstante, muchos psicólogos han afirmado que sus teorías de hecho abordan la esencia del hombre. Los practicantes de la psicología profunda (Sigmund Freud, Alfred Adler, Carl G. Jung), el conductismo (B. F. Skinner, John B. Watson), y la psicología humanista (Abraham Maslow) han afirmado, cada uno su manera, que han penetrado en el ser más profundo del hombre. La psicología hoy es mucho menos presuntuosa, pero particularmente en la psicología de la personalidad los psicólogos están siendo todavía fuertemente conducidos por las cosmovisiones. Un ejemplo es la concepción de una persona concerniente a la contribución de la *naturaleza* (la constitución hereditaria) y la *crianza* (la educación) a la inteligencia. En los Estados Unidos, los republicanos ponen más énfasis en la naturaleza; los demócratas en la crianza. Esto tiene poco que ver con la ciencia, y mucho que ver con sus respectivas cosmovisiones, las cuales a su vez afectan sus concepciones políticas

Será comprensible que las ciencias no exactas, las humanidades, estén aún más abiertas a las influencias de las cosmovisiones que las ciencias exactas. He aquí meramente unos cuantos ejemplos:

1. *Histórica*: en la ciencia histórica, la cosmovisión subyacente determina si uno ve la historia como cíclica (por ejemplo, Oswald Spengler, *El ocaso de Occidente*) o como lineal (por ejemplo la concepción cristiana); si uno la ve como provista de sentido o carente de sentido (por ejemplo Theodor Lessing, *La historia como el sentido de la sinrazón*), o si uno reconoce solamente fuerzas inmanentes en la historia o también fuerzas trascendentes, etcétera.

2. Partes de la *lingüística* se hallan frecuentemente plagadas por la influencia del darwinismo, el cual tiende a minimizar la diferencia entre el "lenguaje" animal y el lenguaje humano tanto como puede. En contra de esto, lingüistas como Noam Chomsky han sugerido la existencia de un *dispositivo de adquisición del lenguaje* (DAL), un módulo en el cerebro que explica la predisposición innata en los niños pequeños a aprender uno o más lenguajes. Más recientemente, Chomsky intercambió el DAL por la noción de "gramática universal" y cosas por el estilo. El intercambio entre el darwinismo clásico y estas afirmaciones de Chomsky tiene que ver más con las cosmovisiones que con la pura ciencia.

3. *Social*: toda concepción de lo social y de los aspectos sociales de la vida está dominada por el debate en curso entre el liberalismo, con su defensa de un Estado con poder *mínimo*, y el socialismo, con su defensa de un Estado con poder *máximo*. Sólo en unos cuantos países encontramos funcionando partidos políticos cristianos que se proponen encontrar un camino entre estos dos extremos; a saber, un Estado con un poder *óptimo* que garantice la libertad del individuo, por un lado, así como el cuidado de los débiles, por el otro.

4. *Económico*: las concepciones económicas que subyacen al capitalismo y el comunismo, así como a las muchas formas intermedias, las cuales varían desde una economía libre hasta una economía planificada, están estrechamente vinculadas con las cosmovisiones de los economistas. Carlos Marx es *el* ejemplo notorio de la cosmovisión comunista, mientras que el pensamiento económico de John Maynard Keynes no puede ser separado de su liberalismo, y el de Milton Friedman esta enraizado en su conservadurismo.

5. *Diquético*: piense en todas las concepciones acerca de la justicia ya mencionadas en el capítulo 3. ¿Es la justicia básicamente un asunto biológico (darwinismo social), o un asunto psicológico (confusión entre justicia y sentido de la justicia), un asunto histórico (producto del desarrollo histórico), o un asunto social (la justicia es lo que el 51% de la nación cree que es), o es un asunto ético (la justicia debe ser gobernada por el altruismo)? Una vez más, en tales preguntas tienen mucho que ver con las cosmovisiones y muy poco con el trabajo científico.

En resumen, no permita que nadie le diga que la ciencia moderna carece de prejuicios, esto es ¡que no está gobernada por las cosmovisiones! Lo está. Y no deje que nadie le diga que nuestras cosmovisiones (racionales) no están gobernadas por el compromiso último (suprarracional) de nuestros corazones. Lo están. Y si eso es el caso, no hay ninguna razón a priori por la que una cosmovisión cristiana debiera ser peor que cualesquiera otros "ismos" en este mundo.

Una cosmovisión cristiana

Al describir algunas características de una cosmovisión cristiana, quiero evitar demasiadas consideraciones teológicas porque este libro es una introducción filosófica. Tratemos una vez más de acceder a una cosmovisión cristiana a través de nuestra teoría de los aspectos modales.

1. *Lógico*: una cosmovisión cristiana ciertamente tiene un carácter racional si bien no teórico. Sin embargo, no es racionalista porque asigna a lo racional (o lógico) su lugar propio entre todos los aspectos modales de la realidad cósmica. En nuestro mundo occidental, el concepto de verdad se ha convertido mucho en un concepto lógico, mientras que la

filosofía cristiana enfatiza al menos otros dos puntos. En primer lugar, la verdad contiene muchos elementos que son de una naturaleza suprarracional, trascendente, especialmente el divino. En segundo lugar, hay, por ejemplo, también una verdad social ("su conducta es asocial"), una verdad económica ("esto es de gran valor"), una verdad estética ("esto es bello/feo"), una verdad jurídica ("esto [no] es justo"), una verdad ética ("esto es bueno/malo") y una verdad pística ("esto [no] es muy seguro") (véase el último capítulo de este libro). Todas estas formas de verdad deben expresarse de un modo lógicamente apropiado —pero eso no significa que sean *solamente* lógicas.

Más aún, nuestra cosmovisión cristiana es *acerca* de lo lógico, asignándole a la razón su modesto lugar propio entre tantas otras facultades de la mente humana.

2. *Histórico*: una cosmovisión cristiana no es un conjunto de creencias rígidas, establecidas de una vez por todas. Los cristianos se mantendrán discutiendo sus creencias hasta el Segundo Advenimiento de Cristo. Puede usted llamarse reformado, por ejemplo, pero se sorprendería al encontrar cuánto difiere su entera cosmovisión reformada de la de las personas reformadas en, digamos, el siglo diecisiete. Pienso que ¡hay mucha más correspondencia entre las personas reformadas (ortodoxas) y los evangélicos hoy que la que hay entre los cristianos reformados de los siglos diecisiete y veinte! Una cosmovisión cristiana, si bien confiesa estar fundamentada sobre la Palabra de Dios, es constantemente debatida y refinada en la historia —y a veces puede caer en aberraciones.

Más aún, la cosmovisión cristiana es una concepción *acerca* de lo histórico, a saber, una lineal: la historia es divina-

LA CIENCIA Y LAS COSMOVISIONES 211

mente significativa al moverse desde la creación hasta la "culminación de los tiempos", vía la cruz de Jesucristo, y es impulsada por fuerzas tanto humanas como trascendentes.

3. *Lingual*: la formulación de una cosmovisión cristiana no es un asunto ligero. Por un lado, usted quiere permanecer tan cerca del habla bíblica como sea posible pero sin caer en el biblicismo, lo cual significaría citar a las escrituras de tal modo que encaje a priori en sus propias ideas preconcebidas. Por otro lado, le gustaría evitar terminología no bíblica (¡la cual no es siempre abíblica!) tanto como sea posible. Esto es difícil porque nos damos cuenta de que hemos asimilado miles de términos modernos no bíblicos que difícilmente pueden ser evitados en la terminología de nuestra cosmovisión.

Más aún, nuestra cosmovisión cristiana es *acerca* del lenguaje. Por ejemplo, enfatiza la importancia de la Escritura como Palabra de Dios, la Palabra de su boca, el orden nómico cósmico como nada menos que la *Palabra* hablada de Dios para la realidad cósmica.

4. *Social*: ¡desconfíe de todos los individuos cristianos, en su iglesia o en el Internet, que aparecen con alguna cosmovisión propia enteramente nueva! No es así como surgen las cosmovisiones. Las cosmovisiones son siempre la propiedad común de comunidades enteras. Es solamente juntos con todos los santos del Señor que podemos empezar a aprehender la verdad de Dios y que podemos intentar incorporarla en alguna especie de cosmovisión cristiana (*cfr.* Efesios 3:18). Las sectas están dominadas por líderes autoritarios que supuestamente han sido especialmente llamados e inspirados, que supuestamente tienen una unción especial y saben todo. En la iglesia hacemos las cosas juntos. Una confesión

cristiana es la posesión de la entera comunidad. El Credo de los Apóstoles es la base común para casi dos millardos de cristianos en el mundo porque, para ellos, es un excelente resumen antiguo de los rasgos esenciales de su cristiana fe. Ninguno de nosotros ha inventado personalmente el fuego o la rueda; nuestra cosmovisión nos pertenece a todos.

Más aún, una cosmovisión cristiana es una concepción *acerca* de lo social: acerca de las relaciones sociales en términos de ordenanzas creacionales, incluyendo el matrimonio y la familia, la iglesia y el Estado, etcétera.

5. *Económico*: en una cosmovisión cristiana es muy importante el balance y el equilibrio. No debe haber un énfasis en la pecaminosidad humana a costa de la divina gracia, o viceversa. Ningún énfasis en lo individual a costa de lo colectivo, y viceversa. Ningún énfasis en los asuntos cristianos internos a costa de las relaciones externas, y viceversa. Ningún énfasis en el conocimiento teológico a costa del conocimiento práctico de la fe, y viceversa.

Más aún, una cosmovisión cristiana es *acerca* de la economía; por ejemplo, acerca del balance bíblico entre la importancia de la propiedad personal (contra el comunismo) y de poner un freno al latifundismo (contra el capitalismo) (piense en el año bíblico del jubileo, en el que toda la tierra regresaba a sus propietarios originales; Lv. 25:8-55).

6. *Estético*: igualmente importante es la armonía y la belleza de una cosmovisión cristiana. Debe ser una satisfacción sensitiva e intelectual la de adherirse a tal cosmovisión. ¿qué placer podría uno encontrar en el historicismo y el nihilismo, en el reduccionismo ("todo no es más que esto o aquello"), o incluso en el materialismo y el ateísmo, salvo por las (irresponsables) simplificaciones que les son inherentes?

Más aún, una cosmovisión cristiana es *acerca* de la belleza. "todo lo que es verdadero, todo lo honesto, todo lo justo, todo lo puro, todo lo amable, todo lo que es de buen nombre; si hay virtud alguna, si algo digno de alabanza, en esto pensad" (Fil. 4:8).

7. *Diquético*: un elemento vital en una cosmovisión cristiana es el énfasis que pone sobre el significado del orden nómico de la realidad cósmica. Dios es el gran Legislador. Ha instituido sus ordenanzas creacionales para el cosmos, y estas leyes garantizan orden y regularidad dentro de la realidad creada. La ley de Dios es el límite entre Dios y el hombre; esto es, Dios no depende de nada, pero la creación es en todas las cosas dependiente de él. La ley de Dios es el orden del mundo al cual está sometido el mundo ordenado. Como Legislador, Dios se eleva por encima de sus propias leyes pero la creación, al hallarse bajo el límite, está vinculado a ellas (véase nuestra extendida discusión sobre esto en el capítulo 4).

Además, una cosmovisión cristiana es *acerca* de la justicia. "porque el reino de Dios no es comida ni bebida, sino justicia, paz y gozo en el Espíritu Santo" (Ro. 14:17). Como dijera Jesús: "mas buscad primeramente el reino de Dios y su justicia, y todas estas cosas os serán añadidas" (Mt. 6:33).

8. *Ético*: ¿qué podría ser más importante que el significado del amor dentro de una cosmovisión cristiana? ¡Trate de darse una idea usted mismo de cómo desempeña el amor un papel vital en todas las diferentes partes de su cosmovisión! ¿Qué es más característico del cristianismo que el amor (perdonador), tanto en el lado de Dios como en nuestro lado, tanto entre Dios y el hombre, como entre todos los seres humanos? El cristianismo es acerca de servir a Dios y al pró-

jimo en el poder del amor que ha sido derramado en los corazones regenerados a través del Espíritu Santo (Ro. 5:5). "Un mandamiento nuevo os doy: Que os améis unos a otros; como yo os he amado, que también os améis unos a otros" (Jn. 13:34).

8. *Pístico*: Finalmente, el aspecto pístico de una cosmovisión expresa el pensamiento de que las cosmovisiones son conjuntos de *creencias* (racionales, prácticas) que están enraizadas en última instancia en la *fe* (suprarracional, práctica) del corazón humano. Una cosmovisión cristiana es un conjunto de creencias fundamentadas en la fe del corazón *regenerado*. "Es, pues, la fe la certeza de lo que se espera, la convicción de lo que no se ve" (Heb. 11:1).

A mi entendimiento, esta es la impactante conclusión: toda ciencia está basada en cosmovisiones, y las cosmovisiones se hallan en última instancia enraizadas en el amor y la fe —o en la carencia de ellas.

Preguntas para revisión

(1) Compare y contraste ciencia, cosmovisión y fe.

(2) Considerando una cosmovisión, explique cómo operan los aspectos sensitivo, lógico, formativo, social y pístico de la cosmovisión de una persona.

(3) Explique: "una cosmovisión media entre el corazón de una persona y su ciencia".

(4) ¿En qué sentido es posible decir que todo humano sano tiene una cosmovisión? ¿En que sentido decir esto podría ser decir demasiado?

(5) ¿Por qué un científico podría y debería no simplemente poner su cosmovisión a un lado cuando hace su trabajo científico?

(6) Ilustre brevemente de qué manera las siguientes ciencias son influenciadas por las cosmovisiones, incluyendo una cosmovisión cristiana:
- ciencia de la historia
- ciencia lingüística
- ciencia social
- ciencia económica
- ciencia jurídica
- ciencia ética

CAPÍTULO 9

FILOSOFÍA Y TEOLOGÍA

Culpa teológica y filosófica

Una filosofía que desea ser cristiana difícilmente puede evitar considerar su relación con la teología. Esto es particularmente el caso porque vivimos en una tradición histórica en la que frecuentemente se ha afirmado que la teología es *la* representación de la fe cristiana. Tanto la filosofía cristiana como la teología cristiana son ciencias, en el sentido amplio en que he circunscrito este término antes: formas de actividad académica. Pero, lo que es bastante notable, las relaciones entre la filosofía y la teología han sido siempre más bien tensas, para decir lo mínimo. En una famosa conferencia, el filósofo alemán Emanuel Kant habló de "El conflicto de las facultades" (1798), especialmente el conflicto entre las facultades teológica y filosófica. En mi opinión, tanto los teólogos como los filósofos fueron culpables de este conflicto.

Los teólogos fueron culpables porque (1) frecuentemente afirmaron que la teología era la verdadera "filosofía" cristiana; (2) aseveraron que trabajaban bajo la luz de la revelación divina mientras que, como decían, la filosofía sólo poseía la luz de la razón humana; y (3) se jactaron de que la teología era capaz de elaborar sus propias premisas y que no tenía o necesitaba ninguna premisa filosófica. Me referí a estos malentendidos ya en el capítulo 2. Más aún, los teólogos frecuentemente confundían el conocimiento teológico con el práctico de la fe, elevando al primero por encima del segundo, sometiendo toda la ciencia a la teología como siendo la única representante de la revelación divina, adoptando acríticamente conceptos y contenidos paganos de pensamiento, o hicieron todas estas cosas al mismo tiempo.

Los filósofos fueron culpables porque afirmaron (1) que la filosofía, esto es el conocimiento puramente racional de la realidad, era la verdadera "teología" (conocimiento de Dios, o de los dioses, o de lo trascendente en general); (2) que trabajar bajo la luz de la (supuesta) luz de la revelación divina le robaba a la teología un carácter verdaderamente científico porque solamente la observación empírica y la razón habrían de ser aceptadas como fuentes del verdadero conocimiento; y (3) que la noción de una "filosofía cristiana" se halla en conflicto con la exigencia científica de autonomía, neutralidad y objetividad, y el rechazo de todos los prejuicios. Véase, nuevamente, el capítulo 2.

Algunos enunciados generales

Miremos más cuidadosamente algunos de estos alegatos.

1. La teología no es "la verdadera filosofía" y la filosofía no es "la verdadera teología". Aunque ambas pueden ser cristianas, tienen llamamientos y objetivos muy diferentes, al igual que la psicología cristiana, la sociología cristiana, la ética cristiana, etcétera.

2. Los teólogos, tanto católicos como protestantes, frecuentemente han afirmado que la teología es una ciencia sobrenatural, o sagrada, en contraste con otras ciencias, porque la primera trabaja bajo la luz de la revelación divina, mientras que la segunda solamente dispone de la luz de la

razón natural. Esto es un error. *Todas* las ciencias están ocupadas con la revelación divina —aunque pueden no reconocerlo— porque Dios se revela no solamente en la Escritura sino también en la naturaleza, especialmente en el orden nómico para la naturaleza, el cual es su propia ordenanza hablada para la naturaleza. Dios se revela incluso en los productos culturales porque ellos también presuponen el orden nómico divino. La ciencia puede ser definida como el intento de develar el orden nómico que vale para la realidad, y en este orden nómico Dios se revela a sí mismo.

3. *Todas* las ciencias, incluyendo la teología, trabajan necesariamente bajo la luz de la razón humana porque la ciencia es una actividad humana lógicamente cualificada. Aunque muchos teólogos afirman que tienen un *punto de partida* sobrenatural, el trabajo teológico como tal es de una naturaleza completamente racional. En él, la facultad lógica del teólogo se ubica por encima de la modalidad pística de la realidad cósmica. En este respecto, difiere esencialmente del conocimiento práctico de la fe, el cual es de una naturaleza suprarracional, existencial y trascendente.

4. Más aún, la teología es una ciencia tan empírica como cualquier otra ciencia. No puede hacer una investigación académica de Dios como tal, a pesar de su nombre: teología, esto es ciencia acerca de Dios (en alemán: *Gottgelehrtheit*; en neerlandés: *godgeleerheid*, "erudición acerca de Dios"). Hablando estrictamente, sólo puede estudiar lo que las personas han dicho y escrito acerca de Dios. Los teólogos estudian ciertas fuentes escritas; a saber, la Biblia y los miles de escritos judíos y cristianos. Los científicos literarios hacen lo mismo con la literatura, y los historiadores hacen lo mismo con las fuentes históricas que son relevantes para ellos. En

este sentido, la teología ha sido a veces llamada una ciencia literaria, un conjunto de teorías acerca de un tipo específico de literatura, a saber, la literatura judía y cristiana, en particular la Biblia. Dios no puede ser puesto sobre la mesa de disecciones de la ciencia teológica pero los escritos acerca de Dios sí pueden serlo.

5. *Toda* ciencia, incluyendo la teología, tiene premisas no solamente internas sino también externas, esto es filosóficas (frecuentemente llamadas *prolegómenos*). Incluyen lo siguiente: (a) Definir si la teología es una ciencia depende de consideraciones filosóficas concernientes a las diferencias entre el conocimiento científico y el no científico. (b) La comparación entre teología y otra ciencias especiales esta fundamentada sobre una concepción filosófica acerca de la totalidad de la realidad cósmica. (c) Definir el objeto de estudio de la teología presupone nuevamente una concepción filosófica acerca de la totalidad de la realidad cósmica, en la que este objeto de estudio es delineado con respecto a los objetos de estudio de otra ciencias especiales. (d) Definir la metodología apropiada de la teología presupone criterios generales para la metodología científica, un tópico que pertenece al objeto de la filosofía.

6. Una filosofía o teología cristiana no es a priori menos científica que una filosofía o teología liberal, socialista, darwiniana, materialista o atea. Lo que he tratado de establecer una y otra vez en este libro es que no hay algo así como una ciencia neutral, objetiva y carente de sesgos, ya sea la filosofía, la teología o cualquier ciencia en la que usted pueda pensar. Sólo los especialistas, las personas que supervisan solamente una parcela muy pequeña de su propia ciencia, pueden vivir con la ilusión de una ciencia neutral y objeti-

FILOSOFÍA Y TEOLOGÍA 221

va, porque a duras penas tocan alguna vez las bases de su ciencia. Confío en que personas con una concepción mucho más amplia entenderán mucho más claramente en lo que quiero decir.

Premisas filosóficas para la teología

Muchos de los errores filosóficos que los teólogos han cometido en el pasado son consecuencia de rehusarse a investigar críticamente las premisas filosóficas de su ciencia. Desde un punto de vista histórico, esto es muy comprensible cuando se mira a las muchas influencias dañinas de la filosofía *secular*, antigua o moderna, dentro de la teología . Sin embargo, el deseo de deshacerse de toda filosofía secular usualmente implica deshacerse enteramente de la filosofía. La consecuencia es una falta de reflexión filosófica sobre los prolegómenos externos de la teología. Esto conduce al inevitable resultado de que la teología cae en la misma trampa que quería evitar, esto es la filosofía secular. La razón es simple: la teología no puede trabajar sin prolegómenos filosóficos. Si rechaza la noción de una filosofía cristiana, la primera opción involucra terminar en los brazos de la antigua escolástica, esto es la filosofía semipagana de la Edad Media y del protestantismo temprano. La segunda opción es terminar en una de las escuelas humanistas modernas o postmodernas: el (neo)positivismo, el existencialismo, la filosofía analítica, el postmodernismo, etcétera. La tercera opción es aterrizar en el fundamentalismo biblicista, él mismo una extraña mezcla de escolástica y (neo)positivismo de la cual los mismos fundamentalistas son inconscientes. Lo que es bastante notable, tanto aquellos que alegan en favor de una separación entre teología y filosofía (cristiana o secular), como aquellos que alegan en favor de una especie de interacción entre teología y filosofía (¡secular!), usualmente caen en una de estas tres trampas.

En la práctica cotidiana resulta ser extremadamente difícil transmitir estas cosas a las mentes de los teólogos. Sé esto por experiencia porque, además de ser un filósofo, yo mismo soy un teólogo. Grandes teólogos del siglo veinte, tales como Heinrich Ott y Otto Weber, aún hablan de teología y filosofía en términos de la relación entre revelación y razón —un falso contraste que he refutado arriba. Y Gerhard Ebeling dijo que "la orientación sobre Jesucristo" y la noción de pecado son extrañas a la filosofía. Aparentemente, se refería solamente a la filosofía *secular*, sin pensar en la posibilidad de una filosofía *cristiana*. ¡Los problemas semánticos en el así llamado "conflicto entre las facultades" están profundamente enraizados!

Desde luego, la filosofía cristiana da lugar al pecado, a la redención y a Cristo. Y puede hacer esto sin jamás convertirse en teología porque debemos recordar que la teología no tiene un monopolio del habla acerca de Dios y la Biblia. La filosofía cristiana, así como toda filosofía cristiana especial subyacente a alguna de las diferentes ciencias especiales, habla acerca de Dios y la Biblia también. Desde luego que lo hacen. En un punto de vista cristiano, todas y cada una de las ciencias especiales están enraizadas en una cosmovisión cristiana que se refiere a Dios y a su Palabra.

Herman Dooyeweerd escribió en su *En el ocaso del pensamiento occidental* (p. 109): "si la posibilidad de una filosofía cristiana es negada, también se debería negar la posibilidad de una teología cristiana en el sentido de una ciencia de la doctrina bíblica ... Lutero llamó a la razón natural una ramera ciega, sorda y muda con respecto a las verdades reveladas en la Palabra de Dios. Pero, si esta prostituta puede convertirse en una santa por su sumisión a la Palabra de Dios, es difícil entender por qué este milagro solo ocurriría dentro de la esfera de la dogmática teológica. ¿Por qué no puede el pensamiento filosófico también ser regido por el motivo central de la Sagrada Escritura?".

Dooyeweerd no solamente se planteó esta pregunta; también la respondió poniendo los fundamentos, junto con Vollenhoven, para una filosofía cristiana. Sin embargo, hasta hoy, desafortunadamente sólo un pequeño grupo de teólogos ortodoxos parece tener alguna idea de lo que podría involucrar una filosofía tal, y cuál podría ser su posible significado para la teología cristiana. Me refiero a una filosofía que no es especulativa, sino que está basada sobre el sólido suelo de la revelación divina. Ya en 1955, el bien conocido teólogo sistemático alemán Otto Weber reconoció la importancia de una noción cristiana de ciencia, también para la teología. Declaró que tal aproximación cristiana de hecho existía, y se refirió a (en su tiempo) recientes intentos en los Países Bajos para desarrollarla. Citó varias obras de Vollenhoven y Dooyeweerd. Otros teólogos no se refirieron a esta escuela filosófica pero desarrollaron —¿independientemente de ella?— fuertes ideas relacionadas. Menciono en particular a Emil Brunner, Paul Tillich y Gustav Aulén, y en menor medida a Paul Althaus, Helmut Thielicke y Wolfgang Trillhaas.

Inversamente, el filósofo y teólogo holandés Andree Trost vio en la convicción teológica de que la filosofía es mera especulación el portal de entrada a la propia declinación positivista de la teología. Una teología que desea estar enraizada en hechos desnudos se destruirá al final a sí misma porque no existen los hechos desnudos; solamente hay hechos para las personas. Repito: una teología que rechaza la filosofía cristiana inevitablemente aterrizará en alguna filosofía secular —frecuentemente sin darse cuenta de ello— y eso será desastroso.

Racionalismo *versus* **irracionalismo**

Déjeme darle un ejemplo muy revelador de lo que habrá de suceder si rehúsa una base filosófica cristiana para su teología. Este ejemplo involucra la relación entre racionalismo e irracionalismo. Déjeme señalar primeramente que éstos no son términos teológicos sino filosóficos, y que involucran un problema estrictamente filosófico. Ninguna investigación teológica como tal podrá jamás enseñarle qué es el racionalismo o el irracionalismo, o la diferencia entre ellos. El conocimiento de tales términos y de sus problemas pertenece a su bagaje filosófico, ya sea que usted se dé cuenta de ello o no. Si usted es un teólogo que se rehúsa a estudiar alguna necesaria filosofía, difícilmente estará avisado de todas las sutilezas teóricas que rodean a estos términos. Como consecuencia, usted puede perderse fácilmente. En la filosofía cristiana, los términos *racional* e *irracional* son cuidadosamente balanceados en contraposición a los términos *no racional* y *suprarracional*. Si usted no hace eso, la única alternativa que podrá usted ver para lo racional y el racionalismo será lo irracional y el irracionalismo.

Un ejemplo de esto es el teólogo Millard J. Erickson. Cuando sus intentos por reconciliar algunos difíciles pasajes escriturales de un modo ingenioso fueron pintados por sus oponentes como formas de racionalismo, Erickson respondió que tales críticas eran consecuencia del usual énfasis existencialista sobre la paradójica naturaleza de la realidad y lo absurdo del universo. ¿Ve usted qué sucede aquí? Erickson es —si de manera correcta o equivocada no importa ahora— acusado de racionalismo, y el único modo que conoce de responder a esto es acusando a sus oponentes de irracionalismo. Aparentemente, no es consciente de las opciones tercera y cuarta: lo no racional y lo suprarracional. Otros teólogos sabían que la filosofía cristiana hablaba de los suprarracional, pero han rechazado esto como un vago misticismo o especulación metafísica.

De este modo, la teología tradicional permanece atrapada en el racionalismo porque no conoce ninguna alternativa, y esto se debe a que no tiene un marco filosófico en el que lo racional y lo irracional así como lo no racional y lo suprarracional, encuentren sus lugares apropiados. Mientras la teología trabaje sin una filosofía cristiana que sea concomitante con ella, seguirá cayendo en la trampa del racionalismo (escolástico o ilustrado) o del misticismo irracionalista, o del biblicismo.

Déjeme darle un ejemplo de la segunda opción. Muchos teólogos son bien conscientes de las trampas de la teología racionalista pero piensan que están libres de ellas. Por ejemplo, un teólogo tal podría replicar: "también en este punto la Escritura habrá de ayudarme" —sin darse cuenta de que la Escritura como tal no nos proporciona instrucciones acerca de cómo evitar tanto el racionalismo como el irracionalismo. La Escritura ni siquiera nos enseña cómo hacer teología científica en lo absoluto.

En segundo lugar, nuestro teólogo puede decir: "yo simplemente adopté mis doctrinas en la Escritura, así que nada puede fallar" —sin darse cuenta de que el Escritura como tal no nos ofrece ningún tratado sistemático de ninguna doctrina cristiana. Las teorías de la teología sistemática no son adoptadas en la Escritura sino siempre diseñadas por los mismos teólogos sistemáticos. Si se hace apropiadamente, se hace para dar cuenta de los datos escriturales. Pero eso no altera el hecho de que las teorías como tales sean los productos mentales de los teólogos. La Biblia no contiene ninguna teoría, así que usted no puede extraer teorías de ella. El hecho es que la teología nunca repite simplemente lo que la Escritura dice, sino que es el producto de la reflexión teológica humana sobre la Escritura, con todas las bellezas conectadas con tal empresa pero también con todos los peligros, especialmente si usted no está exactamente consciente de lo que está haciendo.

En tercer lugar, nuestro teólogo puede decir: "el Espíritu Santo me ayudará y me librará de las trampas". Ahora bien, desde luego, esta guía del Espíritu es de importancia eminente; como dijera Jesús: "cuando venga el Espíritu de verdad, él os guiará a toda la verdad" (Jn. 16:13). Esto vale para todos los creyentes, no meramente para los teólogos. Pero el teólogo como tal, quien pretende hacer exégesis de un modo científico, tiene que darse cuenta de que si no explica su metodología exegética puede fácilmente engañarse a sí mismo. Tal teólogo puede fácilmente confundir sus propias ideas con la obra del Espíritu.

No hay teología sin filosofía

Espero haber mostrado al menos que los problemas involucrados son, por definición, problemas *filosóficos*, tales como la relación entre lo racional y lo irracional, o entre el conocimiento de la fe y el conocimiento teológico, o entre el corazón y la razón, o el problema del así llamado objeto de estudio de la teología, o de las presuposiciones de la hermenéutica teológica (la ciencia de la interpretación), o el problema de la metodología teológica en relación con la metodología de otras ciencias especiales y en un posible contraste con ellas, o los fundamentos de la antropología, o el problema del tiempo y eternidad, de la inmanencia y la trascendencia, etcétera. El hecho de que, al igual que en otra ciencias especiales, estos sean problemas *filosóficos*, implica que la teología necesita sus propios prolegómenos filosóficos, enraizados en una cosmología y epistemología cristianas coherentes.

Desde luego, en muchos casos los teólogos del pasado *se dieron cuenta* de la importancia de los prolegómenos filosóficos para la teología. Pero usualmente no comprendieron la importancia de una filosofía *cristiana*, esto es de prolegómenos filosóficos que estén enraizados en el mismo motivo básico bíblico que la teología misma. Usualmente, los teólogos que ven la importancia de la filosofía hablan acerca de ella como si fuese una empresa neutral, como las herramientas neutrales del carpintero o del médico. Tales teólogos citan libremente de la antigua escolástica, o del pragmatismo moderno, del existencialismo, de la filosofía analítica, de la filosofía del proceso, de la fenomenología, etcétera, sin mala conciencia. Pero al mismo tiempo frecuentemente permanecen fuertemente opuestos a la noción de una filosofía *cristiana*. Esto es muy misterioso hasta que uno empieza a darse cuenta del enorme poder del pensamiento escolástico con su separación entre teología y filosofía ,y su negación de incluso la posibilidad de una verdadera filosofía cristiana.

¿Cómo puede una teología verdaderamente cristiana tener amigos tan malos o abrevar de aguas tan contaminadas? Esto es más bien misterioso. Desde luego, sé muy bien que no todo en tales filosofías seculares está equivocado. Pero ¿dónde encuentra el teólogo la ayuda *filosófica* para saber qué puede adoptar responsablemente de estas filosofías seculares y qué no? ¿Lo encuentra dentro de su intuición cristiana? ¡Sea sabio y desconfíe de ella! ¿La encuentra dentro de su propia teología? Pero la teología nunca estuvo equipada para responder problemas filosóficos. ¿Por qué es la respuesta más obvia tan inaceptable para muchos? Necesitan una filosofía que tenga el mismo fundamento que su cristiana teología.

El origen de las premisas filosóficas de la teología

En la actualidad muchos teólogos se han dado cuenta de que no pueden avanzar sin suposiciones filosóficas. La única pregunta restante es *¿dónde las obtengo?* Sólo veo tres opciones posibles:

1. *Estos prolegómenos filosóficos son derivados de la Biblia.* Un ejemplo de esto es el teólogo estadounidense Norman L. Geisler. Acepta un fundamento filosófico para su hermenéutica y la encuentra en el teísmo, el supernaturalismo y el realismo metafísico. De acuerdo con él, estos "ismos" son enseñados, o al menos presupuestos, por la Escritura. Esto es una teorización de la Escritura, actuar como si enseñase, o incluso presupusiese, teorías o "ismos". Geisler no parece reconocer la diferencia fundamental entre el lenguaje no teórico de la fe de la Escritura, y el lenguaje teórico de la filosofía y la teología. Esto se debe a que carece de una filosofía cristiana en la que se analicen tales distinciones.

2. *Los necesarios prolegómenos filosóficos se encuentran en la actual tradición filosófica*. Pero ¿cuál es esta tradición? Es o bien la escolástica medieval, la cual ha sobrevivido hasta ahora en el seno de la teologías católica romana y protestante tradicionales, o, durante los últimos cinco siglos, en la tradición humanista con sus muchas ramificaciones. La correspondencia entre las dos es que la escolástica empata con el paganismo (grecorromano) *antiguo*, y el humanismo con el paganismo *moderno*. Ambos son extraños a una teología que este enraizada en el testimonio que la Escritura da de sí misma.

Repito que esto ciertamente no significa que la filosofía humanista sea inútil para el cristiano o la teología cristiana. En primer lugar, todo empresa científica, no importa cuán firmemente este fundamentada en un compromiso apóstata último, contiene importantes elementos de verdad. La perspicuidad de la verdad brilla a través incluso de las filosofías más oscuras. Sin embargo, tales elementos de verdad no son excusa para adoptar también el marco humanista en la que están contenidos. Solamente una filosofía cristiana puede ayudarnos a filtrar los elementos de verdad del resto de tales filosofías.

En segundo lugar, la teología nunca se hace en una isla. Siempre se hace en confrontación, diálogo e interacción con la cultura a la que pertenece, y así también con las escuelas filosóficas de su tiempo. En este respecto, la forma específica de una cierta filosofía o teología siempre tiene una eficacia limitada, atada al tiempo en el que es diseñada. Así, la filosofía de Dooyeweerd estuvo especialmente dirigida contra una de las principales trampas filosóficas de su propio tiempo, a saber, el neokantismo. Incluso el título de su principal obra, *Una nueva crítica del pensamiento teórico*, empata directamente con la principal obra de Kant, *Crítica de la razón pura* (esto es, crítica del pensamiento teórico). Actualmente hubiese escogido un título muy diferente porque los oponentes son muy diferentes. La obra de Dooyeweerd ha sobrevivido porque resultó tener un gran potencial también ante las escuelas humanistas subsecuentes, incluyendo el postmodernismo. La filosofía y la teología retienen su relevancia si son capaces de responder no solamente las preguntas del tiempo en el que fueron diseñadas, sino también las preguntas de tiempos posteriores. Tales preguntas son frecuentemente planteadas por las filosofías seculares. Una filosofía cristiana que no sea relevante para un cierto período de tiempo, incluyendo sus filosofías seculares, es inútil.

3. La única opción que queda es una filosofía que esté *enraizada en el mismo motivo básico bíblico de la misma teología*, y no en alguna filosofía escolástica humanista. En las palabras de Gordon Spykman en su *Teología reformacional* (p. 109): "los prolegómenos tienen que ser de una pieza con la dogmática propiamente dicha. ... Esa integración solamente es posible si los prolegómenos filosóficos y la teología dogmática son vistos como compartiendo el mismo suelo. Aunque diferenciados en su función, los prolegómenos y la dogmática tienen que estar unificados es una misma perspectiva. Por eso, la principal tesis aquí es que los prolegómenos más adecuados para una dogmática reformada son una filosofía cristiana. Para ambos, el punto de partida intelectual es la Escritura. Ella provee las señales reveladas, las guías, las 'creencias de control' (Nicolás Wolterstorff) para dar forma a una filosofía bíblicamente dirigida tanto como a una teología cristiana".

FILOSOFÍA Y TEOLOGÍA

No hace mucho tiempo que John D. Caputo argumentó que la filosofía y la teología, si bien eran diferentes, eran "compañeros de viaje" para nutrir la "pasión por la vida". Esto es lo que eleva al hombre por encima de la aburrida corriente de indiferencia y mediocridad, y que nos da algo superlativo que amar más de lo que nos amamos a nosotros mismos. Aunque Caputo escribe de un modo mucho más poético, me parece que esto no es muy diferente de lo que Dooyeweerd ha llamado el motivo básico, y de lo que otros han llamado el compromiso último del hombre pensante.

Malentendidos

En este contexto es importante evitar tres posibles malos entendidos:

1. Desde luego, la elección de una filosofía cristiana particular, o más específicamente la de Dooyeweerd y Vollenhoven, y sus acompañantes sudafricanos y norteamericanos, no implica que una teología cristiana sea en lo absoluto posible solamente *después* de esta elección. Una teología radicalmente cristiana, y una filosofía cristiana para el caso, es posible tan pronto como el —ciertamente no filosófico ni teológico— motivo básico central de la divina Palabra revelación es realmente tomado en serio. Una y otra vez, la teología ha encontrado su punto de partida en este motivo básico, y no en el pensamiento antiguo, escolástico o humanista. Si lo hace, automáticamente (*cfr. automaté*, "por sí misma", en Marcos 4:28) se moverá a lo largo de las líneas escriturales e implícitamente aplicará compenetraciones filosóficas inspiradas por este motivo básico.

Al mismo tiempo, es obvio que la teología *habrá de ganar* enormemente del desarrollo de una filosofía cristiana explícita y coherente que subyazca a la teología. Tal filosofía vigilará constantemente que de hecho se introduzcan motivos básicos bíblicos y no escolásticos o humanistas, y que la teología se desarrolle a lo largo de las líneas del motivo básico bíblico. El diseño de una filosofía cristiana para la teología la transformará de una ingenua a una madura teología científica.

2. Sería un grave malentendido pensar que el darse cuenta de la necesidad de una filosofía radicalmente cristiana empezó solamente con Dooyeweerd y Vollenhoven, o con el que los inspirara grandemente, Abraham Kuyper (1837-1920). Por el contrario, esta consciencia presumiblemente nunca careció enteramente de adherentes incluso antes de la Reforma la cual ciertamente tenía alguna noción de ella (¡Juan Calvino!). Uno podría pensar en el teólogo y filósofo del siglo trece, Buenaventura. Él habló acerca de la *lumen cognitionis sensitivae*, "la luz del conocimiento sensorialmente adquirido" y de la *lumen cognitionis philosophiae*, "la luz del conocimiento filosófico", las cuales forman las subyacentes condiciones empíricas y racionales para las respectivas ciencias. En última instancia, él redujo estos *lumina* al *lumen superius scripturae*, la "superior luz de la Escritura", y así a la voz de Cristo, la encarnada Palabra de Dios. En la visión de Buenaventura, aparentemente tanto las ciencias especiales como la filosofía deberían esta enraizadas en la Palabra revelación de Dios.

3. El último malentendido a ser mencionado es que, al elegir el enfoque de Dooyeweerd y Vollenhoven, y sus acompañantes, nos limitaríamos grandemente a nosotros mismos, y así obstaculizaríamos la actividad teológica. En mi opinión, esto no es necesariamente el caso porque todo en esta filo-

FILOSOFÍA Y TEOLOGÍA 233

sofía está abierto a la crítica, a la mejora, al reemplazo y la elaboración, con excepción de dos puntos vitales. En primer lugar, la compenetración de que una teología responsable debe estar enraizada en prolegómenos externos y que éstos son, por definición, de una naturaleza filosófica. En segundo lugar, cualquiera que sea la filosofía que pueda preferir el teólogo, debe ser una que esté firmemente enraizada en el mismo motivo básico bíblico que la misma teología cristiana.

Teología/filosofía buena y mala

Déjeme agregar aquí otra consideración necesaria. ¿Es un filósofo (o teólogo) radicalmente cristiano mejor que un filósofo escolástico o uno humanista? Eso depende de cómo defina "mejor". En este punto la distinción que hizo Vollenhoven entre *estructura* y *dirección* puede ayudarnos de nuevo. Cuando se trata de la dirección del corazón humano, sólo hay dos posibilidades: dirigido hacia Dios o dirigido en dirección contraria a Dios. En ese sentido vertical, una filosofía (o teología) radicalmente cristiana es infinitamente mejor que una filosofía (o teología) escolástica humanista

Sin embargo, cuando se trata de la estructura de la filosofía (o de la teología), pensamos en los criterios para la buena filosofía (o teología); esto es, académicamente experta. ¿Quién es *académicamente* el mejor filósofo (o teólogo)? En este respecto horizontal, un musulmán o un ateo puede ser un filósofo (o teólogo) exitoso si juega correctamente el "juego del lenguaje" de la teología (para utilizar la terminología de Ludwig Wittgenstein), y aplica correctamente reglas hermenéuticas y métodos teológicos. En breve, este científico obedece las reglas implicadas en la estructura de la filosofía (o de la teología). Hablando de una manera estrictamente estructural, el filósofo (o teólogo) es el que es académicamente sobresaliente. Sin embargo, cuando se trata de la dirección, el musulmán o el ateo está haciendo filosofía (o teología) *apóstata* porque trabaja desde un motivo básico apóstata. Visto desde esta perspectiva, es un mal filósofo (o teólogo), y sus logros son definitivamente no exitosos.

Todo teólogo cristiano ortodoxo admitirá rápidamente que la teología debe esta enraizada en un motivo básico radicalmente bíblico. Más aún, todo teólogo verdaderamente académico reconocerá la necesidad y presencia de prolegómenos filosóficos en su disciplina. ¿Por qué, entonces, es tan difícil para muchos ver que la única filosofía que ha de ser utilizada en los fundamentos de la teología científica es necesariamente una que esté enraizada en el mismo motivo básico radicalmente bíblico?

Déjeme recapitular. Una filosofía *humanista* consistente rechaza tanto una filosofía cristiana como una teología cristiana, al menos si esta teología quiere ser verdaderamente una teología científica. Una filosofía *escolástica* consistente hace por un lado, como hemos visto, una distinción fundamental entre una filosofía neutral, objetiva, carente de sesgos —por lo tanto, ciertamente no cristiana— y la teología sagrada por el otro. Una filosofía enraizada en el motivo básico bíblico acepta tanto la posibilidad de una filosofía cristiana como la de una teología científica y no obstante verdaderamente cristiana. Sin una filosofía cristiana no es posible, entonces tampoco es posible una teología cristiana. Si una teología cristiana es posible entonces también es posible una filosofía cristiana. Los humanistas rechaza ambas. Los pensadores escolásticos rechazan la filosofía cristiana y

FILOSOFÍA Y TEOLOGÍA   235

aceptan la teología cristiana. Por lo que a nosotros concierne, aceptamos ambas, e incluso afirmamos que no se puede tener la segunda sin la primera.

El círculo hermenéutico

Aquí hemos arribado a un interesante estado de cosas. Todos los argumentos dentro de la filosofía cristiana acerca de la posibilidad de una filosofía enraizada en el motivo básico bíblico han de ser explicados a priori a partir del motivo básico bíblico de esta filosofía/teología cristiana. Y todas las negaciones de la posibilidad de una filosofía/teología cristiana se hallan enraizadas en última instancia en los motivos básicos escolástico o humanista de aquellos que la niegan. Estamos tratando aquí con lo que es llamado un *círculo hermenéutico* del cual ningún pensador puede escapar. La cuestión teórica concerniente a la posibilidad o necesidad de una filosofía/teología cristiana está determinada a priori por el motivo básico *preteórico* de uno, el cual es o bien cristiano o bien humanista, o una mezcla escolástica de ambos. Para decirlo en términos más simples: el que usted crea en una filosofía/teología cristiana (científica) depende de cuán radical sea usted como cristiano.

¿Se da usted cuenta de lo que esto significa? Desde mi punto de vista, la cuestión de si usted cree que todo pensamiento humano esta enraizado en un motivo religioso básico depende ... de su motivo religioso básico. No hay manera en la que jamás podría escapar a esta conclusión. Esto es precisamente lo que quiero decir cuando hablo del círculo hermenéutico. Si usted *no* cree que todo pensamiento humano esta enraizado en un motivo religioso básico, no puede evitar estar convencido de que esto se debe a *su* motivo religioso básico. Para decirlo sin ambages: ¡su motivo religioso básico le prohibe a usted que crea que el pensamiento humano esta siempre enraizado en un cierto motivo religioso básico!

Déjeme tratar de ilustrar esto. Supongamos que usted es un racionalista, esto es usted cree que la razón humana es el más alto principio explicativo que conoce. Usted cree que todo lo que usted cree ha de estar basado en argumentos lógicos. Mi pregunta para usted es: ¿cómo sabe usted esto? Cómo puede usted demostrar —esto es con la ayuda de la lógica— que la lógica es el principio más alto? Para demostrar eso, usted necesita alguna posición mental más alta —el filósofo estadounidense Hilary Putnam la ha llamado "el punto de vista del Ojo de Dios"— desde donde puede usted juzgar si es lógico ser lógico. Si usted pudiera encontrar tal posición, se encontraría por encima de la lógica y así refutaría usted su propio punto de vista porque lo que está por encima de la lógica no puede ser lógico. La tesis "es científico suponer que todas las ideas fructíferas debe ser lógicas" es ella misma no lógica, y entonces aparentemente no científica —la tesis se refuta a sí misma.

Si usted no puede encontrar tal posición más alta, tal "punto de vista del Ojo de Dios", esto significa que usted no puede demostrar lógicamente su posición, de manera que en ese caso su posición también estaría perdida. Aparentemente, usted no puede ser un racionalista consistente sin refutar su propia posición. En otras palabras, usted también se encuentra en un círculo hermenéutico. Usted tiene que ser un racionalista para creer que el racionalismo es una posición (lógica) tan buena.

Como he argumentado antes, su elección del racionalismo es en sí misma una elección necesariamente *suprarracional*. En mi terminología, es una elección del corazón, y por lo tanto finalmente una decisión de carácter religioso porque fluye de su compromiso último, el fundamento último en el cual usted pone su confianza. Así que incluso si usted es un racionalista, y rechaza la noción de motivos religiosos básicos, pienso que puedo mostrar fácilmente no solamente que su posición es insostenible sino también que su propio pensamiento esta enraizado en un motivo religioso básico. Y, cómo filósofo cristiano, sostengo que finalmente solamente hay dos compromisos últimos: uno que es propicio a la Palabra de Dios y uno que no lo es.

¿Elementos extraños en la filosofía cristiana?

He enfatizado con fuerza que tanto la filosofía como la teología necesita ser de una pieza; esto es, ambas necesitan estar enraizadas en el motivo básico bíblico. Ha surgido la cuestión de si esto no es una ilusión. ¿Puede una filosofía supuestamente cristiana así como una teología cristiana, estar verdaderamente sólo enraizada en el motivo básico bíblico? Déjeme darle un ejemplo de este tipo de crítica tal y como ha sido dirigida en contra de la filosofía cristiana. El filósofo holandés Theo de Boer ha afirmado que Dooyeweerd ha encontrado su punto de partida en la teología neoplatónica. Esta aseveración sería válida solamente si se pudiese mostrar que las correspondencias que de Boer supone entre el neoplatonismo y el pensamiento dooyeweerdiano —si son reales en lo absoluto, lo cual yo dudo— *no* son simplemente una consecuencia de un elementos de verdad contenidos en el neoplatonismo.

Tales elementos de verdad se nos presentan, y podemos darnos cuenta de ellos sin tener ningún conocimiento de escuelas filosóficas previas que se han dado cuenta de estos mismos elementos de verdad. Nos encontramos tales elementos de verdad en *todas* las escuelas filosóficas porque estas escuelas —inconscientemente— presuponen la revelación de Dios, no importa cuanto la distorsionen. Por lo tanto, si la filosofía anterior P y la filosofía posterior Q tienen a Y en común, esto no necesariamente significa que Q ha adoptado Y de P, o que Q sea una forma o variedad de P. Ambas podían haber arribado a Y independientemente.

La filosofía de Dooyeweerd-Vollenhoven no es más que un intento defectuoso por crear un modelo de la realidad, por así decirlo. Desde luego, no puede excluirse a priori que este intento esté parcial o enteramente gobernado en ciertos puntos por un motivo básico secular (no bíblico). Hasta ahora, nunca he encontrado evidencia convincente de esto. Eso significa que, actualmente, no conozco ninguna filosofía que sea de un carácter más completamente cristiano que ésta. No es una pieza perfecta del pensamiento humano —es simplemente la única cosmología filosófica consistentemente cristiana que conozco.

En un punto anterior mencioné al filósofo estadounidense Nicholas Wolterstorff. Él es un cristiano y un buen filósofo. Algunos lo han considerado un serio rival de la escuela Dooyeweerd-Vollenhoven. Sin embargo, su pensamiento surge de una tradición que está fundamentada sobre un motivo básico no bíblico. El filósofo estadounidense Hendrik Hart ha sostenido que este motivo básico no bíblico también caracteriza las concepciones filosóficas de Wolterstorff. Por lo tanto, mantengo mi conclusión: en la actualidad, no

FILOSOFÍA Y TEOLOGÍA   239

conozco ningún punto de partida filosófico mejor para la teología que la escuela de Dooyeweerd-Vollenhoven.

Personalmente he descubierto que esta muy extensa filosofía nos proporciona respuestas en muchos tópicos relacionados con la teología: la delineación de una teología como tal y del tópico de estudio de la teología, la relación entre confesión y teología, la metodología teológica, los paradigmas teológicos y los principios de la hermenéutica teológica. Más concretamente, la filosofía cristiana ayuda a configurar nuestras opiniones en muchos campos de la misma teología. Las concepciones filosóficas cristianas de unidad y diversidad, constancia y variabilidad, inmanencia y trascendencia, estructura y dirección, concepto e idea, estructuras modales y entitarias, etcétera, son de una tremenda ayuda. No conozco mejor herramienta que ayude a liberar a la teología de las garras de la escolástica, el biblicismo y el humanismo. Espero mostrar un día esto de una manera más extensa en una *Introducción a la teología cristiana* que va a ser similar a la presente *Introducción a la filosofía cristiana*.

Preguntas para revisión

(1) En términos del conflicto entre teólogos y filósofos, ¿de qué maneras ha sido culpable cada lado de cometer errores de pensamiento?

(2) Explique qué sucedería si se negase o ignorase una base filosófica cristiana para la teología.

(3) ¿Cuáles son algunos problemas filosóficos inherentes a la labor de la teología?

(4) ¿Cuáles son las tres fuentes posibles para las presuposiciones filosóficas de la teología?

(5) ¿Cuáles son algunos de los posibles malentendidos acerca de la relación entre teología cristiana y filosofía cristiana?

(6) Describa la naturaleza de los errores de una filosofía humanista consistente y de una filosofía escolástica consistente.

(7) ¿Por qué es imposible tener una filosofía carente de un compromiso religioso del corazón?

(8) ¿Por qué, de acuerdo con este capítulo, la teología no es una ciencia fundamental como la filosofía, sino una de las muchas ciencias especiales?

(9) ¿Cuál es la diferencia entre una teología del cristianismo y una teología cristiana?

(10) Si es posible hablar de una teología cristiana, ¿sería igualmente posible hablar de, digamos, una biología cristiana?

CAPÍTULO 10

LA VERDAD

Toda filosofía está interesada en la cuestión de la verdad. Algunos filósofos relativistas creen en que no hay ninguna verdad absoluta, pero incluso ellos aparentemente muestran interés en la cuestión como tal. No obstante, hay alguna dificultad en su punto de vista porque el mismo enunciado "no hay una verdad absoluta" es presentado como una verdad absoluta. Quizá tales filósofos deberían decir algo como esto: "toda verdad es relativa, incluyendo este enunciado". Otros filósofos creen que no hay una verdad absoluta, omnicomprensiva, sino quizá sólo verdades parciales o relativas.

Algunos filósofos postmodernos creen que *podría* haber alguna verdad absoluta pero que ninguna filosofía o religión podría jamás demostrar más allá de toda duda que posee la verdad. Incluso si hubiese alguna verdad absoluta, no tendríamos manera de conocerla. Si fuese de otra manera, ya hubiésemos encontrado la verdad hace mucho. En vez de ello, numerosas religiones, ideologías y filosofías que son irreconciliablemente diferentes pretenden tener la verdad. Porque hay tantas de ellas, podemos concluir con seguridad que *ninguna* de ellas tiene la verdad —o esto es lo que estos filósofos creen.

No diga que los filósofos postmodernos creen en la verdad absoluta de su propia posición, porque eso puede sonar ingenioso pero es de hecho erróneo. Platón, quien dijo de los escépticos que "los escépticos son escépticos acerca de todo excepto acerca del escepticismo" pudo haber estado en lo correcto. Pero esto no vale para los postmodernistas porque los postmodernistas relativizan todas las posiciones, incluyendo la suya propia.

Otros filósofos creen que hay una verdad absoluta y que su aproximación es el mejor modo de encontrarla, o incluso pretenden poseerla. Como toda religión y toda ideología, así también toda filosofía tiene que adoptar una posición sobre este asunto. ¿Qué, en aras del cielo, pueden los filósofos cristianos agregar a esta masiva confusión?

¿Es verdadera la filosofía cristiana?

Desde luego, la filosofía cristiana también adopta un gran interés en la verdad. Pero atención: una cosa es declarar, como un *creyente*, que Jesucristo es "el camino, la verdad y la vida" (Jn. 14:6), o que "tu palabra es verdad" (Jn. 17:17), o confesar que "la verdad está en Jesús" (Ef. 4:21). ¡Pero eso no significa necesariamente que nuestra *filosofía* cristiana sea verdadera! Tenemos un punto de partida perfecto para la fe en el nivel trascendente, suprarracional, pero eso no arroja automáticamente una filosofía perfecta en el nivel inmanente, racional. Usted puede estar del lado de la verdad (*cfr.* Jn. 18:37), o ser de la verdad (1 Jn. 3:19), pero eso no significa que todo lo que *usted* produce es verdadero. En el capítulo previo vimos que la frase *ciencia verdadera* o *filosofía verdadera* es ambigua. Por un lado tenemos que distinguir entre ciencia genuina, esto es ciencia hecha en obediencia al orden nómico cósmico, y pseudociencia, esto es ciencia en la que estas leyes estructurales son desobedecidas o ignoradas. Me estoy refiriendo a las leyes estructurales para la ciencia que están ancladas en el divino orden nómico. Por otro lado, distinguimos entre verdadera ciencia, esto es ciencia orientada hacia el Creador, y falsa ciencia, esto es ciencia de una naturaleza apóstata. Si hay alguna verdad en la ciencia en lo absoluto (véase más abajo), esperamos encontrarla sobre todo en una ciencia que sea tanto genuina (esto es, de alta calidad académica) como verdadera (dirigida hacia la verdad).

Antes de que continuemos, miremos un poco más cuidadosamente el término *verdad* como tal. En primer lugar, verdad es un término ontológico. Se refiere al "ser realmente así" de la realidad, o de un cierto campo de investigación. "El cielo es azul" es un enunciado ontológico que se refiere con verdad a lo azul del cielo. La verdad es también un término epistemológico: el conocimiento puede ser descrito como verdad poseída. "Sé que el cielo es azul" es un enunciado epistemológico que significa que "poseo la verdad concerniente a lo azul del cielo".

Ésta es una aproximación muy elemental a la noción de verdad. Es la verdad que también ocurre en la Biblia, así como en la vida cotidiana. Esto o aquello es verdadero si y sólo si es realmente el caso. "¿Es verdad que fuiste a la escuela hoy?". "Sí, eso es verdadero". "Eso es realmente el caso".

Sin embargo, frecuentemente la noción de verdad es tratada a un nivel más profundo en la Biblia, a saber como confiabilidad (note aquí, por favor que en inglés *truth* y *trust* proceden etimológicamente de la misma raíz). Éste es el significado del término hebreo *'ĕ met*, el cual significa tanto *verdad* como *fidelidad*, con el significado colateral de *confiabilidad*. Dios es verdad en el sentido de que él es absolutamente confiable en todo lo que dice y hace, y digno de una *confianza* y lealtad incondicionales (Sal. 31:5; Jer. 10:10, Ro. 3:4, 7). Esto es lo mismo que decir que Dios es *fiel* en todo lo que dice y hace, y por ello digno de nuestra confianza.

También el hombre ha de ser de verdad; los hombres verdaderos son confiables, hombres dignos de confianza (Ex. 18:21; *cfr.* Neh. 7:2). Cuando comparamos varias traducciones del Antiguo Testamento, vemos que frecuentemente algunas traducciones son "verdaderas" mientras que otras tienen "confiabilidad". Un "hombre de verdad" es una persona fiel, confiable, y lo es primariamente ante los ojos de Dios. Dios es "verdad" (fiel, digno de confianza) para con el hombre; el hombre es "verdad" (fiel, digno de confianza) para con Dios así como para con sus prójimos. "Hombre de verdad [o verdadero, digno de confianza], ¿quién lo hallará?" (Pr. 20:6b).

En resumen, en la Biblia *verdad* se refiere a la verdad en su significado práctico *inmanente* de (conocimiento de) el "realmente ser así" de las cosas inmanentes, o a la verdad en su significado práctico trascendente que se refiere a la trascendente relación religiosa entre Dios y hombre; esto es, al "ser realmente así" de las cosas trascendentes. En ambos casos nos las habemos con una noción *práctica* de verdad, no una *teórica*. La verdad práctica y la verdad teórica tienen que ser distinguidas cuidadosamente: la Biblia es verdad pero una teoría filosófica o teológica cristiana, aunque pretenda ser fiel a la Biblia, muy bien podría ser falsa. Investiguemos este asunto con mayor cuidado.

Ciencia y verdad

¿Pueden las teorías filosóficas y científicas —incluyendo las teorías teológicas— ser verdaderas en lo absoluto? Pienso que sí pueden, aunque sólo hasta cierto punto. La ciencia puede ser una aproximación a la verdad (el ser realmente así) de un cierto campo de investigación, no importa cuán limitadamente. Pero esta respuesta tiene que ser cualificada. Por un lado, está el peligro del positivismo lógico, el cual es *demasiado optimista*. Sostiene que empieza con hechos objetivos acerca de la realidad cósmica, los cuales entonces son supuestamente representados en teorías científicas. También los teólogos frecuentemente —usualmente de manera inconsciente— adoptan esta aproximación positivista. Creen que sus teorías representan una cierta parte de la realidad (bíblica/cristiana). Ésta es una especie de filosofía o teología más bien ingenua, en la que la verdad científica es altamente sobreestimada.

Por otro lado, está el negativismo biblicista, el cual es *demasiado pesimista*. Éste es la tesis de que las teorías científicas son solamente instrumentos útiles para ayudarnos a encontrar nuestro camino dentro de la realidad cósmica, pero que la verdad ha de encontrarse solamente en la Escritura. ¡No hay verdad fuera de la Biblia! Tal actitud, la cual es de hecho anticientífica y oscurantista, sobrestima la Palabra revelación de Dios a costa de su revelación creacional. En otras palabras, olvidan que no solamente la Escritura, sino también la revelación de Dios en la realidad creacional cósmica, contiene verdad. Y debido a que ésta es revelación *de Dios* en la naturaleza, definitivamente tenemos que tratar aquí con la verdad *de Dios*. El filósofo estadounidense Arthur F. Holmnes ha expresado esto en el título de su libro *Toda verdad es verdad de Dios*. Todas las cosas que son verdad, de algún modo u otro son verdad divina, pues solamente pueden ser verdaderas a la luz del orden nómico que Dios ha instituido para la realidad cósmica. Explicaré adicionalmente esto más abajo.

Toda ciencia tiende a develar esta verdad de Dios tal y como está encerrada en la revelación creacional de Dios, con dos restricciones: (1) la mayoría de los filósofos y los científicos no aceptan que la ciencia esencialmente trate con la verdad *de Dios* y, (2) en la práctica, la ciencia sólo puede aproximarse a esta verdad divina de un modo defectuoso y preliminar. La ciencia busca el orden nómico divino de la realidad cósmica, pero en la práctica nuestras formulaciones teóricas de estas leyes son el mejor de los casos aproximaciones vagas y con frecuencia constantemente variantes, a este orden nómico. Sin embargo, eso no niega que haya aproximaciones a la verdad divina, tal y como ésta es develada por la ciencia.

Dios enseña al granjero

Dios saca la verdad a la luz no solamente a través de la Biblia, sino también a través de la tarea cultural del hombre. Esto es bellamente ilustrado por Isaías 28:24-26: "El que ara para sembrar, ¿arará todo el día? ¿Romperá y quebrará los terrones de la tierra? Cuando ha igualado su superficie, ¿no derrama el eneldo, siembra el comino, pone el trigo en hileras, y la cebada en el lugar señalado, y la avena en su borde apropiado? Porque su Dios le instruye, y le enseña lo recto".

Vemos aquí que es Dios quien instruye al granjero cómo debe de trabajar su tierra (¡cultura!), pero en la práctica el granjero aprende esto poniendo atención a las leyes naturales —las cuales son leyes *divinas*— que se manifiestan en cada cosecha. El granjero aprende del Legislador poniendo atención a su orden nómico. Éste es el modo en el que también el científico aprende de Dios. La ciencia verdadera no es necesariamente conocimiento que se encuentre explícitamente en la Escritura, sino que es ciencia fundamentada sobre una metodología científica apropiada y sobre una cosmovisión cristiana.

Otro ejemplo bíblico se encuentra en Génesis 2:19-20: "Jehová Dios formó, pues, de la tierra toda bestia del campo, y toda ave de los cielos, y las trajo a Adán para que viese cómo las había de llamar; y todo lo que Adán llamó a los animales vivientes, ese es su nombre. Y puso Adán nombre a toda bestia y ave de los cielos y a todo ganado del campo".

En la Biblia, el nombre expresa la esencia en aquello que es nombrado. Así que la pregunta de Dios al hombre implica que éste debiera penetrar en la esencia de las cosas que Dios había creado. Esto está estrechamente relacionado con lo que hace la ciencia. Al nombrar los animales, el hombre se vinculó con las características objetivas de los animales; no podría llamar a un gusano terrestre un animal alado, o vertebrado a una medusa. Pero los nombres mismos fueron su creación, su diseño. Por favor note que Dios le trajo los animales al hombre "para que viese cómo los había de llamar". Aparentemente, eso no estaba determinado por anticipado. Hablando humanamente, Dios tenía curiosidad acerca de lo que Adán iba a hacer.

En este nombramiento de los animales había un elemento objetivo —el poner atención a sus propiedades— pero también un elemento subjetivo; esto es, cada nombre expresaba no solamente algo del animal, sino también algo del hombre mismo. Es lo mismo en la ciencia. Por un lado, los científicos tienen que hacer justicia al "ser realmente así" de las cosas que investigan. Por otro lado, hay un elemento fuertemente creativo o inventivo en toda teoría científica. Como lo ha expresado el gran filósofo de la ciencia austríaco Karl Popper, los hechos son *descubiertos* (esa es la parte objetiva), pero las teorías son *diseñadas* o *inventadas* para explicar los hechos (esa es la parte subjetiva). Las teorías son creaciones libres de la mente humana.

Teorías de la verdad

En la vida cotidiana parece así de simple: un enunciado es verdadero si y cuando corresponde a la realidad. Sin embargo, en filosofía nada es evidente por sí mismo, como ya lo he mencionado antes. La descripción que acabo de darle ha sido llamada la *teoría de la correspondencia*. En la vida cotidiana esta teoría es evidente por sí misma: si mis ojos ven una zanja delante de mis pies, no podría funcionar si no confiase en mis ojos que hay realmente una zanja delante de mis pies. Veo lo que es; lo que veo es. Bien hasta aquí. Sin embargo, tiene usted que darse cuenta de que *como una teoría filosófica* no es lo suficientemente buena. El gran problema que tiene es que no hay modo de verificarla. Para nuestra experiencia cotidiana eso no es ningún obstáculo. Ni necesitamos ni exigimos demostraciones para la tesis de que un enunciado es verdadero si y cuando corresponde a la realidad; para el pensamiento práctico, esto no es ni siquiera una tesis o una teoría. En el pensamiento teórico, sin embargo, buscamos evidencia. Pero, una vez más, no tenemos un "punto de vista del Ojo de Dios" desde el cual podemos comparar nuestros enunciados con la realidad. Por lo tanto, *como teoría*, la *teoría* de la correspondencia tiene problemas. Es demasiado audaz.

Apliquemos estas consideraciones a las teorías científicas. Podríamos decir que la teoría P es verdadera si y cuando corresponde a la realidad. Pero las únicas cosas que tenemos son nuestros datos sensoriales. Observamos la realidad, especialmente las realidades pequeñas limitadas en el laboratorio, y sobre la base de los datos sensoriales que hemos obtenido creamos una teoría explicativa. Pero ¿cómo sabemos que corresponde a la realidad? Supongamos que, hasta el momento, no se han conocido ningunos datos que se hallen en conflicto con P. Pero ¿qué demuestra esto? Quizá son concebibles algunas teorías Q, R y S que explicarían los datos igualmente bien, o incluso mejor. Lo único es que, hasta aquí, no podemos pensar en otra teoría; estamos contentos de haber encontrado una en lo absoluto. ¡Pero Q, R y S siguen siendo opciones teóricas! En cualquier caso, no podemos sostener que P represente la *verdad* acerca del objeto que nos ocupa. ¿Cómo podríamos saberlo?

Por esta razón han sido inventadas varias teorías de la verdad más modestas. La *teoría de la coherencia* dice: "un enunciado es verdadero si y cuando es coherente, consistente, con los otros enunciados dentro de un cierto sistema de pensamiento". La verdad no se encuentra en enunciados distintos sino en la continua aparición de enunciados a un sistema. La verdad no "es" sino que gradualmente "deviene" conforme el sistema crece y se mantiene siendo refinado.

La *teoría pragmática* es incluso más modesta: un enunciado es verdadero si y cuando funciona, cuando muestra ser útil. En teología esto significaría: "si la 'hipótesis de Dios' funciona satisfactoriamente, es verdadera". Pero ¿qué tal si la hipótesis resulta funcionar para algunas personas y no para otras? ¿Es entonces tanto verdadera como falsa? Ésta parece ser una objeción válida, pero los pensadores pragmatistas no resultarían impresionados. Simplemente responderían: no tenemos nada mejor, así que tenemos que vivir con ello. Piense en lo que acabo de decir acerca de la teoría P. Lo mejor que podemos decir es que funciona bien —aunque Q, R y S podrían haber funcionado igualmente bien— así que por el momento aceptamos como verdadera a P. De hecho, ésta es la actitud que la mayoría de los científicos están adoptando todo el tiempo con respecto a sus teorías. Son verdaderas en tanto que los científicos en cuestión no tengan nada mejor.

Hay otras teorías de la verdad —la teoría performativa, la teoría existencialista, la teoría de la redundancia, la teoría del consenso— pero tengo que dejarlas de lado en este punto.

Correspondencia

Las únicas teorías que discutiré un poco más son la teoría de la correspondencia y la teoría de la coherencia. ¡No subestime a la segunda! Desempeña un papel definido en toda construcción de teorías porque —por ejemplo en la teología— los enunciados no solamente no debieran contradecir la Biblia, sino que tampoco debieran contradecirse entre sí. La teoría de la coherencia es de gran importancia *dentro* de un cierto sistema de pensamiento. Pero al final siempre querremos saber de qué manera nuestros modelos filosóficos y teorías científicas se relacionan con lo que "realmente es así" de la realidad, esto es, *con la verdad acerca de la realidad*.

La teoría de la correspondencia parece ser lo que buscamos, pero ya le he mencionado que lo que parece ser evidente por sí mismo en el pensamiento cotidiano filosóficamente hablando no tiene ninguna pierna sobre la cual sostenerse. Su punto de partida es que hay una realidad externa, objetiva (esto es, independiente de la observación), pero olvida que, *como teoría*, no tiene un acceso independiente a esa realidad para verificar si nuestras teorías científicas corresponden a ella. La certeza que tiene concerniente a la realidad objetiva no está contenida en ninguna *teoría* filosófica en lo absoluto, sino que es una confianza suprarracional y supraempírica del corazón creyente. Tal corazón posee un argumento muy fuerte: un corazón que ha puesto su confianza en Dios no puede aceptar que el mismo Dios presente a nuestros sentidos —que él mismo ha creado— la imagen de un cosmos que en realidad no existe.

Esta confianza no es una teoría de la correspondencia, ni ninguna otra teoría. No necesita ni desea una teoría, sino que se halla más allá de las teorías. ¡No piense que esto es meramente jugar con palabras! Si usted convirtiese la confianza suprateórica de nuestros corazones en una teoría, esto sería precisamente evidencia del enorme poder de la teorización de la vida, esto es del tremendo poder del racionalismo y el cientificismo en nuestra cultura.

Repito, el hecho de que haya una realidad externa no es el resultado de ningún pensamiento filosófico, sino que es una confianza prefilosófica, preteórica del corazón. Creemos en una realidad externa no porque nos lo enseña la teoría de la correspondencia, sino porque creemos en Dios. Si Norman L. Geisler asevera que la teoría de la correspondencia es indirectamente enseñada por la Biblia, entiendo lo que esta tratando de decir, pero confunde el pensamiento práctico con el teórico. La Biblia no enseña teorías, ni directa ni indirectamente. Lo que Geisler quiere decir es nada más que la persona que cree en Dios también cree que hay un mundo que él ha creado, y que a través de nuestros sentidos tenemos acceso empírico a este mundo. Esto no tiene nada que ver con ningunas teorías en lo absoluto, como debiera de haberse dado cuenta Geisler. Traer a colación la palabra *teoría* sugiere una sobreestimación del pensamiento teórico. No sorprende que sucedan tales cosas: esta sobreestimación ha estado teniendo lugar por más de veintitrés siglos.

Realismo científico

La tesis de que las teorías filosóficas y científicas, sin importar cuán defectuosas y preliminares sean, son aproximaciones a la realidad cósmica, es llamada *realismo* (científico). La tesis de que las teorías científicas son meramente instrumentos útiles y convenientes, que no nos dicen nada acerca de lo que realmente es la realidad, es llamada *instrumentalismo*. Platón ha sido llamado el padre de la primera y Aristóteles el padre de la segunda tesis. Cuando apareció la revolucionaria obra de Copérnico sobre los movimientos de los cuerpos celestes en 1543, el teólogo luterano Andreas Osiander escribió un prólogo. Él sostuvo que las teorías de Copérnico habían de ser tomadas —en nuestra terminología— en un sentido instrumentalista; esto es, no decían nada acerca de cómo funcionaba realmente nuestro sistema solar. Para entender este tópico, uno tenía que acudir a la Biblia.

Tampoco el cardenal Roberto Belarmino hubiera condenado a Galileo Galilei por sus tesis heliocéntricas si éste solamente hubiera tomado sus teorías solamente en un sentido instrumentalista. Sin embargo, Galileo las interpretaba de una manera plenamente realista, así que la Iglesia Católica Romana sintió que tenía que condenarlo (1633). Dicho sea de paso, esto no fue tanto porque Galileo contradijera a la Biblia —como la gente ha aseverado— sino porque contradecía a Aristóteles.

Otro pensador, el obispo, teólogo y filósofo del siglo dieciocho George Berkeley, defendió con fuerza una tesis instrumentalista con respecto a la teoría de la gravedad de Isaac Newton. Una tesis realista parecía implicar que esta teoría revelaba la verdad acerca de la realidad física a través de la fuerza del intelecto, sin la ayuda de la revelación divina. Berkeley temía que tal realismo sería una gran amenaza a la fe y a la autoridad de la Biblia. De acuerdo con él, la teoría de Newton era solamente una hipótesis matemática, esto es un instrumento útil para calcular ciertos fenómenos, pero no una descripción verdadera de algo real.

La pregunta interesante que uno podría plantear en este punto es si estos teólogos, Osiander, Belarmino y Berkeley, y muchos teólogos después de ellos, ¡hubieran estado dispuestos adoptar una posición instrumentalista también con respecto a las teorías teológicas! ¿Por qué debiera ser uno instrumentalista cuando se trata de teorías científicas naturales y realista cuando se trata de teorías teológicas? La única razón para esto sería el prejuicio escolástico: el supuesto dualismo entre la *gracia*, a la cual pertenece la sagrada teología, basada sobre la Palabra revelación de Dios, y la *naturaleza*, a la cual pertenecen la filosofía profana (secular) y las otra ciencias, basadas meramente en la luz de la razón natural.

Instrumentalismo

En el siglo diecinueve, científicos cristianos como Michael Faraday, James Clark Maxwell o Louis Pasteur, no hubieran tenido ninguna dificultad para suponer que la ciencia arrojaba luz sobre las ordenanzas creacionales de Dios. Esto cambió drásticamente en el siglo veinte, especialmente cuando Albert Einstein desbancó en principio la física newtoniana. Esto fue dramático porque muchos físicos decimonónicos habían considerado que era una verdad necesaria. La confianza de los científicos en una ciencia tan confiable como la física fue profundamente conmovida. La situación empeoró también por los desarrollos filosóficos, tales como el surgimiento del historicismo radical, las filosofías pesimistas (especialmente Arthur Schopenhauer y Friedrich Nietzsche), el psicoanálisis (Sigmund Freud, Alfred Adler, Carl G. Jung), el vitalismo (particularmente Henri Bergson), y el existencialismo (especialmente Martin Heidegger y Jean-Paul Sartre). Como consecuencia de todos estos desarrollos, los científicos tendieron a moverse del realismo al punto de vista más reticente del instrumentalismo.

Como escribiera alguien en ese tiempo: "las teorías sobre la realidad no son como la sopa es a la carne para sopa, sino como el número del guardarropa es al abrigo". Esto es, las teorías no son extraídas de la realidad como la sopa es extraída de la carne para sopa. Son más bien como las fichas del guardarropa: útiles para encontrar tu abrigo, pero no nos dicen nada acerca de qué aspecto tiene el abrigo.

Sin embargo, también el instrumentalismo encuentra objeciones fuertes. En primer lugar, este punto de vista no puede explicar el hecho de que las teorías pueden dar lugar a predicciones riesgosas que, más aún, frecuentemente resultan ser verdaderas. Si las teorías son solamente ficciones teoréticas, ¿cómo pueden explicar que incluso pueden conducir al descubrimiento de fenómenos enteramente nuevos? Así, sobre la base de los movimientos de los planetas, se predijo la existencia y ubicación de un nuevo planeta, el cual desde luego fue descubierto. Recibió el nombre de Neptuno.

En segundo lugar, ¿cómo puede explicar que ciertas ficciones teóricas, tales como el descubrimiento de Kekule de la estructura anular de ciertas moléculas (por ejemplo la bencina), pueda hacerse visible de un modo casi directo con la ayuda de un microscopio electrónico?

En tercer lugar, ¿cómo puede explicar el instrumentalismo el tremendo éxito de la tecnología, si las teorías físicas, sobre las cuales se basa la segunda de un modo u otro, no tuvieran nada que ver con el "realmente ser así" de la naturaleza?

Realismo crítico

Las objeciones contra el instrumentalismo no condujeron a un retorno al antiguo realismo, el cual se había vuelto demasiado ingenuo. Está claro ahora que las teorías no son simplemente copias, imágenes, representaciones de la realidad. Si eso fuere el caso, ¿cómo podría uno explicar que ni una sola teoría posee un carácter permanente, sino que todas las teorías, incluso las mejor establecidas, a largo plazo son reemplazadas o en cualquier caso fundamentalmente modificadas? Al menos *algo* tenía que aprenderse del instrumentalismo, el cual había sostenido que, para todo conjunto de datos observacionales, es concebible en principio un gran número —quizá incluso infinito— de teorías. Mencioné este punto anteriormente. Puede ser difícil encontrar una sola teoría para explicar las observaciones, pero eso no significa que sea la teoría correcta. En el mejor de los casos, es una buena teoría entre muchas buenas teorías potenciales. Son buenas no porque reflejen la realidad, sino porque involucran una interpretación significativa y consistente de los datos observacionales y permiten verificación adicional de esta interpretación. Sin embargo, en principio son siempre concebibles numerosas otras interpretaciones significativas consistentes y verificables, e incluso probables.

Supongamos que, entre numerosas teorías posibles, hemos elegido la correcta, esto es la que representa correctamente a la realidad. En ese caso nunca podríamos *saber* que hemos encontrado la correcta. Esto se debe a que, nuevamente, no tenemos un "punto de vista del Ojo de Dios" desde el cual podamos comparar nuestras teorías con la realidad. Lo único que *podemos* saber es que una cierta teoría ha resultado ser errónea porque demasiados datos observacionales más novedosos ya no encajan en la teoría. Subsecuentemente, tiene que diseñarse una nueva teoría que sea capaz de interpretar los datos tanto más viejos como más nuevos en una coherencia significativa.

Tanto mejor si tenemos éxito. Pero también con respecto a la nueva teoría tenemos que declarar que nunca podemos saber si es la correcta porque, finalmente —puede tomar años o siglos—, la nueva teoría se volverá también obsoleta debido a datos observacionales más nuevos. Lo que dije antes permanece siendo válido: en principio, para todo conjunto de datos un número infinito de teorías es concebible —incluso si estamos agradecidos por haber encontrado al menos una.

El realismo más nuevo, así llamado "crítico" o "cualificado", combina las compenetraciones del antiguo realismo (las teorías tienen que ver "algo" con la realidad) y el instrumentalismo (las teorías nunca pueden ser llamadas representaciones de la realidad). Es la concepción de que las teorías no pueden ser "extraídas" (adoptadas) de la realidad como tal, sino que son diseñadas por los científicos para explicar los datos observacionales. Sin embargo, este realismo mantiene que las teorías que cumplen criterios académicos desde luego tienen que ver, no importa en qué sentido restringido, con el "ser realmente así" de la realidad.

Es verdad que las formulaciones de leyes científicas son inventadas; en este respecto, el realismo crítico concuerda con el instrumentalista. Pero las coherencias nómicas mismas son descubiertas, como aseveraba el viejo realismo. En efecto, las teorías *son* instrumentos pero, entonces, instrumentos para acercarse a la verdad concerniente al campo de investigación. Podemos afirmar verdaderamente, una vez más, que los científicos están definitivamente ocupados en mapear creativamente las estructuras nómicas de la realidad cósmica. La ciencia no está copiando la realidad (contra el realismo), pero tampoco es una actividad creadora de orden (contra el instrumentalismo): es una actividad *desentrañadora* del orden. En la filosofía cristiana, *orden* se refiere al orden nómico que el Creador ha instituido para el cosmos.

Desde luego, también dentro del realismo crítico hay diferentes opiniones. Algunos argumentan que debiéramos de estar satisfechos con la teoría de la coherencia (véase más arriba) como siendo lo mejor que podemos obtener. Otros quieren limitarse a tratar de entender las teorías a partir de sus desarrollos históricos. Esto no significa necesariamente que tales realistas no estén interesados en alguna realidad independiente de la observación, o en la verdad, sino solamente que son conscientes de sus propias limitaciones. Esto es, si usted quiere *conocer* esa realidad independiente de la observación, diseñe teorías tan bien como pueda. Estas son teorías que cubren los datos observacionales y tienen un alto valor predictivo, y es así que constantemente inspiran a los científicos a continuar con ulteriores investigaciones. Al continuar haciéndolo, podemos decir con seguridad que, finalmente, estaremos más cerca de la verdad acerca de nuestro campo de investigación que lo que lo estuvimos anteriormente. Si está seguro de eso, o más vacilante, depende mucho de su cosmovisión.

Verdad teórica

En este punto llegamos a una compenetración importante. Incluso si pudiésemos estar absolutamente seguros —y no podemos— de que una cierta teoría es correcta, es decir que es *la* representación correcta de un cierto campo de investigación, ¿qué tipo de verdad contendría? Solamente sería alguna verdad *teórica*, esto es una verdad obtenida a través de la abstracción modal, que por definición es una verdad *parcial*. El conocimiento de la verdad, hablando propiamente, no se obtiene en el pensamiento teórico (abstracto, impersonal, unilateral), sino sólo en el práctico (es decir concreto, inmediato, integral). Sólo de este modo es posible aprehender la naturaleza y significado de la realidad cósmica en su plenitud y unidad, y en su orientación trascendente hacia el creador.

Tome un simple ejemplo. Si usted ha aprendido que el agua es en realidad H_2O, ¿puede usted ahora decir que sabe lo que realmente es el agua? No lo creo. Usted sabe ahora sólo algo del aspecto físico del agua. Pero la plena realidad del agua también pertenece el hecho de que el agua es básica a todos los organismos vivos (aspecto biótico), que el agua puede refrescarlo, que el agua puede lavarlo, que el agua puede amenazarlo, que el agua puede alegrarlo (piense en la belleza de una cascada, o del océano; el aspecto estético), que el agua puede ser un símbolo del Espíritu Santo (Jn. 7:38-39), etcétera. En la filosofía cristiana, la plena realidad del agua, que es mucho más que lo que cualquier aspecto singular puede expresar, incluye al menos todas sus funciones objeto.

Este modo práctico de tratar con la plena realidad de las cosas es la que encontramos, por ejemplo, en Job 38-41, donde el hombre se halla en relación con la creación por la luz de la Palabra de Dios. Este pensamiento y conocimiento práctico definitivamente no es simple, infantil o ingenuo. Por el contrario, el conocimiento más profundo que tenemos de la realidad cósmica es de una naturaleza suprarracional, trascendente, y está fundamentado sobre la Palabra revelación de Dios. Este conocimiento pístico sobrepasa con mucho nuestro (supuesto) conocimiento científico de la creación. La razón es que este conocimiento de fe nos conduce a Cristo, quien es la verdad (Jn. 14:6), en el poder del Espíritu Santo, quien es el "Espíritu de verdad" (Jn. 14:17; 15:26: 16:13). En, a través de, y por Cristo, todas las cosas han sido creadas (Col. 1:16). Cristo es aquel "en quien están escondidos todos los tesoros de la sabiduría y del conocimiento" (Col. 2:3).

En contra de las "filosofías y huecas sutilezas, según las tradiciones de los hombres, conforme a los rudimentos del mundo" (Col. 2:8), el apóstol Pablo no opone alguna filosofía cristiana, sino más que eso: a Cristo mismo. La filosofía cristiana encuentra su significado en él a quien apunta, Cristo, mientras que la "filosofía y las huecas sutilezas" alejan de él. La filosofía cristiana siempre es defectuosa y preliminar; por lo tanto nunca puede ser llamada verdad —pero su punto de partida y propósito es la Verdad. La filosofía secular puede contener importantes y valiosos elementos de verdad que vale la pena filtrar —pero no está fundamentada sobre la Verdad, y finalmente separa de la Verdad. Los elementos de verdad en la filosofía secular sólo pueden ser desentrañados refiriéndolos a la experiencia práctica de la fe, la cual esta orientada hacia la plena Verdad por la luz de la Palabra y el Espíritu de Dios.

El experimentar y el pensar bíblico es preteórico o, si usted gusta, suprateórico, pero definitivamente no es ingenuo, en el sentido de la inocencia y el limitado entendimiento infantil. La filosofía secular de la ciencia frecuentemente ha llamado ingenuo al pensamiento práctico cotidiano debido a una tremenda sobrestimación del pensamiento y el conocimiento científicos (recuerde lo que dije anteriormente acerca del cientificismo). Sin embargo, en un sentido, es más bien el experimentar y el pensar no bíblico el que puede ser llamado ingenuo, pues esta dominado por el pensamiento apóstata. En su forma primitiva, este pensamiento puede estar plagado de elementos míticos, como todavía era el caso con casi todos los pensadores antiguos. Pero incluso en la forma más altamente desarrollada de este pensamiento el hombre apóstata sigue cerrado a la luz de la revelación divina. Como consecuencia, su pensamiento permanece encerrado dentro de su propia experiencia, que él, más aún, ve desde una perspectiva trascendente equivocada.

Nuevamente vemos aquí cómo puede sobrepasar con mucho el pensamiento práctico al pensamiento teórico, a saber ahí donde el pensamiento bíblico (suprateórico) confronta el pensamiento apóstata (teórico o suprateórico). Esto no significa que el pensamiento bíblico no podría caer parcialmente en el puño del pensamiento apóstata bajo la influencia del pecado. Sólo si y cuando el cristiano abre conscientemente su corazón a la plenitud de la verdad que es en Cristo, y que nos es revelada en la Escritura, brillará la luz de la eternidad sobre todas las dimensiones de la realidad experiencial. Entonces el cristiano verá todas las cosas como son realmente, a la luz del orden creacional que Dios ha instituido para la realidad cósmica, y que está anclado en Cristo, en quien fueron creadas, y en quien algún día encontrarán su plenitud.

Verdad parcial

Es la filosofía cristiana la que ha señalado que la verdad teórica nunca puede ser la verdad completa —integral, absoluta, o unilateral—, por al menos tres razones:

1. La verdad teórica es verdad especializada pues se refiere solamente a un aspecto modal abstraído y especializado de nuestra experiencia completa, práctica, de la realidad. Así, el conocimiento biológico sólo se refiere al aspecto biótico, el conocimiento jurídico sólo al aspecto diquético, el conocimiento teológico sólo al aspecto pístico de la verdad. Incluso la verdad teológica es, como verdad teórica, necesariamente conocimiento unilateral, desprendido, abstracto, y

por lo tanto nunca idéntico al conocimiento pístico del corazón, pleno y práctico.

2. La verdad teórica es en el mejor de los casos verdad pretendida: la correspondencia pretendida entre ciencia y realidad es solamente aproximada. Repito que no tenemos medios independientes para establecer si la correspondencia pretendida ha sido alcanzada. Por lo tanto, llamamos buenas a las teorías científicas no debido a alguna correspondencia supuesta, sino debido a (a) la coherencia interna y consistencia de la argumentación lógica, (b) el creciente refinamiento de su estructura interna, (c) las eficientes entidades teóricas dentro de ellas, y (d) las metáforas usadas en ellas, las cuales son continuamente fértiles y permiten la ulterior extensión de las teorías involucradas.

3. La verdad teórica es verdad que por definición se refiere a lo que es lógicamente correcto o incorrecto, y en este respecto es solamente verdad parcial también. La razón es que en la experiencia práctica hay muchas otras experiencias de verdad no teórica, tales como:

(a) Verdad *social*, en la que la conducta social es verdadera, y la conducta asocial es falsa —no lógicamente falsa, sino socialmente falsa.

(b) Verdad *económica*, en la que lo valioso se opone a lo carente de valor. Desde luego, la economía como ciencia es una empresa lógicamente cualificada, pero "lo económico", como núcleo de la modalidad económica, tiene que ver con equilibrio y valor. En el sentido económico, el valor no es un asunto de lógica, sino del mercado. El mercado tiene su propia verdad, la cual no puede ser reducida a lo lógico.

(c) Verdad *estética*, en la que lo armonioso y lo bello suponen a lo feo y carente de armonía. Los juicios estéticos

LA VERDAD 263

tienen su propia verdad, la cual, una vez más, no puede ser reducida a lo lógico. Esto o aquello es bello, pero no sobre la base de argumentos racionales sino de criterios estéticos. Podemos *argumentar* lógicamente acerca de estos criterios, como se hace dentro de la ciencia de la estética, pero "lo estético" como tal no es lógico; es algo enteramente único,

(d) Verdad *diquética*, en la que la justicia (aquello que es justo) se opone a la injusticia (aquello que no es justo). Esto no es un asunto ni puramente sensitivo, ni puramente lógico, aunque los actos jurídicos también funcionan en los aspectos sensitivo y lógico. Lo jurídico es algo único.

(e) Verdad *moral*, la cual se ocupa de lo que es bueno, moral, éticamente correcto, en contra de lo que es malo, malvado, inmoral, éticamente incorrecto. Nuevamente, esto no es un asunto ni puramente sensitivo ni puramente lógico, aunque los actos morales también funcionan en los aspectos sensitivo y lógico. Lo ético es algo único.

(f) Verdad *pística*, la cual se ocupa de aquello que es seguro, confiable, digno de que uno ponga su confianza en ello, en contra de aquello que es incierto, no confiable, no digno de que ponga uno su confianza en ello.

Es importante entender esto correctamente. Si es verdad que esto o aquello es bueno o bello, nunca es una ciencia particular la que lo determina. La ciencia se ocupa solamente de lo que es lógicamente correcto o incorrecto. La ética investiga racionalmente *porqué* las personas llaman a esto o aquello bueno, y trata de formular criterios éticos. Puede argumentar lógicamente acerca de tales criterios, pero nunca puede *reducir* lo ético como tal a lo lógico. La estética investiga *porqué* las personas llaman a esto o aquello bello, y trata de formular de una manera lógica criterios estéticos. Pero nunca puede reducir lo estético como tal a lo lógico. Es el hombre quien, es su actitud de conocimiento práctico, distingue las cosas buenas, o bellas, o justas o valiosas.

Toda ciencia que ya no sea estrictamente descriptiva sino que se vuelva prescriptiva, abandona el campo de la ciencia estricta y entra en el campo de las cosmovisiones. La teología es nuevamente un excelente ejemplo. Como ciencia especial, estrictamente hablando involucra solamente la corrección o incorrección lógica de las teorías teológicas. Sólo en su conocimiento pístico suprateórico refiere el teólogo creyente su conocimiento teórico a la verdad pística que es en Cristo.

Los elementos apriori de la verdad

Antes de que llegue a mi último tópico, permítame explicar brevemente la diferencia entre *trascendental* y *trascendente*. Lo trascendental tiene que ver con los fundamentos o condiciones últimas de todo conocimiento. Lo trascendente se refiere a cualquier cosa que sobrepase nuestra realidad inmanente. Los a priori trascendentales de todo conocimiento verdadero son, por un lado, el reconocimiento de las leyes estructurales que Dios ha instituido para la realidad cósmica y, por el otro, el reconocimiento de las leyes estructurales para la verdadera adquisición del conocimiento concerniente a la realidad cósmica. El primero es un a priori ontológico; el segundo es un a priori epistemológico. Poseen un carácter a priori en el sentido de que las leyes estructurales, tanto para la realidad como para el conocimiento, las cuales están contenidas ambas en el orden nómico cósmico, están previamente dadas por Dios, esto es, preceden a toda adquisición de conocimiento.

En resumen, el orden nómico cósmico es la condición trascendental a priori para todo conocimiento de la verdad. En este contexto, Dooyeweerd habla de nuestro horizonte experiencial, el cual forma el marco trascendental únicamente dentro del cual es posible la experiencia humana; no podemos mirar más allá de ese horizonte.

Sin embargo, esta condición trascendental no es suficiente. El ego humano, el corazón, como raíz religiosa de toda actividad cognitiva, es la condición *trascendente* para todo conocimiento de la verdad. Debido a esta dimensión, todo conocimiento de la verdad es, en el sentido más profundo, de una naturaleza religiosa trascendente, ya sea en su orientación hacia el Dios de las Escrituras, o ya sea en su orientación apóstata hacia los ídolos. No importa de qué naturaleza sean estos ídolos: imágenes de oro y plata en las religiones primitivas, o los ídolos de la razón, la observación y la ciencia para muchos científicos modernos, incluyendo una buena cantidad de teólogos. Tanto en el pensamiento bíblico como en el apóstata, la condición religiosa trascendente del corazón comprende, y al mismo tiempo trasciende, el horizonte experiencial inmanente.

Entre los elementos a priori de la verdad, distinguimos elementos a priori tanto en el lado ley como en el lado sujeto del orden nómico creacional. Los elementos estructurales a priori del pensamiento, tanto práctico como teórico, exhiben un carácter nómico; no pertenecen al lado sujeto sino al lado ley de la realidad. Por lo tanto, estos elementos a priori tienen que ser distinguidos de, por ejemplo, la *compenetración* del científico en las leyes. Esta compenetración también forma un a priori, pero uno en el lado sujeto del orden creacional. Elementos a priori en el lado ley nunca puede ser correctos o incorrectos; simplemente están dados divinamente. Pero elementos a priori en el lado sujeto *pueden* ser correctos o incorrectos, o una mezcla de ambos.

En resumen:

1. El conocimiento *verdadero* de la realidad cósmica en el pleno sentido de la palabra depende —implícita o explícitamente— de los elementos estructurales a priori de todo conocimiento, tanto práctico como teórico.

2. Tal conocimiento es él mismo dependiente de una compenetración *verdadera*, implícita o explícita, en la condición trascendente de todo conocimiento práctico y teórico. Ésta es una compenetración del corazón humano como raíz religiosa trascendente de toda actividad de pensar y conocer.

3. La compenetración es ella misma dependiente de un conocimiento *verdadero* que poseemos en nuestros mismos corazones, con respecto a Dios, quien se ha revelado en Cristo Jesús. En él se halla la plenitud trascendente de la Verdad, la cual resplandece a través de todo conocimiento práctico y teórico concerniente a nuestra empírica realidad creacional.

Déjeme cerrar con esta palabra de Jesús (Jn. 18:37: "Yo para esto he nacido, y para esto he venido al mundo, para dar testimonio a la verdad. Todo aquel que es de la verdad, oye mi voz".

Preguntas para revisión

(1) Aplique las ideas de estructura y dirección a la naturaleza de la ciencia verdadera y la ciencia falsa.

(2) ¿Cómo distinguiría usted entre verdad práctica y verdad teórica?

(3) ¿Qué es el positivismo lógico?

(4) ¿Qué es el negativismo biblicista?

(5) Explique brevemente las siguientes teorías de la verdad:
- la teoría de la correspondencia
- la teoría de la coherencia
- la teoría pragmática

(6) ¿Qué es el realismo científico y quien lo sostuvo? ¿Y porqué?

(7) ¿Qué es el instrumentalismo y quien lo sostuvo? ¿Y porqué?

(8) ¿Qué es el realismo crítico? Qué razón estuvieron los filósofos de la ciencia para adoptar esta posición?

(9) Explique qué significa describir una conducta asocial o no económica como siendo social o económicamente falsa.

(10) ¿Cuál es la diferencia entre verdad trascendental y verdad trascendente?

(11) ¿De qué tres cosas depende el verdadero conocimiento?

BIBLIOGRAFÍA CONCISA

N.B. – No he incluido ninguno de los numerosos artículos de revista y capítulos de libros sobre la escuela de filosofía de Ámsterdam

Bril, K.A., Hart, H. y Klapwijk, J. (coords.). 1973. *The Idea of a Christian Philosophy: Essays in Honour of D.H.Th. Vollenhoven.* Toronto: Wedge.

Clouser, R.A. 1991, 2005. *The Myth of Religious Neutrality: An Essay on the Hidden Role of Religious Beliefs.* 2nd ed., Notre Dame: University of Notre Dame Press.

Clouser, R.A. 1999. *Knowing with the Heart: Religious Experience and Belief in God.* Eugene: Wipf & Stock.

Dooyeweerd, H. 1948. *Transcendental Problems of Philosophic Thought: An Inquiry into the Transcendental Conditions of Philosophy.* Eerdmans: Grand Rapids.

Dooyeweerd, H. 1960. *In the Twilight of Western Thought: Studies in thePretended Autonomy of Philosophical Thought.* Philadelphia: Presbyterian & Reformed Publishing Company. Hay traducción al español: *En el ocaso del pensamiento occidental.* Jordan Station: Paideia Press, 2021.

Dooyeweerd, H. 1968. *The Christian Idea of the State.* Nutley: The Craig Press.

Dooyeweerd, H. 1979, 2003 (repr.). *Roots of Western Culture: Pagan, Secular, and Christian Options.* Lewiston: Edwin Mellen Press.

Hay traducción al español: *Las raíces de la cultura occidental*. Barcelona: Clie, 1998.

Dooyeweerd, H. 1984 (repr.). *A New Critique of Theoretical Thought, I: The Necessary Presuppositions of Philosophy* (1953); *II: The General Theory of the Modal Spheres* (1955); *III: The Structures of Individuality of Temporal Reality* (1957). Jordan Station: Paideia Press. Hay traducción al español del volumen I: *Una nueva crítica del pensamiento teórico*. Jordan Station, Paideia Press, 2021.

Dooyeweerd, H. 1986. *A Christian Theory of Social Institutions*. Jordan Station: Paideia Press.

Dooyeweerd, H. 1997. *Collected Works of Herman Dooyeweerd Series B, Vol. I: Christian Philosophy and the Meaning of History*. Lewiston: Edwin Mellen Press.

Fernhout, H. 1975. *Man, Faith, and Religion in Bavinck, Kuyper, and Dooyeweerd*. Toronto: Institute for Christian Studies.

Griffioen, S. y Balk, B. (eds.). 1995. *Christian Philosophy at the Close of the Twentieth Century: Assessment and Perspective*. Kampen: Kok.

Hart, H. 1984. *Understanding our World: An Integral Ontology*. Lanham: University Press of America.

Hart, H., Van der Hoeven, J. y Wolterstorff, N. (eds.). 1983. *Rationality in the Calvinian Tradition*. Lanham: University Press of America.

Henderson, R.D. 1994. *Illuminating Law: The Construction of Herman Dooyeweerd's Philosophy 1918-1928*. Amsterdam: Buijten & Schipperheijn.

Kok, J.H. 1992. *Vollenhoven: His Early Development*. Sioux Center: Dordt College Press.

Kok, J.H. (ed.). 2004. *Ways of Knowing in Concert*. Sioux Center: Dordt College Press.

Kraay, J. & Tol, A. (eds.). 1979. *Hearing and Doing: Philosophical Essays dedicated to H. Evan Runner*. Toronto: Wedge.

McIntire, C.T. (ed.). 1985. *The Legacy of Herman Dooyeweerd: Reflections on Critical Philosophy in the Christian Tradition*. Lanham: University Press of America.

Marshall, P., Griffioen, S. y Mouw, R. (eds.). 1989. *Stained Glass: Worldviews and Social Science*. Lanham: University Press of America.
Runner, H.E. 2009. *The Relation of the Bible to Learning*. Paideia Press. Hay traducción al español de ésta y todas las Conferencias Unionville: *Política y academia escriturales*. Barcelona, Clie, 2001.
Schuurman, E. 1987. *Christians in Babel*. Jordan Station: Paideia Press.
Schuurman, E. 1995. *The Technological Culture between the Times: A Christian Philosophical Assessment of Contemporary Society*. Sioux Center: Dordt College Press.
Spier, J.M. 1976. *An Introduction to Christian Philosophy*. Nutley: Craig Press.
Spykman, G.J. 1992. *Reformational Theology: A New Paradigm for Doing Dogmatics*. Grand Rapids: Eerdmans.
Stafleu, M.D. 1980. *Time and Again: A Systematic Analysis of the Foundations of Physics*. Toronto: Wedge/Bloemfontein: Sacum.
Stafleu, M.D. 1987. *Theories At Work: On the Structure and Functioning of Theories in Science, in Particular During the Copernican Revolution*. Lanham: University Press of America.
Strauss, D.F.M. 1991. *Man and his World*. Bloemfontein: Tekskor.
Strauss, D.F.M. 2009. *Philosophy: Discipline of the Disciplines*. Grand Rapids: Paideia Press.
Strauss, D.F.M. y Botting, M. (eds.). 2000. *Contemporary Reflections on the Philosophy of Herman Dooyeweerd*. Lewiston: Edwin Mellen Press.
Tol, A. 2010. *Philosophy in the Making: D.H.Th. Vollenhoven and the Emergence of Reformed Philosophy*. Sioux Center: Dordt College Press.
Troost, A. 1983. *The Christian Ethos: A Philosophical Survey*. Bloemfontein: Patmos.
Troost, A. 2012. *What Is Reformational Philosophy? An Introduction to the Cosmonomic Philosophy of Herman Dooyeweerd*. Grand Rapids: Paideia Press.

Truth and Reality: Philosophical Perspectives on Reality, Dedicated to Professor Dr. H.G. Stoker. 1971. Braamfontein: De Jong.

Van Riessen, H. 1965. *Christian Approach to Politics*. Amsterdam: Vrije Universiteit.

Van Riessen, H. 1966. *The Christian Approach to Science*. Hamilton: Association for Reformed Scientific Studies.

Wolters, A. 1975. *Our Place in the Philosophical Tradition*. Toronto: Institute for Christian Studies.

Wolters, A. 1986. *Creation Regained: A Transforming View of the World*. Leicester: Inter-Varsity Press. Hay traducción al español: *La creación recuperada*. Medellín: Poiema Publicaciones y Dordt College Press, 2013.

ÍNDICE DE ESCRITURAS

Génesis 1:26-28	97, 151, 152
Génesis 2:15	118
Génesis 2:19-20	247
Génesis 3	166
Génesis 3:23	118
Génesis 4:1	45, 168
Génesis 4:15	155
Génesis 9:6	151, 155
Génesis 9:25	196
Éxodo 18:21	244
Levítico 25:8-55	212
Deuteronomio 5:11	196
Deuteronomio 32:8	196
Deuteronomio 33:14a	166
1 Samuel 9:9	27
Nehemías 7:2	244
Job 9:8a	166
Job 25:5a	166
Job 37:14b	113
Job 38:33	81
Job 38-41	259
Salmos 31:5	244
Salmos 63:1	145
Salmos 119:89, 91	81
Salmos 148:6, 8	81
Proverbios 4:23	44

Proverbios 20:6b	244
Proverbios 30:23	173
Eclesiastés 3:1-8	78
Eclesiastés 9:9	153
Isaías 28:24-26	246
Isaías 40:12b	166
Isaías 45:12	81
Jeremías 10:10	244
Jeremías 31:35	81
Jeremías 33:25	81
Mateo 1:25	47
Mateo 4:45	107
Mateo 6:33	213
Mateo 26:11	196
Mateo 28:18-20	110
Marcos 4:28	231
Juan 1:29	110
Juan 3:2-5	48
Juan 7:38-39	259
Juan 13:34	214
Juan 14:6	242, 259
Juan 14:17	259
Juan 15:26	259
Juan 16:13	226, 259
Juan 17:3	45?, 168
Juan 17:17	242
Juan 18:37	242, 266
Hechos 2	157
Hechos 14:16	196
Hechos 15:10	104

ÍNDICE DE ESCRITURAS

Romanos 1:22-23	68
Romanos 3:4, 7	244
Romanos 5:5	214
Romanos 8:3	105
Romanos 10:14, 17	27
Romanos 13	159
Romanos 13:1-7	155
Romanos 14:17	213
Romanos 14:17-18	110
1 Corintios 2:16	46
1 Corintios 4:20	110
1 Corintios 11:7	151
1 Corintios 15:45, 47	97
2 Corintios 4:4	151
Gálatas 5:16-25	150
Efesios 2:6	157
Efesios 3:18	211
Efesios 4:21	242
Efesios 5:25, 28, 33	153
Filipenses 4:8	213
Colosenses 1:13	110
Colosenses 1:15	151
Colosenses 1:15-22	97
Colosenses 1:16	259
Colosenses 1:17a	166
Colosenses 2:3	259
Colosenses 2:8	259
Colosenses 3:19	153
1 Tesalonicenses 5:23	145
2 Timoteo 2:13	106

Tito 2:4	153
Tito 3:5	48
Hebreos 1:3	166
Hebreos 2:14	105
Hebreos 11:1	214
1 Juan 1:1-4	47
1 Juan 3:19	242
Apocalipsis 4:11	81

ÍNDICE DE TEMAS

Abraham Kuyper, 72, 118, 232

Abraham Maslow, 207

absolutismo, 206

absolutización, 150

absolutizado, 203

absolutizar, 65, 66, 68

abstracción, 175-180, 187

Agustín, 30, 75

Alasdair MacIntyre, 11

Albert Einstein, 254

Albert Schweitzer, 49

Alberto Einstein, 34

Alfred Adler, 207, 254

alma, 136, 144-147

Amartya Sen, 198

analogías, 76, 102

Andreas Osiander, 252

Andree Troost, 36, 92

Andree Trost, 223

animal, 130, 132

animales superiores, 116, 131, 133, 137, 138, 140

animales, 43, 68, 72, 81, 83, 91, 92, 96-98, 114, 115, 120, 122, 123, 129, 131, 135, 139, 143, 152, 193, 247

animales inferiores, 91

antigua Grecia, 26, 28

antropología cristiana, 150, 151

antropología filosófica, 4, 35, 117, 145, 146, 150, 152

apologética, 45

arimético, 56

Aristóteles, 26, 114, 201, 202, 252, 253

aritmética, 54, 55, 75, 91, 94, 98, 103, 115, 116

aritméticas, 83, 91

aritmético, 55, 57-60, 65, 67, 71, 76, 116, 178, 179

Arthur F. Holmnes, 245

Arthur Schopenhauer, 254

abstracción, 177, 180

aspecto modal, 70

aspectos modales, 60, 63, 68-73, 75, 76, 79, 81, 83, 84, 88,

90, 92, 94, 95, 98, 100, 102, 113, 115, 122-124, 127-130, 142, 152, 153, 155, 158, 172, 176, 178, 191, 207, 209

aspectos modales, 98

aspects modales, 129

ateísmo, 16, 17, 193, 198, 203, 204, 212

B. F. Skinner, 207

biblicismo, 239

bibliocientificismo, 165, 166, 183

bibliocismo, 211, 225

biología, 26, 55, 57, 61-63, 171, 178

biótica, 65, 69, 84, 91, 94, 115, 116, 123, 125, 127, 129-133, 135-137, 139, 140, 153, 154, 204

biótico, 55-59, 61, 62, 64, 65, 69, 71, 77, 90, 92, 98, 103, 116, 120, 122, 126-130, 132, 133, 136, 137, 139, 145, 147, 148, 172, 178, 184, 259, 261

bióticos, 53, 61, 71, 130

Blaise Pascal, 33

Buenaventura, 232

capitalismo, 204

Carl G. Jung, 207, 254

Carlos Marx, 66, 208

ccultura, 5

Charles M. Taylor, 11, 198

ciencia, 1, 3-6, 9, 12, 20, 21, 23, 24, 27, 28, 30, 32, 35, 36, 38-40, 44-46, 55, 56, 58, 81, 82, 108, 109, 148, 149, 163-168, 172-177, 180-184, 186, 191, 192, 195, 200-203, 205-209, 214, 218-221, 223, 242, 243, 245-248, 254, 257, 260-265

ciencia teórica, 3

ciencias, 19, 20, 26-29, 34, 53, 54, 56, 57, 59-64, 81, 102, 117, 145, 163, 174, 177, 188, 207, 217, 219, 220, 222, 227, 232, 253

ciencias formativas, 58, 62

cientificismo, 163, 165, 168, 185, 251, 260

cinemática, 55

conocimiento, 7, 17, 23-26, 44-46, 60, 89, 95, 151, 163, 164, 166-171, 173, 175, 180, 182, 185, 195, 218, 220, 226, 243, 258, 259, 264-266

    práctico, 167, 168, 171-173, 181, 185, 219, 266

    teórico, 167, 168, 172, 184, 185, 266

ÍNDICE DE TEMAS

práctico, 173
teórico, 173, 175
conocimiento , 7
conocimiento práctico, 3
conocimiento teológico, 218
Copérnico, 252
corazón, 17, 33, 38, 41-43, 46-49, 107-109, 140, 143-145, 147-152, 184, 192, 199, 200, 227, 233, 237, 251, 261, 265, 266
corporal, 136, 137, 139, 147, 148
corpórea, 137, 143, 207
corpóreo, 137
corpóreos, 146
cosmología, 7, 10, 11, 53, 227, 238
cosmovisión, 9-12, 17, 21, 24, 31, 40, 43, 185, 191-200, 203-214, 222, 247, 258, 264
creación, 48, 68, 69, 104, 105, 107, 109, 118, 211, 213, 247, 259
creencia, 38, 45, 164
creencias, 12, 19, 21, 32, 35, 36, 38, 42, 59, 71, 143, 174, 192, 193, 195, 199-201, 204, 210, 230
cristiandad temprana, 30

cuerpo, 136, 144-148
cultura, 4, 5, 7, 65, 66, 109, 118, 119, 153, 164, 195, 204, 229, 246
círculo hermenéutico, 235
cósmico, 75, 76
Daniel Dennett, 198
declarar, 70
deductivas, 188
definir, 114
Derecho, 64
Descartes, 122
determinismo, 18
dinamico, 67
dinámica, 55, 62, 91, 94, 115, 116, 125, 127-129, 131, 135, 137, 139, 140
dinámico, 55, 56, 58-60, 65, 68, 77, 90, 98, 101-103, 126, 128, 129, 133
Dios, 74
dirección, 106, 108, 233
Dirk H. Th. Vollenhoven, 36
dualismo, 69, 144, 148, 253
economía, 1, 6, 7, 58, 59, 62, 67, 177, 212, 262
económica, 94, 123, 140, 160

económico, 53, 58, 59, 65, 66, 68, 71, 72, 78, 84, 86, 88, 90, 93, 95, 96, 99, 101-103, 120, 136, 141, 153, 155, 158, 172, 178, 208, 212, 262

económicos, 71

Edad Media, 144, 221

ego, 41, 42, 145, 147, 148, 265

Emanuel Kant, 34, 66, 217

Emil Brunner, 223

encapsis, 124-127, 133

energética, 127, 130, 131

energético, 57

ente, 114, 115, 121, 127, 129-132, 137, 138

entidad, 122, 145

epistemología, 53

epistemología, 7, 10, 11, 54, 92, 227

escepticismo, 242

escolástica, 144, 149, 221, 227, 229, 230, 233-235, 239

escolástico, 146, 225, 227, 231, 233, 253

escolásticos, 105

esferas nómicas, 81, 84, 88, 89

espiritiva, 135, 136, 139, 140, 142, 147

espiritivo, 137, 138, 142, 145, 147, 148

espiritivos, 136, 138, 140

espíritu, 56, 136, 137, 144-147

Estado, 66, 72, 154-160, 197, 208, 212

estado, 125

estructura, 104, 106, 108, 121, 122, 126, 127, 130, 139

estética, 59, 62, 86, 88, 94, 103, 119, 120, 122, 123, 138, 141, 160, 175-177, 262, 263

estéticas, 87

estético, 59, 62, 66, 71, 78, 90, 93, 99-101, 120, 136, 153, 169, 172, 212, 259, 263

ética, 59, 62, 66, 218, 263

ético, 59

evolucionismo, 40, 64, 203, 204, 206

existencia humana, 39, 135, 148, 150

existencialismo, 18, 39, 41, 221, 254

familia, 153-155, 159, 160, 197, 212

fe, 12, 14, 16-21, 29, 31-34, 40-46, 59, 69, 88, 101, 102, 110, 143,

ÍNDICE DE TEMAS

151, 164, 176, 183-185, 191, 199-201, 212, 214, 217, 226, 228, 242, 253, 259, 260

Felipe Melanchton, 33

fenomenología, 227

filosofía, 33, 36

filosofía analítica, 18, 221, 227

filosofía cristiana, 1, 2, 17-19, 21, 29-31, 35, 36, 39, 53, 69, 70, 76, 82, 89, 96-98, 100, 103, 105, 106, 119,
125, 135, 139, 148, 168, 169, 171, 173, 181, 184, 210,
217, 218, 220-225, 227-235, 237, 239, 242, 257,
259-261

filosofía de la ciencia, 3

filósofos cristianos, 18

François Jacob, 206

Francis A. Schaeffer, 10

Francisco Bacon, 186

Friedrich Nietzsche, 254

Friedrich W. J. Schelling, 49

Fritjof Capra, 40

funciones de objeto, 92-94, 96-98, 113, 115-120, 129, 131, 152

funciones de sujeto, 91, 92, 94, 96-98, 113, 116, 117, 120, 128, 129

funciones objeto, 93

función cualificadora, 122

función de destinación, 122, 123, 153-155

función de objeto, 119, 128, 152, 259

función de sujeto, 115, 116, 119, 122, 129

función fundamental, 122, 123, 154

función sujeto, 117

función típica, 123

Física, 26

física, 4, 34, 39, 55, 61, 63, 67, 75, 128, 130-132, 135-137, 139, 140, 204, 206, 254

Galileo Galilei, 28, 65, 202, 252

Georg W. F. Hegel, 49

George Berkeley, 65, 253

Gerhard Ebeling, 222

Gordon Spykman, 146, 230

Guillermo de Occam, 32

Gustav Aulén, 223

género próximo, 114

H. Evan Runner, 37

Heinrich Ott, 222

Helmut Thielicke, 223

Hendrik G. Stoker, 36
Hendrik Hart, 83, 238
Hendrik van Riessen, 36, 177
Henri Bergson, 254
Herman Dooyeweerd, 36, 37, 47, 69, 82, 222
Heráclito, 26, 66
Hesíodo, 26
Hilary Putnam, 236
historia, 58, 65, 183, 195
historicismo, 212
historicismo radical, 254
histórica, 207
Homero, 26
humanidades, 1, 6, 30, 57, 58, 142, 174, 177, 206, 207
humanismo, 203
idionomía, 121-132, 135-140, 142
    superior, 137
idionomías, 126, 131
idolatría, 68, 94
Iglesia, 154
iglesia, 72, 73, 125, 156-160, 192, 211, 212
Ilustración, 165
Imre Lakatos, 35, 38

inducción, 188
inmanencia, 227, 239
instrumentalismo, 252, 254, 255, 257
Isaac Newton, 28, 253
James Clark Maxwell, 253
Jean-François Lyotard, 194
Jean-Francois Lyotard, 40
Jean-Paul Sartre, 39, 254
Johannes Kepler, 28
John B. Watson, 207
John D. Caputo, 231
John Gray, 198
John Maynard Keynes, 208
Juan Calvino, 33, 106, 232
jurisprudencia, 59, 64, 177
justicia, 59, 64, 69, 70, 73, 93, 99, 155, 156, 209, 247, 263
Jürgen Habermas, 198
Karl Popper, 35, 82, 186, 248
Karl R. Popper, 38
La Ilustración, 33, 34
la Ilustración, 40
La Reforma, 32
la Reforma, 232
lado factual, 83, 104, 188
lado ley, 83, 98, 104, 105, 188

ÍNDICE DE TEMAS					283

lenguaje, 21, 23, 42, 53, 58, 73, 88, 108, 145, 182, 183, 187, 208, 211, 228, 233

ley, 46, 73, 78, 81-89, 91, 96-98, 103-110, 121, 155, 177, 181, 187, 213, 242, 257

leyes, 27, 28, 46, 187, 188, 246, 264

lingüistas, 53

lingüística, 6, 58, 61, 62, 208

lingüísticamente, 108

lingüístico, 66, 85

Louis Pasteur, 253

Ludwig Wittgenstein, 233

Lutero, 222

límite, 103, 104

lógica, 12, 24, 25, 45, 46, 57, 58, 62, 65, 67, 69, 84-88, 92, 94, 103, 117, 140, 159, 165, 169, 176, 178, 188, 210, 236, 262, 264

lógicamente, 219

lógico, 57-59, 70, 71, 77, 90, 92, 95, 96, 99, 101, 102, 120, 136, 151, 153, 158, 172, 178, 193, 209, 236, 263

mandato cultural, 109, 118

Martha Nussbaum, 198

Martin Heidegger, 254

Martín Heidegger, 39

Martín Lutero, 33

marxismo, 65, 69, 203

matemática, 253

matemáticas, 4, 6, 26, 30, 46, 54, 55, 60, 62, 67, 180, 188

materialismo, 17, 64, 193, 203, 204, 212

materialista, 21, 46, 68, 197, 220

materialistas, 47, 65, 68, 128, 153

matrimonio, 152-155, 159, 160, 212

matrimonios, 73, 156

mente, 4, 27, 46, 57, 65, 68, 136, 140-142, 205, 210, 248

metafísica, 7

Michael Faraday, 253

Michael Polanyi, 35

Miguel Angel, 119

Miguel Ángel, 120

Millard J. Erickson, 224

Milton Friedman, 208

misticismo, 40, 149, 225

modalidad más alta, 91

modalidades, 75, 76

motivo básico, 11, 47-49, 192, 195, 227, 230, 231, 233-238

motivo religioso, 38

motivos básicos, 37 47, 232, 235, 237

movimiento de la Nueva Era, 39

naturaleza, 4, 5, 9, 14, 18, 21, 27, 30, 38, 60, 76, 89, 107, 109, 115-118, 120-122, 146, 152, 155, 163, 166, 177, 183, 186, 191-193, 199, 203, 207, 219, 225, 233, 243, 245, 253, 255, 258, 265
    práctica, 175
    práctica, 170
    teórica, 170

naturalismo, 205, 206

neokantismo, 229

neoplatonismo, 237

neopositivismo, 18

Nicolás Copérnico, 28

nihilismo, 16, 17, 201, 212

nihilista, 197

Noam Chomsky, 198, 208

Norman L. Geisler, 228, 251

objetivismo, 18

observaciones, 186

observación, 180, 184, 186
    práctica, 184

ontología, 7, 54

orden nómico, 81, 82, 90, 103, 107-109, 188, 211, 213, 219, 242, 243, 245, 246, 257, 264, 265

Oswald Spengler, 207

Otto Weber, 222, 223

Parménides, 26

Paul Althaus, 223

Paul Davies, 204

Paul Ricoeur, 49

Paul Tillich, 223

pecado, 105, 107-109, 149, 261

pensamiento, 35

pensante, 29

perceptiva, 130, 132, 133, 135, 136, 138-140

perceptivas, 131

perceptivo, 130, 132, 136, 137, 145, 176

Peter Sloterdijk, 198

Piet Verburg, 121

Pitágoras, 65, 83

Platón, 26, 113, 114, 241, 252

positivismo, 164, 180, 221

(neo)positivismo, 221

positivismo lógico, 169, 245

postmodernismo, 18, 40, 165, 194, 221, 230

pragmatismo, 227

prolegómenos, 220, 221, 227-230, 233, 234

práctica, 3, 180, 244, 260-262

ÍNDICE DE TEMAS 285

práctico, 163, 170, 171, 184, 248, 251, 259, 260, 265, 266

psicoanálisis, 254

psicología, 1-6, 27, 34, 55-57, 61-63, 142, 171, 175, 176, 207, 218

racionalismo, 17, 33, 35, 65, 69, 70, 150, 165, 183, 185, 203, 224, 225, 236, 237, 251

razón, 12, 15, 17, 29, 31-36, 38-41, 43-45, 65, 66, 105, 109, 149, 150, 164, 165, 201-203, 205, 210, 217-219, 222, 227, 236, 253, 265

realidad cósmica, 7, 28, 53, 54, 56, 58-60, 62, 66, 68-70, 72, 73, 78, 81, 82, 83, 89, 90, 95, 97, 98, 100, 104, 107, 113, 115, 118, 124, 127, 129, 130, 137, 143, 147, 149, 153, 157, 163, 170, 177, 179, 181, 188, 191, 199, 202, 209, 211, 219, 220, 245, 246, 258, 259, 261, 264, 266

realismo, 252-254

realismo metafísico, 228

reduccionismo, 64, 67, 142, 206, 212

Reforma, 144, 156

Reinhold Niebuhr, 49

relaciones, 7, 12, 58, 65, 66, 71, 77, 86, 95, 108, 118, 139, 152, 154, 155, 158-160, 169, 192, 193, 198, 212, 217

relación, 97, 152

relativismo, 16, 241

religiosa, 152

religión, 10, 15, 17, 19, 20, 27, 34, 66, 159, 164, 175, 176, 192, 199, 204, 241, 242

René Descartes, 65

Robert Boyle, 28

Roberto Belarmino, 252

sabiduría, 23-26, 29, 195

secularización, 34, 164

secularizada, 201

sensitiva, 132, 133, 135, 136, 139, 140

sensitivo, 132, 136, 138, 145

siglo veinte, 38

Sigmund Freud, 34, 38, 66, 207, 254

soberanía de las esferas, 72, 155, 158, 159

sociología, 1, 6, 58, 62, 63, 177, 179, 218

solipsismo, 16, 17, 201

Stephen Hawking, 204

Steven Weinberg, 204

supernaturalismo, 205, 228

Søren Kierkegaard, 49

Teodoro Beza, 33

teología, 1, 6, 11, 27, 30-32, 49, 60, 74, 144, 149, 157, 163, 175, 217-235, 237, 239, 245, 249, 250, 253, 264

teoría, 23, 167, 170, 176, 180, 248-250, 255, 256

teoría de la coherencia, 249, 250, 257

teoría de la correspondencia, 248, 250, 251

teísmo, 228

teórica, 6, 175, 244, 258, 262

teórico, 2, 23, 26, 163, 166, 170, 171, 175, 184, 248, 249, 251, 261, 265, 266

Theo de Boer, 237

Theodor Lessing, 207

Thomas Kuhn, 35

Thomas S. Kuhn, 38

tiempo, 73-79, 227

tiempo cósmico, 76

Tomás de Aquino, 31, 32

trascendencia, 227, 239

trascendental, 48, 264

trascendental corazón, 41

trascendente, 41, 42, 49, 143, 145, 147-150, 157, 192, 199, 206, 207, 210, 211, 218, 219, 242, 244, 258-260, 264-266

trascender, 12

utilitarismo, 18

verdad, 20, 31, 41, 67, 68, 183, 209-211, 223, 226, 229, 237, 238, 241-246, 249, 250, 253, 254, 257-261, 263-266
    económica, 262
    estética, 262
    teórica, 261, 262
    práctica, 244
    teórica, 244

vidente, 29

viendo, 28

Vollenhoven, 57, 106, 117, 223, 231-233, 238

Wolfgang Trillhaas, 223

www.ingramcontent.com/pod-product-compliance
Lightning Source LLC
Chambersburg PA
CBHW071858290426
44110CB00013B/1195